RAMTHA

Ámate y Crea tu Vida

EL LIBRO MÁGICO

RAMTHA

Ámate y Crea tu Vida

EL LIBRO MÁGICO

Enseñanzas Selectas y Sabiduría de Ramtha

"Abre este Libro Mágico
... y conoce la sabiduría"

Edición Especial

Bel Shanai
publishing

Bel Shanai Publishing
Una división de Bel Shanai Productions, LLC

ÁMATE Y CREA TU VIDA
EL LIBRO MÁGICO

Copyright ® 1983, 2013 JZ Knight

Traducción: Valeria Zimmermann

Diseño de Portada: Leonardo Vivi

Para más información sobre las enseñanzas de Ramtha:

Ramtha's School of Enlightenment

P.O. Box 1210, Yelm, WA, 98597 Estados Unidos

www.ramtha.com

ISBN# 9798334415966

Bel Shanai Publishing

P.O Box 1777

Yelm, WA 98597

www.belshanai.com

info@belshanai.com

He aquí la historia de un maravilloso maestro de una tierra lejana, que es místico y elusivo, y que se llama a sí mismo el Ram.

Y he aquí que la entidad se lleva a su reino a un pequeño grupo de incrédulos en busca de esperanza y, para su sorpresa, el maestro los levanta, los eleva, y dice: «He aquí que Dios ha entregado la perfección de su imagen, ahora y para siempre. Y la vida es jubilosa en su interior. Y he aquí que la imagen de un Dios espectacular nace de la consciencia de Cristo. Y he aquí que la vida es abundante en un gozo, una felicidad y una paz exquisitos, y en una vida que existirá para siempre».

Y he aquí al maestro que los ama a todos, que les ha dado esperanza, sin embargo, aún más grandiosa que él es la palabra que sigue viva, que les da vida en el espectacular movimiento del Padre, la fuerza de vida.

Así es, incluso en esta hora.

— *Ramtha*

Agradecimientos y Mensaje de la Traductora

Traducir este libro ha sido un enorme privilegio y a la vez un gran placer, un regalo que la vida me brindó.

"Este libro tiene vida propia. Al abrir cualquiera de sus páginas, recibe uno el mensaje que necesita leer en ese preciso momento." Su contenido es sumamente profundo y asombroso, me expandió la mente y me tocó profundamente en el corazón. ¡Se puede decir con toda certeza que es, verdaderamente, un libro mágico!

De la misma manera en que me ayudó a mí, deseo fervientemente que cambie la vida de todas las personas que, al sintonizarse con la frecuencia de Ramtha, entren en contacto con estas milagrosas enseñanzas.

Quiero expresar mi más sincero reconocimiento:

A Ramtha por transformar nuestras vidas y ser un lucero que brilla intensamente alumbrando así nuestro sendero hacia la iluminación.

A JZ Knight por su incansable labor al canalizar el mensaje de Ramtha durante más de tres décadas y hacer disponibles estas enseñanzas en el mundo entero.

A Leonardo Vivi por el maravilloso diseño de portada.

A Gabriela Contreras por su invaluable colaboración con la corrección de pruebas.

A Julio César Saavedra, Gildardo Saavedra y Paula W. Drausal por su minuciosa revisión del texto.

A nuestros lectores por ayudarnos en nuestra misión de difundir las valiosas e incomparables enseñanzas de Ramtha en nuestro idioma.

A todos los mencionados, su apoyo ha sido fundamental para la elaboración de esta obra monumental. ¡Gracias de todo corazón!

—*Valeria Zimmermann*

Traductora y editora
Bel Shanai Publishing
Una división de
Bel Shanai Productions, LLC

ÍNDICE

PRIMERA PARTE
LA COMPRENSIÓN DE TU LEGADO, TU REINO Y TU DESTINO

CAPÍTULO UNO
TÚ ERES EL REGALO DEL AMOR, EL DADOR DE LA VIDA

TERCERA PARTE
ÁMATE AL VERTE EN LA VIDA Y
TODAS SUS VOCES

La diferencia entre los seres iluminados y los que no están iluminados es que un ser iluminado vive en la presencia. El ser que no está iluminado está atormentado y piensa en función del pasado.

— JZ Knight

Prefacio de JZ Knight

*E*n un vuelo a Florida a mediados de los ochenta, me sorprendí cuando alcé la vista del libro que estaba leyendo para encontrarme con el piloto del avión parado junto a mí.

— ¿Señora Knight? Disculpe mi intromisión.

— Sí, soy yo... ¿pasa algo?

—No... no —dijo con una amplia sonrisa mientras se inclinaba en el pasillo al lado de mi asiento.

—Cuando vi su nombre en el manifiesto de vuelo, apenas pude esperar a despegar para venir a conocerla.

Yo sonreí, me ruboricé y extendí la mano para estrechar la suya. No había notado el objeto que tenía detrás de su espalda. «Este libro me salvó la vida», dijo simplemente mientras me mostraba lo que tenía en su mano.

Para mi regocijo, me di cuenta de que era el enorme volumen de *Ámate y crea tu vida*. Estaba muy gastado, con las esquinas dobladas y con notas pegadas a las páginas de una manera encantadora y entrañable.

Me explicó que todos los días, en cada vuelo antes de despegar, abría el libro y permitía que sus páginas revolotearan al azar hasta que se abriera en una de las páginas con las frases de Ramtha. Dijo que sus ojos se sentían «atraídos como por arte de magia al mensaje que necesitaba ver».

Siguió compartiendo sus experiencias con el libro y luego me pidió cortésmente que se lo autografiara. Al principio puse reparos, me ruboricé llena de vergüenza mientras me entregaba su tesoro y rápidamente me daba una pluma. Fue en ese momento, en esa pausa, que por primera vez me di cuenta realmente de que mi destino con Ramtha tenía su propia importancia. Le di mi autógrafo.

Mientras se retiraba, un viajero sentado al otro lado del pasillo se volvió a la persona a su lado y le dijo: «Bueno, ahora me siento más tranquilo en este viaje». Esta historia se repetiría muchas veces con diferentes personas al viajar a diferentes lugares. Una vez, en la fila para hacer el *check-in* de mi vuelo, estaba delante de mí un vaquero alto y larguirucho. Miré hacia abajo para darle un vistazo a sus botas, y mi mirada se detuvo en el libro que sostenía. Una sonrisa apareció en mi rostro. Era *Ramtha, el Libro Blanco*, todo gastado, con las páginas marcadas de la misma manera entrañable en la que el piloto lo había hecho con su libro.

En el fondo, la popularidad de *Ámate y Crea tu Vida* para cientos de miles de personas se debía su mágica cualidad de hablarle al lector en el suave lenguaje de las palabras. La etimología de las palabras de Ramtha es una mezcla de lo común y lo arcaico con una redacción inusual.

El efecto de la programación neurolingüística de esta redacción inusual hace que nuestro cerebro consciente se detenga por un breve momento, conforme saca la palabra de su modelo de comunicación y la separa del patrón de la estructura de su comportamiento emocional.

Entonces reconecta la palabra sin su estructura emocional previa para darle un nuevo uso, todavía sin experimentar, lo cual quiere decir que ha sido eliminada temporalmente de la red neuroquímica que llamamos las emociones. Conforme lees cada palabra en las frases, tu cerebro pasa por este proceso, y de esta manera se produce la pausa.

La pausa es la puerta de entrada para algo más conductivo neurológicamente: el subconsciente. Ramtha llama a esta área *El Templo de Dios, El Observador Divino, El Gran Arquitecto*. Es precisamente en esta región misteriosa del cerebro que encontramos nuestros aspectos más divinos, *La Luminosa y Etérea Esfera de Luz*, el Espíritu Esencial de lo que somos.

En pocas palabras, somos el ser que opera los controles de una computadora humana, nuestro cerebro. Una pausa abre la puerta a una realidad nueva, si bien temporal. El nuevo programa reforma el campo electromagnético a tu alrededor en un campo de una onda extracorpórea y codificada en la que nuestra experiencia del tiempo se altera y cambia.

En síntesis, ahora se ha producido un futuro Ahora generando un cambio en las personas, lugares, cosas, tiempos y sucesos de nuestra vida, una felicidad liberadora que se expresa como nuevas experiencias de emoción. Esta es la verdadera naturaleza de una experiencia mística. La totalidad de este nuevo campo mental dura, cuando mucho, un ciclo de 24 horas.

Con el advenimiento de las nuevas tecnologías innovadoras, los neurocientíficos pueden estudiar un cerebro vivo en tiempo real. Al descubrir su asombrosa naturaleza informática, un hecho sobresale: el cerebro se reinicia a sí mismo, como una computadora, cada 8 a 24 horas.

El reinicio neuronal reorganiza la infraestructura de sus funciones físicas tanto en los recuerdos del presente como en los del pasado. En definitiva, el programa de nuestra personalidad se actualiza de una manera eficiente, lo cual quiere decir que, durante el siguiente ciclo de 24 horas, pensamientos de personas, lugares, cosas, tiempos y sucesos aparecen de la nada y sin previo aviso.

Los antiguos hábitos parecen ser más fuertes, más naturales. Sin duda alguna, este hecho le da sentido a por qué un día estamos iluminados y felices, y al otro día volvemos a nuestro pasado. Quizás finalmente podemos entender ahora la naturaleza temporal de la pausa y su milagrosa realidad material resultante.

La solución, como lo dijo mi piloto, es leer las frases, y amarte y crear tu vida todos los días. Quizás ahora podemos ubicar los aspectos básicos de lo que, décadas más adelante, se convertiría en las maravillosas disciplinas para *Crear Tu Día®* y también *la Nueva Caminata del Vecindario®*, que se enseñan en la Escuela de Iluminación de Ramtha.

Además, esta es la importancia fundamental de cómo hacemos para cambiar el mismo día de siempre, predecible y en ocasiones trivial, a fin de convertirlo en un futuro fascinante, y hacerlo todos los días. Volviendo a nuestro hermoso Libro Mágico, ahora es fácil entender por qué es mágico para los lectores.

Esas doradas frases que han sido expresadas trascienden verdaderamente la inspiración momentánea de una tarjeta de felicitación. Crean una nueva realidad, un nuevo futuro. ¿Estás listo para cambiar? ¿Estás listo para crecer con nuevas aventuras? ¿Estás listo para caminar a través de la salvación de segundas oportunidades? Abre este Libro Mágico, permite que sus páginas revoloteen, abre una página al azar. Tus ojos se posarán en la frase que es para ti.

— *JZ Knight,*
Septiembre del 2013

El amor es inmortal.
Es la sustancia de Dios, en verdad, lo es.
Y al amarte a ti mismo y crear tu vida,
no hay amor más grande que cambiar una vida
para hacerla brillante.

— *Ramtha*

Retiro Primario, abril del 2013

Palabras Iniciales:
Los Vientos De Cambio

*A*mada entidad, yo soy Ramtha el Iluminado. He traído conmigo los vientos de cambio a este plano. Yo viví en tu plano y ascendí en vida. No morí. Y después de mí, muchos han ascendido.

Yo soy aquello que se denomina una síntesis de luz. Yo vengo a ti en aquello que se llama una ilusión. Yo soy un místico, una voz invisible, un poder invisible. Yo soy, en la totalidad de mi ser, esa parte de Dios que ha encontrado una eternidad que es completa en sí misma.

Yo soy una realidad al igual que tú eres una realidad. Yo he regresado de donde vine no para decirte qué yace en el más allá, sino para enseñarte cómo buscarlo por ti mismo, pues yo ya poseo la gloria. La tuya te pertenece a ti.

Yo he venido a ti en este escrito para darte verdades, amado mío, para que puedas comprenderte tanto a ti mismo como a las condiciones de existencia en las que te hayas en este plano de demostración. Estas no son lo que tú denominarías enseñanzas nuevas. Son tan antiguas como el tiempo inmemorial. Son, de hecho, verdades básicas, leyes básicas, que están en armonía con todas las cosas. En verdad, son Dios, la primera causa, el Espíritu divino revelado.

Yo estoy aquí porque te amo. Yo no soy un Mesías. No lo soy. Yo no soy tu salvador. Yo no soy tu libertador, tu señor. Yo no puedo librarte de tu propia esclavitud personal, ya que solo tú puedes hacerlo. De hecho, yo no puedo salvarte de la ironía de la expresión de tu vida; solo tú puedes hacerlo. Yo no puedo ser tu señor, ya que solo tú puedes ser tu propio señor.

Yo no he de ser adorado ni idolatrado ni buscado. Yo he de ser amado. No deseo que nadie se siente a mis pies, sino que me miren a los ojos. Yo deseo exaltar a todos los seres humanos de la misma manera en que yo he sido exaltado. Yo no deseo seguidores, solo líderes. Yo te liberaré, pero sucederá mediante tu propia convicción, y eso es mejor, en verdad. Yo no soy un sabio. Yo no soy un adivino. Yo no soy un sacerdote. Yo soy solamente un profesor, un servidor, un hermano para ti. Y mediante el poder de mi ser y por el amor a tu ser te enseñaré a convertirte en lo que yo me enseñé a convertirme a mí mismo. Reiré contigo, entidad. Y cuando llores, mandaré un viento para que seque tus lágrimas. Yo le hablo a una nación de gentes y pronto le hablaré al mundo. El mundo aprenderá todo lo que yo te enseño, y poco a poco el ejército crecerá.

En el camino verás llegar vagabundos, hombres desdichados, reyes, famosos e infames, y toda clase de gente. Los verás avanzando, y el ancho del camino se volverá más amplio y todos se unirán a una fila que avanza hacia la eternidad que no es lineal. Verás cómo llegan, y he aquí que, conforme la marcha sigue adelante, habrá un clamor de experiencia, un caudal de corazones felices.

Yo he elegido hacer esto porque una vez fui como tú, una encarnación, y viví la adversidad de una experiencia tórrida —de un gran odio a un gran amor, hasta llegar a entender a Dios y sus maravillosos misterios—, lo que me ha vinculado a la humanidad con un lazo que nunca se ha roto, por amor a quien tú eres, por amor a quien yo soy.

Yo he elegido hacer esto, entidad, porque nadie más es capaz de hacerlo. Todos se pierden en el dogma y proclaman leyes, regulaciones, juicios y cosas semejantes. Yo he elegido hacer esto, ya que Dios es algo ilimitado. Es una emoción vasta y nadie en este plano sabe expresarlo o explicarlo. Todos están muy ocupados influenciando a todos los demás a su alrededor.

Todos aprenderán de una manera simple lo que aprenderás aquí. Lo que aprendes aquí se trata de ti y de Dios y de la intimidad más profunda entre los dos. Aprenderás a amarte a ti mismo al reconocer quién eres.

¿Y quién eres tú? Tú, mi ilustre y amado hermano, eres más que meramente mortal. Eres más que meramente humano. Eres más que una entidad perdida en la masa de la consciencia. Eres una gran fuerza divina, un gran fuego que te da la inmortalidad que enciende los pensamientos que están dentro de ti.

Eres más que la criatura trascendente denominada el ser humano. Tú eres Dios. No eres un bastardo del universo, no eres una criatura indefensa, ni tampoco has sido olvidado. Eres una entidad divina. Eres un pensamiento colectivo que nunca cesa. Tú eres un gran creador.

Tú, mi amado hermano, eres Dios. Siempre lo has sido. El misterio de ti mismo y tu manera de pensar y de sentirte son una colección de mentiras que has vivido durante miles de años. ¿Quién eres tú? Tú eres Dios/hombre, Dios/mujer que se denomina el Cristo. Cristo significa Dios/hombre, Dios/mujer, Dios en la encarnación humana en este plano.

En tu sociedad, mi amado hermano, has descubierto que es difícil creer en tu propio ser, ya que siempre hubo ciertos héroes místicos que le dieron credibilidad a un poder más grandioso que el tuyo. Y de esta manera, se te dio menos responsabilidad para volverte absolutamente perfecto, absolutamente sabio, absolutamente hermoso. Trataste de encontrarte a ti mismo en los templos, en las figuras de mármol, en los atardeceres y en las aves y en todas las criaturas. Te buscaste en todos lados, menos en tu interior.

En ti encontraremos al héroe, encontraremos al Dios, encontraremos al ideal perfecto en el que necesitas convertirte. El Dios Desconocido, entidad, está en el altar de tu bondad.

Muchos líderes o profesores que han estado en este plano han sido presionados, por así decirlo, a enseñar una verdad solemne, que habían percibido en su maravillosa consciencia, a un mundo que los despreció, que los odió, e incluso se esforzó por destruirlos, ya que incesantemente les recordaba su propia estupidez e ignorancia. Estos profesores han tenido una gran influencia en tu aprendizaje, pero, desafortunadamente, debido a que ha sido transmitido de verdad en verdad, han hecho falta muchas avenidas y planos para volver a lo que estás aprendiendo ahora.

Este profesor ha tramado y planeado, si me permites estos términos, para brindarte lo que yo soy de una manera imperecedera. Lo que llegarás a saber es que serás elevado y glorificado, ya que aquello que yo te digo, en eso te convertirás, y esta verdad será corroborada en todos los niveles: desde la debilidad del ser humano a su mayor fortaleza.

Hay una guerra, entidad, en este plano incluso en esta hora, entre aquello que se denomina la inteligencia y aquello que se denomina el Espíritu. Las fuerzas ya se han asimilado a sí mismas y se mantienen en pie para dirigir a sus amados hermanos hacia la oportunidad realizada de pensar por sí mismos. Eso es lo que estoy haciendo con ustedes. Tu era está avanzando muy rápidamente hacia un cambio en su nivel de consciencia.

Los que son amantes de la humanidad saldrán a la superficie muy rápidamente en las horas por venir. Serán como faros, serán magnetizados, y actuarán como canales vivientes de pensamiento para la gran masa de la humanidad, que será dividida unos contra otros, no con la guerra, sino con la creencia, la aceptación.

Esta nueva consciencia no es realmente una nueva consciencia; es la consciencia. Es la consciencia sin restricción, sin limitación y sin la duda. Todos aquellos que se han alineado con una consciencia como esa —y te aseguro que hay muchos de ellos— vendrán a este lugar, ya que yo seré el lugar de esa reunión. Y serás capaz de presenciarla. Todos lo harán.

Vamos a unir la consciencia de Dios entre todas las gentes, no solamente en las de este plano, sino en las de otros planos. ¿Crees que eres lo único que existe en este universo? Qué arrogante eres. ¿Crees en verdad que tu encarnación es la creación más sublime y hermosa que existe? Hay muchas otras que son muy diferentes, pero todos tus amados hermanos tienen la esencia de Dios, el Padre, y los vamos a reunir.

La era venidera llega como un cambio deliberado en el tiempo y en los valores del tiempo. El tiempo se volverá más rápido al comienzo del nuevo siglo y, conforme se lleve a cabo, aquellos que estén atrapados en el pasado nunca verán el futuro. Aquellos que estén atrapados en el Ahora encontrarán esperanza en el futuro. Aquellos que lo logren por sí mismos, de acuerdo con el Dios que vive dentro de ellos, son en verdad el futuro.

Aquello que está por venir es lo que se denomina la era de Dios. La guerra, la peste, la enfermedad, los credos inarmónicos, el desequilibrio, el odio y el desprecio ya no forman parte de la era de Dios, ya que la naturaleza de los seres humanos ha sido acelerada.

El conocimiento de Dios sublime en este plano será visto no solamente en la gran luz en los cielos, entidad, sino en la gran luz que le da propósito a la luz en los cielos, en su ser y su significado, la luz dentro de cada entidad individual. Ya no habrá una exterminación de la vida, sino la vida continua.

Ya no existirá el sufrimiento de las personas míseras y sin objetivo, ya que todos se acelerarán con el cambio del tiempo. Y el tiempo mismo cesará en la era de Dios y permitirá que la vida se convierta en la esencia de Dios que fluye incesantemente en el ser humano. El ser humano como Dios, Dios como ser humano, esa es la nueva era.

Todos aquellos que desprecian a su hermano, la libertad, y desprecian todas las cosas no lo verán y no se les permitirá estar en este plano hasta que se hayan alineado con la fuerza sagrada y divina de Dios. Entonces se les permitirá participar en un reino que es eterno. En este reino no hay avatares. No hay líderes en esta era; todos son líderes.

Todos ustedes son hermosos. Todos son valiosos. Yo y aquello que está de mi lado hemos empezado a proteger este, tu maravilloso plano, y empezaremos a cambiar el curso de las terribles profecías que yacen latentes y que esperan ser cumplidas, para que la vida pueda seguir adelante, y la gloria de Dios, que está dentro, pueda volverse hacia fuera.

Todos ustedes son importantes, porque a través de la soberanía de su ser van a revertir eso. Todos ustedes vivirán para ver cómo emerge un reino magnífico y civilizaciones de las cuales no tenías ni la más remota idea de su existencia. Un nuevo viento soplará y Dios, el *Ser*[1] eterno, podrá seguir adelante con su sublime diseño llamado la vida.

Mi amado hermano, eres inmensamente amado por todo lo que eres y por todo lo que haces. A los que dicen que esto es una locura, yo les digo: si esta es ciertamente una locura, entonces ay de aquello que se denomina la cordura, pues hace más estrecho el horizonte de la plenitud humana y permite que se quebrante la esperanza.

Es, en verdad, una gran locura, por decirlo así, ya que crea campos fértiles, llenos de esperanza manifestada y la verdad que sustentará un reino perfecto en tu plano a la hora de su cosecha. Ustedes, amados míos, son las semillas. Que así sea.

---

[1] (N.T.) En el original en inglés *Isness*, palabra que Ramtha usa para referirse a la esencia del Ser.

Amarte a ti mismo y crear tu vida
es estar lleno del amor de Dios.
Establece la plataforma de una verdadera y maravillosa redención
y es, en verdad, una oración viviente de la metamorfosis
y de la trascendencia de que quieres tener
este futuro firme y apasionadamente:
«Estoy lleno del amor de Dios,
ahora veo un futuro, me lo merezco, es mi destino vivirlo,
y, por primera vez, ahora tengo ese destino como una elección,
en vez del karma como esclavitud».

— *Ramtha*
Assay, julio del 2013

Primera Parte
La Comprensión de tu Legado, tu Reino y tu Destino

El Padre es el pensamiento
continuo y contemplativo, la vida.
Para que el pensamiento o la vida continúen,
deben tener un propósito para continuar.
El propósito eres tú.
Tú te convertiste en una parte del Padre
para continuar su expansión en la continuidad.
Con el propósito de seguir adelante,
el Padre te dio a ti —la parte de sí mismo
que alguna vez fue perfecta, asombrosa y preciosa—
lo único que siempre ha existido y que siempre existirá:
la totalidad de Dios que es la totalidad de la Fuente.
Ese eres tú.
Te convertiste en un movimiento único y perfecto
que no tenía ningún otro ideal
al cual darle existencia.
Te separaste y te quedaste quieto,
y desde tus pensamientos el Padre se expandió
hacia aquello que se denomina la eternidad.

— Ramtha

Capítulo Uno
Tú Eres El Regalo Del Amor, El Dador De La Vida

*D*eseo hablar acerca de una palabra que muy pocos entienden y que todos luchan por conseguir, por así decirlo. Creo que la palabra se llama amor —una palabra maravillosa—, la razón por la que te amo. Todos aquí se han quedado perplejos con esa palabra. Han sido condenados por esa palabra. Han sido esclavizados por esa palabra. Se han enamorado de esa palabra. Se han sentido intrigados por esa palabra. Viven por esa palabra. Es hora de que entiendan lo que significa.

¿Qué es el amor? ¿Qué es amar? En su mayor expresión vamos al Padre, que es la esencia que da la vida, la continuidad de todas las cosas.

Naciste del amor de Dios para continuar su expansión hacia la eternidad

En el principio de principios, todo pensamiento —el pensamiento, el creador supremo— es el Padre, la primera causa, el origen de toda la vida. No hay nada que exista fuera del pensamiento que sea otra cosa que lo que Dios es. Todo lo que es, es el Padre. El Padre es la fuerza de vida, un maravilloso elemento que es la base de todo lo que existe.

Cuando el Padre contempló sus pensamientos en su interior —contempló los pensamientos que él era— se expandió a sí mismo. Toda vez que se aplica el pensamiento contemplativo, la esencia razonadora se presenta, y eso expande el pensamiento. El pensamiento será más grande. El Padre se contempló a sí mismo en su existencia, para ser más en su existencia.

La esencia misma del pensamiento, el propósito mismo del pensamiento es el amor. El amor es, en verdad, aquello que le dio al Padre su existencia para comprenderse a sí mismo, para expandirse a sí mismo en una expansión completa. Si el Padre, para mantener su ideal, hubiera expandido la forma tal y como él era, entonces no se hubiera expandido. ¿Cómo hubiera podido expandirse a sí mismo, si aquello que expandió de sí mismo era solo una extensión de sí mismo y no tenía una forma única de sí mismo?

Cuando el Padre contempló su yo más divino y perfecto, te convertiste —todos ustedes se convirtieron— en aquello que él expandió: una ilustre parte del pensamiento expandido y contemplativo realizado en un maravilloso momento. Cobraste vida cuando el pensamiento se hizo mayor. De esta manera, estás compuesto de lo mismo que el Padre porque tú provienes de él.

El Padre es el pensamiento continuo y contemplativo, la vida. Es continuo, no se queda quieto, de la misma manera que tus propios pensamientos no se pueden quedar quietos. Para que el pensamiento o la vida continúen, deben tener un propósito para continuar. El propósito eres tú. Tú te convertiste en una parte del Padre para continuar su expansión en la continuidad. Por lo tanto, el Padre se convirtió en una continuidad hacia la eternidad, que no tiene número, no tiene medida, no tiene tiempo, porque la eternidad existe en un momento y, sin embargo, el momento es el infinito.

Con el propósito de seguir adelante, el Padre te dio a ti —la parte de sí mismo que alguna vez fue perfecta, asombrosa y preciosa— lo único que siempre ha existido y que siempre existirá: la totalidad de Dios que es la totalidad de la Fuente. Ese eres tú. Te convertiste en el movimiento único y perfecto que no tenía ningún otro ideal al cual darle existencia. Te separaste y te quedaste quieto, y desde tus pensamientos el Padre se expandió hacia aquello que se denomina la eternidad.

Tú eres el Hijo, la única cosa perfecta de Dios

Cuando empezaste a existir, la parte expandida del Padre y tú se convirtieron en una realidad: tú, llamado el hijo del Padre, el hijo del Dios viviente, el hijo de la causa. Cuando dices «uno para todos y todos para uno», la totalidad —aquello que se denomina la hermandad perfecta— se condensa y se dispone en un único movimiento singular llamado el Padre.

El hijo es lo único que es perfecto y que es siempre el duplicado completo de la Fuente en sí misma. Tú, el hijo, eres lo único que es perfecto del Padre. Todo lo demás son ideales provistos por el hijo y plasmados por el Padre, tales como tus plantas, tus finas alfombras, tus paredes blancas. Surgieron de aquello que se denomina un ideal. ¿Y quién es el dador del ideal? El hijo. Él es el dador del ideal. ¿De dónde obtiene él la sustancia para plasmar el ideal? La sustancia es Dios, la vida.

El amor de Dios te dio libre albedrío, la esencia creativa que es el amor

Ningún pensamiento en sí mismo puede ser separado de sí mismo a menos que tenga aquello que se denomina una forma individualizada o la acción llamada libre albedrío. El libre albedrío es la esencia de la fuerza de vida que se le dio a cada Dios, a cada hijo, para que pudiera ser la totalidad única de sí mismo.

La esencia llamada libre albedrío es el amor. Esa es la corriente sanguínea vital del pensamiento hacia todos ustedes. El libre albedrío te dio la separación y, sin embargo, la unidad con el Padre, para que tus pensamientos, tus procesos de pensamiento perfectos, tal como se los denomina, pudieran tener un flujo creativo único completamente por sí mismos. Ese flujo se llama amor. La voluntad se llama amor.

El amor, en su forma máxima, es la continuidad de la vida que el Padre se ha permitido ser con relación a sus amados hijos. La forma más pura del amor es la voluntad que el Padre dio a sus hijos —los Dioses que nosotros somos— para que esa gratificación se enriquezca y se incremente, y resulte en sabiduría.

El amor es la forma más pura de la esencia vital de todos los elementos que están compuestos del amor de Dios, de la forma del ideal creado a partir de la sustancia llamada *Dios que da vida*. Eso es amor. Y aquí llevamos al amor al denominador más bajo e imitamos al Dios que somos. Momento a momento en nuestra creatividad, cada momento en el que creas, eres amado por tu ser; es el acto del ser personificado de desplegar el amor en un flujo absoluto. Un flujo no está limitado por las leyes ni la razón. Es un movimiento libre y desenfrenado, una forma creativa que vivirá hasta la eternidad.

El amor es el dador de todas las realidades

Tu conexión, tu fuerza de vida, el Padre, se llama amor. Para definir la esencia llamada amor, debes definirla de esta manera: es un movimiento libre y desenfrenado, la acción, la esencia que es la vida atrapada en lo ilimitado, libre del tiempo y la impaciencia.

El amor, en su grado más auténtico y más puro, no tiene restricciones. Ama inequívocamente. Perdona inequívocamente. Puede amar en completa libertad y es necesario para la vida. El amor no conoce la lógica o la razón y crea su propio conjunto de valores porque es una esencia libre. Es el pegamento que mantiene unidas a todas las cosas. Es la esencia que nos une a todas las esencias. Es el pacificador maravilloso.

Ahora, ¿qué hay del amor y la realidad? La única realidad es que la realidad no existe. El amor es el que da la opción de ejercer todas las realidades en cualquier estado ilusorio que desees.

El amor es la libertad de crear a partir de Dios como quiera que lo elijas

Tú eres la parte expandida del Padre. El Padre, que aunque esté separado de nosotros es uno y lo mismo que nosotros —él es la continuidad mientras que tú eres lo singular—, se entregó a sí mismo a ti para que puedas ser todo lo que deseas ser en tu pensamiento contemplativo. Él es la base de la realización de tus sueños. ¿Y quién es el creador de los sueños? Tú eres el creador de los sueños. ¿De qué están hechos los sueños? De Dios, la vida.

Puedes tomar lo que necesites del Padre y crear cualquier cosa que desees a partir de él. Ya sea grandiosa o vil, fea o hermosa, maravillosa o triste, no importa, ya que la actitud del ser humano es tan libre y desenfrenada como el amor del ser humano. Así, cualquier pensamiento que tengas en tu continuidad, el Padre lo suplementará a través de su cuerpo. Y cualquier pensamiento e ideal que desees, sea lo que sea, te lo puede dar libremente.

Ahora, para mostrarte el amor del Padre, déjame darte un ejemplo. Usaremos a una serpiente de aspecto muy vil, que la humanidad detesta. La criatura en sí misma tiene un largo y maravilloso cuerpo porque tiene muchos músculos y muchos huesos. Su esqueleto parece ser interminable.

Se mueve muy rápidamente y tiene una cabeza muy grande. Tiene colmillos que pueden punzarte y morderte —su única defensa—, y puede derribar algo del tamaño de un hombre solo instantes después. Y, sin embargo, cualquier hombre podría cortar a la serpiente en pedacitos, pisarla y aplastar su cabeza. La serpiente se expresa perfectamente y es un ideal del Dios que la creó con el propósito de extender la vida en una cadena vital.

Ahora, tomemos a dos Dioses, uno, una mente científica que dice: «La serpiente es una máquina maravillosa. Puede hacer esto. Puede hacer aquello. El color de su piel es maravilloso. Se mueve rápidamente. Es hermosa. Se expresa perfectamente». Esa es la actitud de un Dios que no toma en cuenta los defectos.

Otro llega y dice: «La serpiente es repugnante. Es vil. Es una criatura horrible». La actitud de este Dios ha condenado a la serpiente.

El Padre ve las cosas perfectas. Todas las cosas, en sí mismas, son puras en última instancia. La actitud de cada entidad hacia esa cosa la hace hermosa o vil y fea.

El amor del Padre es tan grande que, siendo la totalidad de la sustancia vital que es la serpiente, te da a ti —lo más perfecto de todo lo que él es— el derecho a expresar tu opinión y dictamen sobre la serpiente como tú lo elijas. El amor que tiene la Fuente de vida por ti es grandioso. El Padre tiene la capacidad de convertirse en cualquier cosa en la continuidad de la vida que su amado hijo desee mediante el pensamiento. Será cualquier cosa que desees. Se alterará a sí mismo de cualquier manera que quieras alterarlo. Se volverá vil, feo y vulgar o la máxima belleza, según lo desees. Sin embargo, en el proceso de alterar, cambiar, condenar y cualquier otra cosa que haga el ser humano, el Padre permanece perfecto para nosotros. Y eso es maravilloso, ¿no es así? Que el Padre pueda convertirse en todas las cosas destructivas o grandiosas simplemente mediante los caprichos de su maravilloso hijo. Eso se llama amor.

Puedes hacer con el Padre lo que quieras, ya que su amor es inalterable. Él está contigo sin importar lo que hagas. Como quiera que tú veas algo, sin importar lo vil que sea, sigue siendo Dios. Esa promesa es inquebrantable porque el Padre, en sí mismo, es energía pura y no conoce la vileza. Solo nosotros, los Dioses, que tenemos la habilidad de contemplar el pensamiento, juzgamos a una cosa pura como malvada mediante nuestra propia creatividad.

El amor entre esta Fuente y tú no pone condiciones. Si el Padre pusiera restricciones a su maravillosa Fuente, su hermosa vida de la que pueden surgir tus ideales, entonces no tendrías individualidad, porque todo lo que pienses sería censurado por una ley de la ley de Dios. Por consiguiente, no te sentirías impulsado a ser un librepensador o una entidad con libre albedrío.

El hijo es lo único que es perfecto
y que es siempre el duplicado completo
de la Fuente en sí misma.
Tú, el hijo, eres lo único que es perfecto del Padre.
Todo lo demás son ideales provistos por el hijo
y plasmados por el Padre.

La única realidad es que la realidad no existe.
El amor es el que da la opción de ejercer todas las realidades
en cualquier estado ilusorio que desees.
Ser maestro del amor y la alegría en esta existencia,
en esta forma de vida y en este cuerpo
no es una maestría terrible.
Es maravillosa,
y se conquista
mediante la acción del pensamiento,
al pensar con amor y alegría.

— Ramtha

Siempre eres perfecto a los ojos de Dios

Cuando te convertiste en una parte separada del Padre, tu primer y maravilloso cuerpo era una síntesis de luz pura, un maravilloso equilibrio de la luz. Tu primera observación, cuando miraste al Padre, fue la perfección, el pensamiento perfecto. Cuando miras al Padre en su forma más simple, no hay alteración, no hay imperfección, no hay limitación. Él es puro, continuo y maravilloso.

Cuando el Padre te miró, lo que él vio en el resplandor de tu luz fue a sí mismo. Y siempre te ha sostenido en un pensamiento perfecto. Allí fue donde recibimos nuestro regalo del libre albedrío, nuestro regalo de amor, e hicimos nuestro pacto con él. Siempre serás perfecto para él, sin importar lo que hagas ni lo que emprendas. Si te mirara como algo inferior a eso, entonces no tendrías la facultad o la voluntad de intercambiar pensamientos alterados, pensamientos limitados o medidas limitadas. No podrías hacerlo. Tampoco tendrías el libre albedrío del pensamiento libre para poder concebir cualquier cosa que sea limitada. Somos entidades perfectas; perfectas. ¿Por qué? Gracias al movimiento llamado libertad y a la facultad llamada amor.

El amor del Padre no tiene fin. Te permitirá hacer lo que desees porque sabe que eres perfecto y nada te puede apartar de él. El Padre no ha creado nada superior a sí mismo que pueda eliminar tu fuerza de vida, jamás. Él te permite llevar a cabo tus ilusiones y tus juegos, tus intensiones, tus pesares, tu miseria, tus preocupaciones y tu felicidad hasta el grado que elijas. Siempre existirás. Cuando esta vida se acabe, vivirás incluso otra, de cualquier manera que quieras expresarte.

No hay nada más grandioso que amarte a ti mismo

Para avanzar en la vida, lo haces mediante la maestría llamada amor. ¿Y cómo se logra la maestría a través del amor? En primer lugar, reconociendo la importancia de lo que eres. Durante siglos se te enseñó que eres cierto engendro de un error, que estás fuera de la providencia de Dios y de todas sus maravillas. No estás fuera del reino. Tú eres el reino, tú eres el Dios, tú eres la fuerza de vida, tú eres el conocimiento principal y primigenio. Tú eres el bien. Tú eres el gran *Ser*.

Cuando empiezas a amarte a ti mismo y te importa quién eres y la calidad de tu existencia, y te importan tus ilusiones o desilusiones, empiezas a obtenerlas en un momento en el que vives lo que se denomina la felicidad. Es entonces que empiezas a avanzar.

No hay nada más grandioso que el amor por uno mismo. Cuando verdaderamente te amas a ti mismo, esa luz, esa fuerza unificada, esa felicidad, esa jovialidad, ese ser alegre se extiende a toda la humanidad. Es difícil odiar a alguien, es difícil acosar a alguien, es difícil herir a alguien cuando estás en un estado de amor. Cuando el amor abunda dentro de tu maravilloso ser, entonces el mundo y todas sus molestias se vuelven hermosos. La vida cobra significado, se vuelve alegre. Y la alegría, mediante la exuberancia de tu ser, te declara un ser puro.

Mediante el amor y la alegría, puedes acelerar el ascenso de tu ser hacia lo más elevado. Cuanto más pases cada momento en la acción de volverte feliz, alegre, y amándote a ti mismo, más grande te vuelves y más te acercas a los planos más grandiosos. Cuando llegas a planos más grandiosos, dejas atrás la amargura, el odio, la guerra, las enfermedades, el dolor, la lástima, la tristeza, porque no pertenecen a los mundos venideros. Son de este mundo. Y la manera de acercarte más a aquello denominado los siete cielos, es a través de la alegría y el amor.

Logras amarte a ti mismo al pensar con amor y alegría

Para triunfar en la vida debes aprender la simplicidad de amar a tu ser, a todo tu ser, valorarlo, ser uno con él, estar en paz con él.

Hay muchos de ustedes que son esclavos del tiempo, son esclavos de la tristeza. Son esclavos de la amargura. Son esclavos del odio. Son esclavos de todas esas cosas que no tienen valor para el amor. Hay aquellos que gritan que no han encontrado la hora más dulce del amor, que no han embellecido su vida con lo máximo de su ser, que están incompletos. Les diré lo siguiente: no hay ningún Dios inferior a cualquiera de ustedes. Todos son iguales. Por lo tanto, lo que está disponible para uno está disponible para todos mediante el amor del Padre, la fuerza de vida de todas las cosas.

Si uno encuentra la felicidad y la alegría, ha encontrado a Dios y, sin embargo, puede que su vecino esté inmerso en la esclavitud del materialismo, esclavizado por pensamientos engañosos, por la tristeza, el odio, la guerra, las enfermedades. Puede que diga: «Oh, amados hermanos, estoy cansado en mi corazón y en mi alma porque no he encontrado el amor en mi vida. No tengo a nadie a quien llamar mío, ni nadie que me brinde calor cuando hace un frío amargo fuera de mi ventana. ¿Qué habré hecho yo para causar tal maldición?».

¿Cómo lo hizo? Dejó que las cosas mundanas creadas mediante un ideal cautivaran su alma y lo cegaran a la realidad de ilusiones que es la vida. Pasó por alto el amor en su forma más simple, pues lo sacó de su vida con el sentido común. No tuvo tiempo para el amor. No tuvo tiempo para su belleza, no tuvo tiempo para su alma, no tuvo tiempo para su existencia o su cama, porque estaba ocupado con sus ilusiones y con sentirse infeliz, esclavizado, confundido, atrapado y lastimado.

¿Quién está en lo correcto aquí? ¿La entidad feliz? ¿La entidad confundida? Ambos tienen razón, pero te diré lo siguiente: el que saldrá ganando cuando la vida termine y ya no exista es aquel que cosechó sus momentos alegremente y encontró la paz. Si algo no le dio paz, lo extirpó de sí mismo. Si alguna acción no le dio paz, la desligó de sí mismo. Todas las cosas que lo hacían feliz fueron atesoradas en pequeños cofres en su interior.

Y a la entidad triste, ¿cuáles de esas cosas, de sus errores humanos, la entristecieron? Los llevó puestos como una armadura, como un collar de melancolía. Estaba orgullosa de su infelicidad. Mientras más los tuvo puestos, más los manifestó. Y al morir se irá de este plano sin conocer el valor de la vida.

¿Qué haz de amar de ti mismo que será significativo en aquello que se denomina el *continuo*? Contémplalo, aunque sea por un momento. Si me llevara tu cuerpo y dejara tu personalidad, el yo de tu ego, ¿qué veríamos? Nada, porque eres una condensación del pensamiento inmortalizado en el alma que le ha dado vida al Espíritu. No verías nada, pero tu pensamiento sigue allí.

¿Qué es lo que debes amar de ti mismo? Amas el cuerpo, en verdad, porque es una expresión externa de la mente interna. ¿Qué es lo que hace que la mente interna sea feliz? El amor. ¿Puedes ver el amor? ¿Puedes saborear el amor? ¿Puedes ver la felicidad? Ves sus manifestaciones externas, pero, a decir verdad, no los puedes ver.

¿De qué te tienes que hacer cargo? De la esencia invisible llamada pensamiento. Colectivamente, tu actitud está compuesta de pensamientos. Cuando mueras —y la mayoría de ustedes lo hará porque no creen en la ascensión— y le dejes tu cuerpo al mundo, seguirás existiendo, pero vas a estar en otro mundo donde existe el pensamiento. Aquellos que eleven su calibre en este otro mundo lo harán a través de la felicidad, la alegría, el amor y el ímpetu del corazón. Eso es verdad.

Ser maestro del amor y la alegría en esta existencia, en esta forma de vida y en este cuerpo no es una maestría terrible. Es maravillosa, y se conquista mediante la acción del pensamiento al pensar con amor y alegría.

¿Cómo amas a los demás una vez que has establecido el amor dentro de ti mismo? ¿Cómo te ama el Padre? ¿Acaso te ama de una manera posesiva? ¿Acaso gobierna tus pensamientos, te dice cómo vas a estar? No, no lo hará. Te ama en completa libertad para que se haga tu voluntad. Tu voluntad es su voluntad. Ese es el pacto entre Dios y sus hijos e hijas, entre Dios y su descendencia, entre Dios y él mismo. Es verdad.

Entonces, ¿cómo amas a los demás? Inequívocamente y en libertad absoluta. Ámense los unos a los otros. Ama en libertad, y te amarás a ti mismo.

El amor te da libertad para vivir

El amor no es solamente la copulación. El amor es el respeto más profundo que una entidad puede tener por sí misma y por los demás. El amor es la capacidad para honrar tanto a un vagabundo como a un rey. El amor te da la capacidad de amar la belleza en todos los pensamientos. El amor nos otorga la divinidad. Es la esencia ilimitada que eleva nuestra totalidad para recibir todo lo bueno.

El amor es la premisa de la vida. El amor es aquello que permite que la vida exista. Es la virtud que ha creado todas las otras virtudes. Cuando el ser humano se canse de la envidia, la guerra, el odio, la amargura y la separación, cuando haya hecho todas esas cosas, regresará a la esencia llamada amor que lo une a su pensamiento perfecto y a su realidad perfecta. El amor es la naturaleza primitiva en todos nosotros que permite que la vida sea ilimitada.

La naturaleza de nuestro ser es tener amor. La naturaleza de nuestro ser es tratar de expresarlo. La naturaleza de nuestro ser es tratar de convertirnos en él, porque al convertirnos en él nos acercamos más a la realidad de lo que Dios es en su amor por nosotros.

Lo que has sufrido en tu existencia, lo has sufrido en muchas vidas. Debes aprender a amar tu libertad liberándote de tus propias cadenas. Cuando seas una entidad libre, no habrá nada que pueda esclavizarte otra vez, porque la libertad empieza en el alma.

La libertad… Todos los seres humanos libres tienen pensamiento, el cual está siempre activo y nunca está quieto, está en evolución, en movimiento, y es desenfrenado. Mientras tengas la capacidad de tener un pensamiento, tendrás libertad infinita mediante el amor de ese pensamiento y el propósito de ser de ese pensamiento.

La razón y el remordimiento fueron la causa de tu muerte, en primer lugar. La razón y el remordimiento causaron tu envejecimiento y te arrebataron la juventud y el valor. La razón y el remordimiento fueron la causa de tu trauma. El amor es lo que te liberará.

Aprendes lo que es el amor al permitirte ser

Para encontrarte a ti mismo, haz de mirar dentro de ti y permitir que lo que hay allí sea. Nunca serás un líder hasta que dejes de seguir, y solo puedes dejar de seguir cuando empieces a escuchar tus propios pensamientos, tus propias ideas, tu propio genio, tu propio buen propósito, y los pongas en acción en la vida, en el Ahora. Entonces te conviertes en un líder. Y los líderes, en aquello que se denomina el sentido de Dios, son entidades maestras y están gobernadas por el amor. Si no lo estuvieran, no podrían ser creadores.

Aprende a ser un líder. Involúcrate en el Ahora, en el momento, en el maravilloso Ahora. Tus mañanas son el resultado de todos tus ayeres y deben vivirse en el ahora. Cuando exhibas un acto de libertad, ese acto abrirá para ti otro pináculo de existencia que estará muy lejos de cualquier otra cosa que hayas vivido alguna vez.

Aprendes lo que es el amor al serlo. Eso es amor. Debes convertirte en el amor para poder saber lo que significa.

Contempla estas palabras que te he dicho. Contempla tu relación con la Fuente y sé un reflejo perfecto de ella. Contempla los pensamientos creativos y cómo llegan. Contempla tu vida y cómo la vives. ¿Estás siendo gobernado por el tiempo y esclavizado por él? ¿Estás esclavizado por tu sociedad? Si no tienes alegría, habla desde el Señor Dios de tu ser y pregunta por qué, conoce el porqué. Te aseguro que la respuesta se manifestará para ti. Cuando hayas dominado el porqué, no habrá más carencia ni más ilusión. Entonces puedes empezar a vivir tu vida como un ser con más propósito. Que así sea.

*Cuando los Dioses empezaron a experimentar este plano en
un nivel de frecuencia más bajo, un nivel de vibración más bajo,
lo que ocurrió poco después en el transcurso de tus milenios,
fue que empezaron a quedarse atrapados allí.
Su mayor preocupación ya no era la pureza de su ser
o la divinidad de su ser, sino cómo sobrevivirían.*

— Ramtha

Capítulo Dos
Eres Una Esencia Divina
Atrapada En La Materia

*E*l Señor Dios de tu ser está compuesto de aquello que se denomina el Espíritu, el alma y el ego.

Tu Espíritu: el Dios de tu ser

El Espíritu nació, en primer lugar, del pensamiento contemplativo del Padre. El Padre es, en el principio de todos los principios, el pensamiento. Es el gran Vacío. Es el gran espacio. Si tomas el gran espacio y el gran Vacío y lo refinas hasta que se vuelva un saber interior, es pensamiento puro.

Cuando el Padre se contempló a sí mismo y volvió sus pensamientos hacia dentro de su ser, se expandió a sí mismo, y el principio que nació de allí se convirtió en luz. Las partes expandidas del pensamiento siempre serán luz. El pensamiento aparece como una explosión de luz. La luz sostiene la imagen perfecta que crea la forma manifestada en una dimensión más baja. El campo de luz de cada una de las partes expandidas del Padre cobró existencia. Todos los Dioses fueron creados en el mismo momento. El Padre expandido se convirtió en el hijo expandido.

La luz es el Espíritu de nuestro ser. Es el Dios de nuestro ser. Es la expresión original que retenemos. Y hasta este día en tu tiempo todavía posees el Espíritu original, el Yo-Dios original, la expresión original de luz que fuiste una vez en la totalidad de tu gloria.

El Espíritu es Dios en forma singular. El Padre es el plural. Es la sustancia de todas las cosas. Las porciones expandidas del Padre, denominadas su amado hijo, son él mismo. Por lo tanto, todos los que existen son Dios. El reconocimiento más grandioso, la verdad más grandiosa, la consciencia más grandiosa, el *Ser* más grandioso, el poder más impresionante de todo lo que es, todo en uno, es la totalidad del Espíritu de cada ser humano.

El Dios dentro del ser humano es el Dios que posee el ser humano en sí mismo. Es el cuerpo de luz que rodea al cuerpo físico tal y como lo conoces. Dentro de ese cuerpo de luz, existe la mente de Dios. La divinidad está allí. Está asegurada. Se conecta con aquello que se denomina el pensamiento continuo de la premisa del Padre que es la base de toda la vida.

De esta manera, en cualquier momento en el tiempo, el Dios de tu ser es consciente colectivamente de todo lo que existe. Tiene la capacidad de entender todo lo que existe. Está en un estado de conocimiento absoluto de todos los momentos que existen porque el Dios de tu ser es consciente del Dios de todo el entendimiento y está en sintonía con él continuamente.

Tu Alma: el Señor de tu ser

Las entidades de partículas de luz no podían manifestar a través de su propio ser; el pensamiento pasaba a través de ellas. Para que las entidades de luz fueran aquello que se denomina el creador supremo de la masa del Padre, debían tener la facultad de capturar el pensamiento continuo y fijarlo en aquello que se denomina la memoria. Cuando esto estuvo disponible como una concepción, nació la fuerza creativa de Dios, el alma de Dios.

Para que un Dios, un ser de luz que está en un flujo continuo pueda crear, para que pueda tomar la sustancia del flujo continuo y pueda crear una imagen —para así contemplar el pensamiento y expandirlo hacia lo que él llama una creación— debe tener la facultad de capturar el pensamiento e inmovilizarlo. Esa es la razón y el propósito del alma.

Por ejemplo, un Dios crea una flor. Para que la flor pueda ocurrir, debe surgir el pensamiento de la flor. El pensamiento de la flor se extrae del flujo con el cual el Dios o la luz de tu ser está en unidad. De esta manera, el pensamiento de la flor se sostiene perfectamente en el alma como una imagen. Entonces el Dios puede contemplar la imagen de su pensamiento y darle color, darle razón, darle estatura, darle sustancia, crearlo como una totalidad durante el tiempo que desee y en cualquier momento que lo desee. Al sostener el pensamiento perfectamente inmóvil, puede pintar su imagen perfectamente.

Sin el alma, el pensamiento no puede ocupar un lugar dentro del ser. Por eso el alma —la que sostiene toda verdad, la que sostiene todo el conocimiento reconocido, la poseedora de todos los pensamientos— fue creada específicamente para eso, para inmovilizar la continuidad.

El alma, denominada el señor del ser, es una unidad separada del Espíritu porque el Espíritu alberga al cuerpo con luz y sostiene la masa en su interior. El alma yace dentro de la masa, se alberga cerca del cuarto sello, en una cavidad debajo de un escudo óseo.

El alma tiene la facultad de captar la esencia, el flujo de pensamiento —que es Dios, el Padre, el creador supremo— y mantener al pensamiento completamente inmóvil para convertirlo en una emoción manifestada. De este modo, el alma es la que registra todos los pensamientos.

El alma, debido a que registra todos los pensamientos como emoción, tiene la capacidad de la memoria eterna. El alma, debido a su capacidad de almacenar todos los pensamientos dentro de su ser, permite que la criatura de luz tenga experiencias emocionales, lo cual permite que la entidad regrese al principio del pensamiento.

El alma carece de emoción. Carece, en verdad, de una actitud. Es meramente un almacén o banco de memoria —como tú lo llamarías apropiadamente— de todos los pensamientos encontrados por el Dios que está alineado con todo el Espíritu.

La memoria no tiene tamaño. Es una esencia. Tu memoria no está en tu subconsciente. Está en tu alma. El alma lo recuerda todo. El saber interior está guardado dentro del alma. Aquello que se denomina el talento está guardado dentro del alma como experiencia.

Cuando te encuentras en un estado emocional, estás sintiendo un pensamiento que ha bombardeado la estructura emocional, la estructura de luz de tu ser. La memoria que el alma alberga en su interior desde hace eones está grabada en forma de sentimientos. Solo tienes que sentir para que surja el efecto visual.

El alma no es solamente la portadora de toda la información, es la que causa el movimiento corporal. Se la denomina el señor del ser, ya que es la que gobierna el cuerpo. Cuando la muerte ocurre dentro del cuerpo, el alma sigue adelante y se alberga nuevamente en una estructura de luz. Entonces el Espíritu computa y recibe la información del pensamiento y la consciencia, y continúa expandiendo al ser vivo denominado el ser humano.

El Dios dentro del ser humano
es el Dios que posee el ser humano en sí mismo.
Es el cuerpo de luz que rodea al cuerpo tal y como lo conoces.
Dentro de ese cuerpo de luz, existe la mente de Dios.
La divinidad está allí. Está asegurada.

— Ramtha

El Ego: el Yo exclusivo de tu personalidad

Cuando el alma y el Espíritu se unieron, crearon una personalidad dentro de su ser que era única con respecto a los otros Dioses. Ningún Dios ha creado lo mismo que otro, jamás, porque ninguno de ellos ha captado el mismo pensamiento con la misma mentalidad ni lo ha contemplado de la misma manera.

El alma fue la razón por la cual surgió la identidad colectiva. El Espíritu le dio todo el conocimiento al alma, lo mantuvo inmóvil y lo contempló. Mediante la asociación del alma y el Espíritu empezó a surgir una identidad.

El Cuerpo: tu reino

El cuerpo del ser humano fue creado después de que se crearan todas las otras cosas, con el propósito específico de que los Dioses pudieran expresarse en una forma más baja de pensamiento manifestado en aquello que se denomina la materia bruta o la solidez de la masa.

Toda la masa es la solidificación de la materia de luz. Los Dioses de la materia de luz no tenían un cuerpo en el cual solidificarse a sí mismos en el plano de Terra, o lo que tú llamas la Tierra, para formar parte del reino que habían creado en este universo a partir del alma de su yo creativo. El cuerpo de un ser humano o la imagen del ser humano se creó mediante el pensamiento; era el cuerpo perfecto. Un Dios podía retener el alma y estar envuelto por aquello que se denomina la mente de Dios para experimentar el reino que había creado.

No fue un solo Dios el que creó este plano; lo crearon muchos Dioses. De toda la población que vive en este plano en el Ahora —que habita en cada uno de los siete planos en cada una de las quinientas treinta y tres dimensiones de cada plano y en cada uno de los noventa y nueve universos que rodean al universo mismo—, de la suma de la totalidad de todo lo que existe, si divides ese número entre dos, obtendrás el número exacto de Dioses que fueron creados y que participaron en los inicios de la creación tal y como la conoces.

De este modo, todos los Dioses crearon todas las cosas en esta Tierra. La masa de la Tierra —o aquello de lo cual crearon— y la vida a partir de la cual tuvieron que crear es el Dios único, el Padre divino, la primera causa, la Fuente. El cuerpo surgió después de muchos experimentos. Al principio solo se creó al hombre, y ni siquiera fue creado con órganos reproductores. Los órganos reproductores estaban en su interior, y se daba a luz a sí mismo mediante lo que más tarde denominarías el proceso de clonación. El ser humano se convirtió en el cuerpo con el que los Dioses podían experimentar este plano.

El Ego Alterado: el hijo del miedo

Cuando los Dioses empezaron a experimentar este plano en un nivel de frecuencia más bajo, un nivel de vibración más bajo, lo que ocurrió poco después en el transcurso de tus milenios, fue que empezaron a quedarse atrapados allí. Su mayor preocupación ya no era la pureza de su ser o la divinidad de su ser, sino cómo sobrevivirían.

Los Dioses puros eran como niños pequeños. Desconocían el odio. Desconocían la limitación. Desconocían la guerra. Desconocían incluso la muerte. Eran como niños pequeños. No conocían ninguna de estas cosas, ya que ninguna de estas cosas existía en la mente de la totalidad de la cual se derivaban.

En este plano, en su forma más baja, ellos experimentaron todas estas atrocidades de la limitación. A través de la experiencia de la emoción —porque el alma registra las emociones de las imágenes— y el pensamiento de las emociones se configuró colectivamente aquello que se denomina el ego alterado.

Cuando los seres humanos —los Dioses— entraron en este plano y en el árbol del conocimiento, nació el ego alterado. ¿Cómo nació? El Espíritu del Dios producía las imágenes plasmadas dentro del cuerpo, el cual tenía que mantener al ego alterado, y este nació a través de la mente del ser humano como un conjunto de principios establecidos y aceptados para su supervivencia. El ego alterado son las actitudes colectivas plasmadas como una cierta programación. La programación para la supervivencia causada por el miedo fue lo que creó al ego alterado.

A la hora de la muerte del cuerpo, el ego descubrió que no podía regresar al plano del Atrio —llamado el plano de los Dioses puros—, sino que solo podía regresar a un estado alterado de consciencia, que solo podía existir en un estado alterado de consciencia.

Al nacer una y otra vez en la forma corpórea, el ego en sí mismo se intensificó, y mientras más se convertía en el cuerpo, más fácil le era olvidarse de su más grandioso propósito divino.

La mente de la persona es el ego, la culminación de la síntesis del pensamiento que fue originado por el Espíritu divino y almacenado por el alma en una emoción colectiva como un principio establecido, un ser único.

La interrelación entre el Espíritu, el Alma y el Ego

¿Cómo es que incluso ahora estos coexisten en tu cuerpo? El dador de todos los pensamientos que posees durante el día en tu tiempo, por la noche en tu tiempo, en cada momento de tu tiempo, son un regalo del Espíritu o el Dios de tu ser.

El alma provee el almacén de pensamientos. El ego colectivo, al que se le ha dado precedencia desde hace eones en tu tiempo, los dispersa, los altera, los rechaza, hace lo que quiera que decida porque está impulsado por la supervivencia, por el miedo. No aceptará ningún ideal extremo que no sea admisible. En este plano —donde la evidencia es una realidad— lo descartará. Entonces el alma registra la emoción de ese rechazo como ignorancia.

Mientras más vive el ego de tu ser, más limitada y cerrada se vuelve tu visión de la vida debido a la supervivencia impulsada por el miedo. Incluso ahora el miedo al rechazo, el miedo a ser diferente bloquea la síntesis del pensamiento dado por Dios que siempre está allí en el estado puro de saber interior que eleva al ser humano, siempre.

¿Cómo trabajan en armonía el uno con el otro? El alma —denominada el señor del cuerpo, el señor del ser— y el Espíritu —denominado el Dios del ser— están en un estado de recepción total. Por lo tanto, este registra la información admisible para su ser.

Los que programan o proveen al alma de información astuta son el ego alterado y el Espíritu divino. Cualquier cosa que se le dé al alma, el alma la manifestará en forma corpórea, y su reino más denso de manifestación siempre será el cuerpo, siempre.

Debido a que el ego alterado vive en todo momento en un estado de miedo absoluto, de supervivencia, y dado que la muerte es la culminación máxima del miedo, el ego alterado siempre le muestra al alma el refinamiento de la muerte. Y aquello que teme, a la larga sucede.

Desde el momento que naces, envejeces, para así morir y perecer. Esa es la síntesis de supervivencia según la cual fue programada tu alma. El alma, el señor de tu ser, le ha proporcionado a tu cuerpo un estado perpetuo de muerte. Todas las cosas que son consideradas en el pensamiento y aceptadas por el ego alterado se volverán una realidad a través del Señor Dios de tu ser.

La coexistencia… Sin tu alma no existirías porque no podrías albergar un pensamiento. Si no pudieras albergar un pensamiento, no tendrías un ego en absoluto. Y si no tuvieras un ego en absoluto, serías un Dios puro, lo máximo de tu ser; lo máximo. Ser puro sería ser la masa de Dios, en lugar del hijo único que eres.

¿Sabes lo que es el alma? La mayoría no lo sabe. Solo saben que la tienen o que todos deberían tenerla. Y si alguien más la tiene, entonces definitivamente deben tenerla. Si no la tienen, la obtendrán. Te lo explicaré. El pensamiento, o aquello que se denomina el *Ser* de Dios, pasó a través de la luz, y la emoción cobró existencia. Pero la emoción era fugaz para las entidades de luz, de modo que se creó el alma para que pudiera capturar el pensamiento y emitir otra frecuencia para que fuera capturada eternamente.

El alma fue creada dentro de cada principio de luz para que pudiera atesorar aquello que se denomina el río del amor o lo que se denomina la vida de Dios, el Padre, quien emite el pensamiento.

El alma registra cada emoción física dentro de aquello que se denomina el cuerpo. Cada pensamiento que hayas tenido alguna vez en toda la eternidad está alojado en tu alma. Dirige al cuerpo físico a través de lo que se denomina su estructura emocional. El alma es lo que te permite dormir y que el cuerpo continúe funcionando con su sistema respiratorio, su sistema circulatorio, su sistema digestivo, y sus campos eléctricos mientras la consciencia se aleja.

El alma es el señor del cuerpo. Programa al cuerpo según lo que reciba, ya sea del Espíritu o de tu ego. Cualquier pensamiento que permitas que fluya a través del maravilloso órgano denominado el cerebro se experimenta en el sistema nervioso central como una ráfaga de energía, como lo denominas apropiadamente. El alma registra eso como una emoción. El ego o intelecto formula una palabra y la llama *sentimiento*.

Cualquier cosa que hayas pensado alguna vez, está contenida en tu alma. La experiencia de todo lo que has hecho alguna vez está en tu alma como emoción. Es el almacén del conocimiento. Si no poseyeras un alma, solo serías luz. Serías energía sin memoria, energía sin valores creativos, energía, y serías solo la esencia del *Ser*.

Todos ustedes son creadores, hacedores de imágenes.
Todos ustedes son Cristos en su limitado entendimiento de la aceptación.

— *Ramtha*

Capítulo Tres
Ustedes Son Los Amnésicos De
Un Entendimiento Más Grandioso

Yo soy Ramtha el Iluminado, servidor del *Ser* de la fuerza *Yo Soy* denominado el dador de toda la vida, que es la base de todo lo que es.

El pensamiento es, de hecho, el dador de todo lo que es. El poder dador de todo lo que es ha sido llamado el Principio Madre/Padre de toda la vida, en verdad, porque lo es. Da de sí mismo para convertirse en todas las cosas, ya que la sustancia que conforma la creatividad de todas las cosas es aquello que se denomina el Dios Todopoderoso o la vida —espléndido, silencioso, perfecto—, en verdad la extensión continua que nunca disminuirá, sino que se volverá más grandiosa.

Yo soy, en verdad, en esta hora, un servidor del Padre, en verdad de la fuerza, de la Fuente de vida, de la totalidad del *Yo Soy*, del *Ser* de todo lo que es.

El Cristo, el genio de la creatividad

¿Quién es el creador que toma el pensamiento ideal, lo manifiesta, lo alarga, lo divide, y luego lo envía a otra creatividad colectiva? Es el Cristo, que es el creador de todas las magníficas imágenes que son, en su forma básica, la totalidad de Dios.

El Cristo, el creador de imágenes de toda la espléndida vida en formas que lo separan de la masa, le otorga una naturaleza única a su identidad para distinguirlo de todo lo que existe. Es el hijo de la primera causa, la unidad motivada y singular de aquello que se llama Dios el poderoso, Dios el dador de la Fuente, el creador de la fuerza, el entendimiento principal de toda la materia. Es el hijo de todo lo que es. El Cristo es aquel que configura el pensamiento colectivo para plasmar la imagen del pensamiento en la materia que es el Padre.

Sin el Padre y el hijo no hay nada, porque el Padre da la vida, pero el hijo da la forma creativa de la cual surgen todas las cosas de la vida. Con el hijo y el Padre unidos, todo existe. Y con la alineación de todo lo que es, tú tienes entonces una

49

plataforma espectacular de existencia que es multifacética en siete niveles de entendimiento, en verdad siete cielos de existencia, siete frecuencias de pensamiento del entendimiento. Sin ellos dos, no hay nada. De hecho, no hay nada. Ni siquiera existe la palabra para crear aquello que pudiera existir, porque no existiría nada.

El Padre, en sí mismo, es una masa de energía pura, pero no tiene forma, no tiene belleza porque es la belleza pura. No tiene belleza porque no hay una parte de sí mismo que esté separada de él que pueda dar crédito o alinearse o ser un reflejo perfecto de otra parte de su ser. Por consiguiente, el Padre simplemente es. Es energía pura vinculada a la emoción y al movimiento, pero sin color, sin imagen; el vasto espacio, en verdad.

Su hijo, su ser más preciado, la niña de sus ojos, es el maestro artesano. Él toma la masa del Vacío, la energía pura, y con ella crea vitalidad diseñada elocuentemente. Siendo la maravilla de aquello que se denomina la eternidad, los hijos han creado en los telares de la vida aquello que se denomina el color, la textura, el olor, el ser y, en verdad, aquello que se denomina la totalidad.

El hijo no existiría si el Padre no existiera. Y con ambos perfectamente alineados, la vida es ilimitada. Incluso una célula singular tiene su propio universo, su propio universo dentro de universos. ¿Sabías que tu célula o tu estructura molecular tiene aquello que se denomina la rotación del átomo en su interior, que gira alrededor de su propia fuerza vital central o su sol, y que cada partícula que gira alrededor de la chispa central también tiene su universo; que una sola célula puede tener un millón de dimensiones porque tiene un millón de partículas de vida dentro de su diminuta estructura?

¿Quién es el genio de toda esta creatividad? El espléndido hijo, el Cristo, el Dios realizado. Con la libertad de aquello que se llama la perspectiva del pensamiento, creó millones de universos dentro de una célula diminuta, un sinnúmero de universos que se despliegan por una galaxia que verdaderamente no tiene fin.

Del Cristo, que es el creador de imágenes de la fuerza, que ha brindado un espectacular despliegue del ser para la glorificación de su Padre, que ha pintado una obra maestra en la ilusión del tiempo para que todos aquí formen parte de ella, de él —el verdadero dador de la ley, el dispensador de la verdadera belleza, el verdadero *Ser*, el rey coronado del reino de Dios— yo soy un servidor.

Ustedes son los amnésicos de un conocimiento más grandioso

¿Y quiénes son ustedes? Son amnésicos, pues ustedes son ese Cristo. Se esfuerzan por ser una imagen de su propio yo desplegando la creatividad en este plano de una manera muy limitada. Todos ustedes son artesanos, ya sea con el lienzo o con lápiz y papel, o con transacciones de negocios, o ropa, o color, o manufactura en madera. Todos ustedes son creadores, creadores de imágenes. Todos ustedes son Cristos en su limitado entendimiento de la aceptación.

Ustedes son amnésicos. Son los verdaderos Cristos. Son, en verdad, los que crearon la luz espectacular que ven en los cielos, los que llevaron a cabo la genialidad de introducir un millón de universos en una sola célula diminuta. Ustedes son los que crearon el color, el diseño, la textura, el olor, asociándolos en formas dimensionales de un conocimiento vibratorio. Ustedes son, en verdad, las magníficas criaturas de un Padre magnífico que es, verdaderamente, todo lo que existe.

¿Cómo regresas a la vastedad de la creatividad y al conocimiento de que estás perfectamente alineado con tu Padre? Al permitirte saber que realmente lo estás, que esa es una verdad, que esa es la realidad del *Ser*. Eso es lo único que hace falta. El conocimiento también es una pincelada en el lienzo. El conocimiento le añade brillo a una imagen que no lo tiene. El conocimiento te permite a ti, el Dios de tu ser, ser el Cristo de tu ser, ser el gran creador.

Todos ustedes tienen aquello que se llama el río de pensamiento. Todos ustedes tienen el ego que los conduce a ser seres con propósito, que le da a cada uno de ustedes el derecho de crear. Cada uno de ustedes tiene un ego para dividir colectivamente un pensamiento puro y convertirlo en una forma de emoción que llegan a experimentar. Todos lo poseen. Tienen este fuego divino en su interior todo el tiempo.

Ustedes son los amnésicos de un conocimiento más grandioso. Han limitado e inhibido su mayor potencial para ser el Dios que son. ¿Quién más diseñó este magnífico lugar para que ustedes lo habitaran? Solo ustedes lo hicieron, pues ¿no son ustedes acaso las criaturas supremas del intelecto y la inteligencia? En verdad lo son. No tuvieron que evolucionar para convertirse en eso. Siempre lo fueron.

Ustedes son amnésicos. Son los verdaderos Cristos.
Son, en verdad, los que crearon la luz espectacular
que ven en los cielos,
los que llevaron a cabo la genialidad
de introducir un millón de universos en una sola célula diminuta.
Ustedes son los que crearon el color, el diseño, la textura, el olor,
asociándolos en formas dimensionales de un conocimiento vibratorio.
Ustedes son, en verdad,
las magníficas criaturas de un Padre magnífico
que es, verdaderamente,
todo lo que existe.

¿Cómo regresas a la vastedad de la creatividad
y al conocimiento de que estás perfectamente alineado con tu Padre?
Al permitirte saber que realmente lo estás, que esa es una verdad,
que esa es la realidad del Ser.
Eso es lo único que hace falta.
El conocimiento te permite a ti, el Dios de tu ser,
ser el Cristo de tu ser,
ser el gran creador.
Ustedes son los amnésicos de un conocimiento más grandioso.
Han limitado e inhibido su mayor potencial para ser el Dios que son.
¿Quién más diseñó este magnífico lugar para que ustedes lo habitaran?
Solo ustedes lo hicieron, pues ¿no son ustedes acaso las criaturas supremas
del intelecto y la inteligencia? En verdad lo son.
No tuvieron que evolucionar para convertirse en eso.
Siempre lo fueron.

— Ramtha

Les enseñaré a ser Dioses

¿Quién eres tú? Eres quien puede poner una nube en el cielo. Eres quien puede poner una nube delante del sol. Eres quien puede sustentar la vida. Eres el creador de este magnífico retrato de *Dios Yo Soy* a través del perfecto hacedor de imágenes, la continuación hacia el refinamiento de la vida, el *Ser*. Eso es lo que eres.

Yo soy tu profesor, tu servidor, un amante de la totalidad de tu ser, en verdad. Aquello que te he dado, me lo he dado a mí mismo, en verdad. Y en aquello que me he dado a mí mismo, he encontrado las respuestas y la sabiduría. Amarte es muy fácil, porque me amo a mí mismo y a la totalidad del Dios que Yo Soy. Soy un amante del Padre, la Fuente verdadera de todo lo que existe.

¿Qué he de enseñarte, en verdad? No a ser un mago, sino a ser Dios, a simplemente serlo, a pensar sin restricciones, a estar siempre en una totalidad de libertad absoluta. Por cada uno de ustedes que se convierta en estas cosas, este amado lugar del esplendor de las imágenes de tu creatividad sustentará una mayor extensión de vida y permitirá que el pensamiento de este plano se ilumine verdaderamente, y los bebés nacidos de madres ignorantes les enseñarán a sus madres, los bebés nacidos de los señores de la guerra traerán paz a la familia, los bebés nacidos del necio le enseñarán lo que es el amor.

Cuando acrecientas la consciencia de este maravilloso plano, acrecientas la vida que atraerá hacia sí mismo. Y cada vez que atrae una vida o que otro Dios ingresa allí, debe hacerlo según ese nivel de consciencia. Si has mejorado el nivel de consciencia por la virtud de convertirte en lo que eres en la espléndida diversidad de tu ser, entonces acrecientas las cualidades de las entidades que entran a este plano.

Los tesoros del cielo están en la palma de tu mano abierta porque todo lo que emana es amor, paz, felicidad y Dios, la vida eterna. Cada entidad que entre en este plano desde este día en adelante vendrá y les enseñará a sus padres. Ellos serán los heraldos de la paz, los verdaderos trovadores de una era milagrosa que está surgiendo.

Enriquece este plano transformándote. Cada vez que te transformas, el plano se vuelve más grandioso y está más cerca del séptimo plano divino.

La muerte es una gran ilusión.
Siempre has existido y siempre existirás.

— *Ramtha*

Capítulo Cuatro
No Eres Menos Que Las Flores

¿*E*res inferior a las flores? ¿Cómo es su vida, en verdad? Nacen de un grávido capullo y florecen en plenitud con el calor del sol. Su maravillosa esencia y aroma llenan el aire de un mareo enloquecedor llamado fiebre, que hace que todas las cosas se regocijen. Ellas ayudan a las aves en su vuelo, a los insectos en su vigilia, y al ser humano en su deleite y búsqueda del amor.

La maravillosa flor produce para sí misma una semilla para poder regresar. Y cuando la flor se cae y nace el fruto, eso se llama sabiduría. Ese es el producto de la vida. Cuando el fruto se ha consumido y las hojas se caen, y la especia y la cosecha del otoño llegan a la tierra, el árbol empieza a temblar con el viento del este, empieza a perder sus maravillosas hojas y se queda atrevidamente desnudo.

Cuando el gran silencio blanco llega y llena las ramas de los árboles con una brillantez espesa y resplandeciente, y todo está frío y yermo, ¿dónde está la flor? Está en la memoria. Está en la sabiduría. Está en el retoño de la última primavera, y brotará otra vez porque cuando haya cambiado la estación y se haya acabado el invierno, los capullos florecerán otra vez, y habrá otra flor.

¿Por qué crees que eres menos que las flores? ¿Crees que solo vives en la primavera, produces tus frutos en el verano, dejas caer tus hojas en el otoño y mueres en el invierno? ¿Crees que eso es todo para ti?

Si la promesa de la vida se enriquece con una sola flor, entonces ¿no eres tú mucho más que la mejor flor? ¿Acaso tu vida no es más importante? En verdad lo es, porque así como ellas continúan floreciendo cada primavera, así vivirás tú cada vida.

¡Qué historia podrían contar las flores de todas las estaciones que tú has visto! Maestro, te diré lo siguiente y espero que nunca lo olvides: la vida nunca se acaba. Es cierto que puedes mutilar un cuerpo. Puedes cortarle la cabeza y destriparlo y hacerle todas las cosas espantosas que puedas, pero nunca destruirás la vida. Eso es inmutable. Es eminente. Aquellos que optan por el sinsentido de la guerra o que atacan para esclavizar o que asedian a sus vecinos están cometiendo un gran disparate, porque nunca podrán destruir a la persona, nunca, jamás.

La muerte es una gran ilusión. Todos aquí han muerto en guerras, todos aquí han sido traicionados —todos— y, sin embargo, siguen existiendo. Es un juego. Yo me río. Nadie puede traicionarme. De hecho, nadie puede traicionarte, ¿por qué razón te traicionarían?

Te digo que en cuanto la vida se retira de tu cuerpo, estás en otra encarnación de tu Espíritu que le dio crédito al valor de la carne. Siempre has existido y siempre existirás. Desafortunadamente, la carne es vulnerable porque la hacemos de esa manera. Pero aquello que es el premio que vive en su interior, nadie lo destruye jamás. Jamás podrá ser destruido. Recuérdalo.

Aprende a compadecerte de los homicidas, los esclavizadores y los asesinos, porque les cuesta un trabajo terrible procesar la emoción con la que tienen que lidiar cuando su conquista termina, y eso, a menudo, les toma milenios. El asesinado obtiene un cuerpo al siguiente instante. El asesino nunca lo olvida.

La muerte es un estado de ser que no es natural porque el cuerpo se crea mediante la actitud, la poseedora del cuerpo. Tú, que piensas en el silencio detrás de tus ojos, siempre vivirás. Vas hacia aquello de lo cual viniste y allí decides lo que deseas hacer en tu siguiente aventura, porque eso es lo único de lo que se trata todo esto.

Este es un sueño, un gran sueño, una fachada, por así decirlo. Es el pensamiento que juega con la materia y crea realidades profundas que amarran la emoción a este plano si no se lidia con ella.

Cuando falleces y dejas este cuerpo, eres emoción pura. ¿Acaso no eres emoción pura cuando eliminas todo esto? ¿Qué es lo que hace que todo esto funcione? ¿Qué hace que la boca funcione, que los ojos funcionen, que los oídos funcionen, que el cuerpo funcione? Es esta maravillosa energía detrás de esta máscara que está tirando de todos los hilos, por decirlo así. Es la energía que amamos en otro, ese maravilloso yo de la personalidad. ¿Pero podrías identificarlo si eliminaras su cuerpo? Ni siquiera lo verías, no con estos ojos.

Cuando falleces y no tienes cuerpo, estás pasando a un estado de emoción pura; pura emoción. Eso significa que ya no tienes achaques, dolores, ni hambre en tu cuerpo, o lo que sea. Eres simplemente emoción, lo cual significa que todo se amplifica e intensifica.

Lo que se ama de ti no es el cuerpo. Es la esencia invisible que hace que funcione, que nunca muere. Si tratas de destruir tu pensamiento, no podrás hacerlo. Si tratas de destruir la luz, podrás concentrarla, amplificarla, pero no podrás destruirla. Y esa, entidad, es la composición fisiológica del verdadero yo. Nunca mueres. Nunca morirás.

La paz que sobrepasa todo entendimiento ocurre justo antes de la muerte. Sucede al pasar de un elemento a otro. En la muerte, el cuerpo simplemente perece y la entidad se libera de todos los instintos del cuerpo infernal, de todo aquello que se denomina el dolor en el cuerpo, y se convierte en un alma libre, en el yo.

Hay un dicho asociado a tu religión: «He aquí que en el regazo de Dios ya no hay dolor, ya no hay lágrimas y ya no hay tristeza». Y en verdad, ya no hay agonía, porque aquello en lo que te conviertes es luz pura que todavía retiene aquello que se llama el cuerpo y el alma áuricos. El cuerpo físico asociado a todas estas cosas ya no existe, y la entidad está en una utopía. Está en el regazo de Dios.

La muerte del cuerpo es como dormir. El Espíritu llama al alma, que es la hija del Espíritu. El alma viaja hacia arriba, hasta el último de los sellos, a través de un túnel. La luz al final es, en verdad, la dimensión invisible a la cual pertenece, y entonces el cuerpo expira. Sucede en solo un instante, y no duele.

La entidad está consciente como nunca lo había estado. Puede ver todos los niveles por debajo de ella, a su alrededor y a través de ella, porque se ha convertido en un principio de luz pura. En ese reino ya no sufre el dolor o la agonía del cuerpo. No sufre la tristeza del cuerpo. No sufre la desilusión. Solamente es. A esto se le llama una utopía, o lo que Yeshua ben José dijo que era el paraíso.

La muerte no debería ser temida, porque no es el fin. Es solamente la continuación de aquello que tú eres.

Esta es una audiencia de aquello que se denomina
el conocimiento —hondo, profundo; el conocimiento del Ser—
que en verdad te da las respuestas
de aquello que se denomina la perplejidad llamada vida.
En esta audiencia aprenderás
aquello que se llama un mayor entendimiento de tu existencia,
la razón de tu existencia en este nivel de aprendizaje,
y el uso que se le da a aquello denominado el cuerpo divino.

— Ramtha

Capítulo Cinco
Tu Vida Es Una Aventura Emocional Para Realizar Tu Divinidad

*Y*o soy Ramtha el Iluminado, en verdad, servidor de aquello que se llama la Fuente, la vida explícita, de aquello que se llama el Cristo, el creador en la vida, de aquello que se llama el ser humano, el creador de la creación, te sirvo a ti, Dios, en verdad.

Esta es una audiencia de aquello que se denomina, el conocimiento —hondo, profundo; el conocimiento del *Ser*— que te da las respuestas de aquello que se denomina la perplejidad llamada vida.

En esta audiencia, aprenderás aquello que se llama un mayor entendimiento de tu existencia, la razón de tu existencia en este nivel de aprendizaje, y el uso que se le da a aquello denominado el cuerpo divino. Así comenzamos esta hora, como la denominas, en esta maravillosa audiencia para aprender, en verdad, un poco acerca de aquello que se llama los porqués, para producir aquello que se llama las respuestas.

Vas a escuchar, vas a contemplar, y tus escribas mecánicos lo reproducirán una y otra vez interminablemente —son criaturas incansables y miserables— y tú lo escucharás una, y otra, y otra vez. Y lo contemplarás cada vez más, en verdad. Y dirás: «Ah, esto es cierto. Así fue como ocurrió esto y lo otro». Pero no estarás seguro de por qué ocurre de esa manera hasta que lo experimentes.

Gracias al intercambio de la experiencia, lo que oirás este día en tu tiempo, en tu calibre de entendimiento, se vuelve un saber interior de aquello que se llama el *Ser* inalterable que simplemente es. No hay duda alguna, en verdad, con respecto a su realidad; simplemente es. No se trata de las migajas secas de una filosofía mundana. Es aquello que se denomina una realidad profunda.

El saber interior, en verdad, no es solo tener la capacidad de repetir palabra por palabra después de escucharlo una y otra vez, sino experimentarlo hasta que se vuelva parte de tu realidad. El saber interior es sentir aquello que oyes, experimentándolo de manera concluyente en la totalidad de tu ser.

Dios, el Padre, la Fuente, no es aquello que se denomina una palabra. Es un *Ser*. Es una continuidad absoluta. La palaba ejemplifica pobremente aquello que se denomina el valor exaltado de Dios. Para saber lo que es la presencia hay que serla, experimentarla, saborearla, convertirte en ella en la continuidad de tu vida. Entonces no es Dios, la palabra, sino que, en verdad, es aquello que se llama un sentimiento, el *Ser* de un valor experimentado. La filosofía, en verdad, el aprendizaje, no es nada sino hasta que la has vivido.

Todos los que están aquí son expertos en escuchar, todos ustedes. Son expertos en repetir, todos ustedes. Pero Dios no quiera que repitas lo que escuchas tal como lo oyes porque eso carecería de imaginación. Así que lo cambias, y le añades, y lo conviertes un poco más en el *Ser* conforme lo repites. Yo lo encuentro divertido. Pero pocos de ustedes saben cómo usarlo, muy pocos. Y más aún, la mayoría de ustedes se rehúsa a hacerlo porque les da miedo vivirlo y, al hacer esto, permiten que la creencia del miedo, con su propio principio de vida modificada, ocurra en cada momento. En el acto de rehusarte, estás viviendo una visión alterada, una alteración de aquello en lo que te podrías convertir.

Cuando empiezas a entender las palabras que repites, la experiencia —experiencia tras experiencia, medida a medida— acrecienta la calidad de tu aprendizaje. Y poco a poco, muy levemente, te transformas. Así es como yo enseño.

En esta hora enseñaremos el conocimiento sobre el *Ser*, y por qué sientes todo lo que oyes. Vas a experimentar una muestra de esto en tu realidad, para que el conocimiento enriquezca la calidad de tu profundo y hermoso ser, y se vuelva un saber interior inalterable. Así, cuando sepas cómo es, el cómo podrá aplicarse de una manera práctica a este reino llamado vida en cualquier medida que desees.

Vamos a empezar con los sentimientos.

La encarnación llamada ser humano fue creada para proporcionar un interludio emocional con la materia

Los creadores, los Dioses, han creado toda la vida aquí, todo, desde el principio de lo que se denomina la vida vegetal, hasta aquello que se denomina la vida animal tal como la conoces, y los reinos subdivididos denominados los peces, los insectos, las lagartijas y todo eso.

Las criaturas fueron diseñadas por los Dioses para expresar el sentimiento, la expresión de la vida creativa que era móvil, que podía expresarse. La flor fue creada por un grupo de Dioses. Se introdujo el color y se añadió el aroma. Distintos matices de las flores fueron entonces plasmados en diferentes diseños. No trabajaban, sino que simplemente se convertían en lo que deseaban crear.

La esencia de todo lo que está vivo tiene en su interior la chispa secreta de la vida de su creador: tú.

Los Dioses crearon el cuerpo con el propósito específico de tener un vehículo que tuviera un sentido completo de su *modus operandi*, por así decirlo, para entrelazarse con la masa.

Para que un pensamiento huela una flor, sostenga una flor, se adorne con una flor, para que un pensamiento haga que una flor crezca, el pensamiento necesita un vehículo. El pensamiento pasa a través de la flor. No puede abrazar a la flor, porque *es* la flor. Carece de la sensibilidad de su propio origen para abrazar a la flor. Para que el creador sepa que la rosa es explícita, que es hermosa, para que pueda experimentar su intensidad, necesita un vehículo que vibre en el mismo tono que el de la rosa.

Para poder entender la forma creada o la vida que ahora estaba empezando a emitir consciencia en este plano, tú, el principio de luz, adquiriste un cuerpo y lo refinaste para que, a través de su tamaño y su grandeza, pudieras interactuar con toda la vida que había sido creada.

El cuerpo fue creado para tener la sensación de lo invisible experimentado a través de lo visible. En otras palabras, la razón, la única razón por la cual se creó el ser humano, el cuerpo, fue para sentir aquello denominado la materia bruta del reino inferior. Esa fue la única razón: experimentar la vida que los Dioses habían creado en una forma mucho más baja.

El cuerpo fue creado para albergar un sistema eléctrico de variables de luz de lo más complejo y explícito que forma y constituye a la verdadera entidad. No eres grande. La pequeñez de tu ser está compuesta de todo lo que has sido alguna vez desde que evolucionaste a partir de tu amado Padre.

Tú, el principio divino, no eres una entidad carnal. Eres una culminación de *electrums* que son cultivados como sentimientos, actitudes, expresión. Lo que tú eres, querida entidad, no es lo que habitas, sino lo que sientes. Se te conoce por tus emociones, no por tu cuerpo.

La única realidad que existe en cualquiera de ustedes es el Espíritu, que es la gran luz de tu ser. El alma de tu ser lo registra todo y te permite tener credibilidad y una realidad de pensamiento. Tu cuerpo es un vehículo elegido y refinado para expresar y sentir en el primer nivel de la vida.

El cuerpo que posees es una versión refinada, por así decirlo, de una criatura que era muy humilde en sus principios. La criatura era semejante al ser humano, un humanoide, pero no poseía la rapidez de los pies y, por lo tanto, era continuamente el alimento de los animales de los alrededores. La comprensión del ser humano empezó a incrementarse a medida que lo necesitó su supervivencia. La entidad del cuerpo se perfeccionó a sí misma en el transcurso de diez millones y medio de años en tu cómputo del tiempo, aquí en tu Tierra. Hizo falta todo ese tiempo para que te convirtieras en lo que eres en este momento.

El creador de la flor se convirtió en un cuerpo para poder abrazar a la flor. Al abrazar a la flor, el valor creado dio un paso adelante, el yo, *Yo Soy Dios*. «He creado esto, y desde este espléndido ideal crearé más y más y más. Y lo sentiré porque el sentimiento es el premio de mi creación». Lo es, ciertamente. Un Dios no sabe que es un Dios viviente hasta que crea, por sí mismo, aquello que le refleja su genio creativo.

Estás perdido en la materia y has olvidado tu divinidad

Una vez que los creadores aprendieron lo que era sentir toda la vida vegetal, ver a todos los animales, probar la sustancia acuosa, ver el viento, yacer sobre la arena, ¿cuál fue la siguiente creación? Mucho más: reinos, ciudades, sociedades, credos, religiones, historias. El Dios dentro del ser humano es un creador compulsivo, compulsivo porque su vida depende de ello, porque él y la vida son una y la misma cosa.

Conforme el ser humano empezó a crear, como un principio creativo, las entidades se vieron impulsadas a experimentar el hecho de que podían obtener el tesoro de esta realidad aquí. La vida se convirtió en un principio incesante y continuo. El ser humano empezó a olvidar su yo divino —convirtiéndose en una persona vulnerable— y a olvidar por qué estaba aquí formando parte de su reino. Ahora ha olvidado el fuego divino en su interior, se ha quedado atrapado en un cuerpo porque cree que esa es la única realidad que existe. Y debido a que cree que es la única realidad que existe, entonces es la única realidad que existe.

Tu búsqueda no es crear, sino realizarte y regresar a la fuente de tu realidad

Desde que te olvidaste de quién eras y te convertiste en un ser humano vulnerable, tu búsqueda ha sido encontrarte en los cielos celestiales, en los fuegos ardientes del infierno, en el dogma, la religión, la conquista de la guerra, la discordia, en cualquier cosa con tal de saber qué aspecto tienes.

Como la creación se ha vuelto inactiva, por así decirlo, ahora uno se convierte en el yo, en todo esto. ¿Quién puso las estrellas en los cielos con un telón de fondo llamado eternidad? ¿Y quién fue tan ingenioso como para diseñar la estrella más brillante, pero sin opacar a la más pequeña? ¿Y quién creó los cambios en las hojas y en las estaciones? ¿Quién hizo todas estas cosas maravillosas? Tú. ¿Por qué? Para sentir, para entender.

Todo lo que haces, lo haces por el sentimiento, todo. Todo lo que haces equivale a una emoción para ti. Eres una entidad poderosa y emocional que tiene la capacidad de sentir. Los sentimientos fueron los que crearon el universo. Los sentimientos, entidad, fueron los que crearon la rosa. Los sentimientos, en verdad, fueron los que crearon todo lo que existe. Y los sentimientos experimentados en tu ser son los que te enseñan lo que eres en la suma total de la personalidad de tu yo.

Sin los sentimientos, nunca sabrás quién eres. Sin los sentimientos, no existes. Los sentimientos son el premio de cada acción. Siempre lo han sido. Siempre lo serán. Con los sentimientos, te reafirmas a ti mismo desde lo más profundo hasta lo más elevado de lo que eres.

Esta vida que estás viviendo en este momento, la vives al punto de tener un sentimiento para aprender de él, para llegar a ser e identificar el yo: ya no es para identificar a la flor, ya ha sido identificada; ya no se trata de un animal, ya ha tenido precedencia; ya no se trata de la energía, ya está empezando a ser conocida a través de la fuente de luz y el pensamiento. Entonces, ¿cuál es la última frontera, por así decirlo, del valor creativo? Tú.

Para poder entender la forma creada
o la vida que ahora estaba empezando a emitir consciencia en este plano,
tú, el principio de luz, adquiriste un cuerpo
y lo refinaste para que, a través de su tamaño y su grandeza,
pudieras interactuar con toda la vida que había sido creada.
Tú, el principio divino,
no eres una entidad carnal.
Eres una culminación de electrums
que son cultivados como sentimientos, actitudes, expresión.
Lo que tú eres, querida entidad, no es lo que habitas, sino lo que sientes.
Se te conoce por tus emociones, no por tu cuerpo.

Desde que te olvidaste de quién eras
y te convertiste en un ser humano vulnerable,
tu búsqueda ha sido encontrarte en los cielos celestiales,
en los fuegos ardientes del infierno, en el dogma, la religión,
la conquista de la guerra, la discordia, en cualquier cosa
con tal de saber qué aspecto tienes.
Como la creación se ha vuelto inactiva, por así decirlo,
ahora uno se convierte en el yo, en todo esto.
Todo lo que haces en esta vida, lo haces para tu satisfacción interior, un saber interior.
Todas las cosas ya han sido creadas.
Estás continuamente en el sendero de esta vida experimentando esa creatividad
para aprender acerca del misterio más grande de todos: tú.
Todo lo que haces es para experimentarte a ti.
Ahora tu búsqueda no es crear. Es realizarte
y regresar a la Fuente de tu realidad.

— Ramtha

Todo lo que haces en esta vida, lo haces para tu satisfacción interior, un saber interior. Todas las cosas ya han sido creadas. Estás continuamente en el sendero de esta vida experimentando esa creatividad para aprender acerca del misterio más grande de todos: tú. Todo lo que haces es para experimentarte a ti.

Ahora tu búsqueda no es crear. Es realizarte y regresar a la Fuente de tu realidad. Ya has satisfecho dentro de tu alma la habilidad de crear. Lo haces cada momento en que piensas, cada momento en que hablas. Creas porque el valor del sentimiento está siendo creado.

La razón de que estés aquí y de que hayas elegido regresar aquí es que así lo quieres —y ese es un sentimiento—, y es debido a la vida, que te permite experimentar todo aquello de lo que careces y entender la identidad llamada el yo, que equivale a Dios.

Ninguno de ustedes está aquí debido al karma. No existe tal cosa. Esa es una ley restrictiva que nadie cumple jamás. Estás aquí por el destino de vivir, para experimentar en esta ilusión una masa que equivalga a un sentimiento que te ayude a entender la satisfacción del yo y la modalidad colectiva llamada emoción. Esa es la razón por la que estás aquí.

Eres un creador. Has creado tu tristeza; todos ustedes lo han hecho. Has creado tu depresión; todos ustedes lo han hecho. Has creado tu inferioridad; todos ustedes lo han hecho. Has creado tu alegría; todos ustedes lo han hecho. Has creado cada momento que tienes en esta vida, y a partir de esa creación estás continuamente adquiriendo sentimientos que te dan la credibilidad de haber creado un valor que es poderoso.

Para entenderte a ti mismo debes entender la totalidad. Debes entender la plataforma en la cual vive la totalidad. Por eso has escogido este color, esta profesión. Por eso tienes esta apariencia o aquella, vives aquí o allá, expresas esto o aquello, porque todos se turnan en ser lo que son para entender las emociones de los demás.

Amar a otro es amarte a ti mismo, así empiezas a descifrar el misterio del Yo

Tú, el misterio más grande de todos los misterios, ¿por qué el yo es el misterio más grande? El deseo más grande de todos los deseos es el deseo de conocer al yo: qué aspecto tienes, qué pareces ser a cierta distancia, qué tan bueno eres para aprender y cuál es tu posición con respecto a la totalidad, por así decirlo.

¿Por qué el amor es tan importante para ti? El amor es una esencia invisible y, sin embargo, es la esencia más contundente y emotiva que existe. ¿Y por qué? Porque te ayuda a identificar lo que eres.

La razón por la que el amor se desea y se necesita tanto es que es la única esencia que te permite ver quién y qué eres y estar profundamente conmovido por la gran entidad que eres sin restricción alguna. La razón por la que el amor florece y prospera es que es el sentimiento más grandioso de todos, porque es la habilidad de descubrir quién eres al verte a ti mismo desde la perspectiva del otro, verte a ti mismo a partir de otro valor, en verdad.

El amor… Nunca amas a otra entidad. Nunca lo has hecho. Al amar a otra entidad, solo la amas debido a lo que puedes identificar como tu yo visto abiertamente dentro de la otra entidad. Eso es amor. Eso es el amor al yo, es el comienzo de desentrañar el misterio de lo que eres.

La razón por la que eres incapaz de amar a otra entidad es que no eres la otra entidad. Amas a la otra entidad por lo que te expresa en su singular experiencia de vida y con lo cual te puedes identificar en tu propia vida. Te refleja tu yo. Cualquier cosa que te parezca aborrecible, fea y despreciable de otra entidad es porque tú mismo la posees. Cualquier cosa que te parezca hermosa, agradable, comprensiva y dulce de otra entidad, se debe a ti mismo.

Nunca puedes identificar en otro lo que nunca has conocido en ti mismo. Solo puedes ver la belleza, la bondad, la comprensión y la compasión en otro si, en esencia, eso es lo que tú eres. No lo sabes hasta que tienes frente a ti un espejo —que es tú mismo en todas tus acciones— que te dice: «Es precioso, es maravilloso, es mágico. Me siento de maravilla y no sé por qué». Porque por primera vez el yo se está mirando detenidamente a sí mismo. Por eso el yo ama tan intensamente.

Tú, mi estimado y amado hermano, no puedes partirte a ti mismo en dos y hacer que una mitad de tu ser observe a la otra mitad para poder comprenderte mejor a ti mismo. No lo puedes hacer. Eres explícitamente un *Ser*, una totalidad. Y, sin embargo, aquello que percibes y ves en otro te representará a ti, a ti mismo, en cada momento.

En el amor verás todas estas cosas del yo y experimentarás una miríada de sentimientos de la limitación más restrictiva: los celos, la posesión, la duda, la ira, el sufrimiento, el éxtasis, la pasión, en verdad, la vida. El amor que ves en otra entidad hará que surja el espectro entero de todos los sentimientos para que puedas identificar quién eres mediante tu comprensión emocional.

El amor es el amor por uno mismo, no por otro. Cuando los amantes se abrazan, no se abrazan el uno al otro; abrazan al yo. Cuando los amantes se entrelazan, se entrelazan con el yo. Cuando expresan su emoción el uno al otro, le expresan su emoción al yo. El amor profundo y mágico ocurre cuando el otro hace florecer la esencia misma que tú eres dentro de tu ser. Y entonces se explica y se entiende el misterio del yo.

El amor nos enseña la humildad. Vuelve humilde a la entidad arrogante, pretenciosa e insidiosa que insiste en ver la vida de la manera más estéril. Conduce a las entidades más razonables a un estado irracional. Crea el caos, solo para dar lugar a la paz, al saber interior.

El amor es, en verdad, una esencia totalmente libre que no está controlada por el tiempo, ni la edad, el color, la religión ni el credo. Es una esencia divina que se exhibe a sí misma en todas las cosas, y donde quiera que se la sienta, genera una alineación de lo ilimitado dentro del ser. El amor es sentimiento. El amor es identidad. El amor te acerca al misterio más grande de todos: tú.

Cuando amas a otro, te amas a ti mismo, te abrazas a ti mismo, te vuelves apasionado con el yo. Cuando estás jubiloso contigo mismo, abrazas a Dios dentro de tu ser, el principio, y te conviertes en una fuerza sapiente que es formidable en su poder. Cada sentimiento que experimentas —cada sentimiento— te acerca más a la identidad del enigma llamado el yo.

El amor… Nunca amas a otra entidad.
Nunca lo has hecho.
Al amar a otra entidad,
solo la amas debido a lo que puedes identificar como tu yo
visto abiertamente dentro de la otra entidad.
Eso es amor.
Eso es el amor al yo,
es el comienzo de desentrañar el misterio
de lo que eres.
La razón por la que eres incapaz de amar a otra entidad
es que no eres la otra entidad.
Amas a la otra entidad por lo que
te expresa en su singular experiencia de vida
y con lo cual te puedes identificar en tu propia vida.
Te refleja tu yo.
El amor es sentimiento. El amor es identidad.
El amor te acerca al misterio más grande de todos: tú.
Cuando amas a otro, te amas a ti mismo,
te abrazas a ti mismo, te vuelves apasionado con el yo.
Cuando estás jubiloso contigo mismo,
abrazas a Dios dentro de tu ser, el principio,
y te conviertes en una fuerza sapiente que es formidable en su poder.
Cada sentimiento que experimentas —cada sentimiento—
te acerca más a la identidad del enigma llamado el yo.

— Ramtha

Te sientes impulsado a experimentar sentimientos para completar tu identidad

¿Cuál es el misterio más grandioso? Tú. Todo esto que estás haciendo es por el sentimiento. Es por eso que todo fue creado. La razón por la que amas, te casas y formas relaciones es por aquello que la entidad puede hacer por ti para conducirte a un fuego emocional del cual puedas aprender. Te acerca más a una entidad. Esta vida te proporciona una plataforma en la cual tener una interacción de masa con otras criaturas de entendimiento humanoide, para permitir que se acumulen, uno tras otro, los sentimientos que expliquen una personalidad que puedas entender tú mismo.

Estás aquí en esta vida para experimentarlo todo en tu ilusión y tener sentimientos creativos que te permitan saber quién eres. Simplemente es así. No estás aquí para ser un gran conquistador. No estás aquí para ser un gran sanador. Ya tenemos suficientes. No estás aquí para ser un ministro o un político. Tu destino no ha sido predestinado eones atrás, ya que eones atrás no había una concepción de este momento, solo de aquel momento. Estás aquí para vivir este momento, para extraer de él cada sentimiento, para que cada sentimiento equivalga a quién eres detrás de las maravillosas máscaras que te pones.

Haces lo que haces porque te sientes impulsado a hacerlo, a alcanzar la culminación dentro del alma que permite que ocurra una identidad con el yo. Esa es la razón. La experiencia es lo que se llama la sabiduría del alma. Cuando el alma, que es el escriba más grandioso de todos, cierra sus libros y ya no hay nada más que se pueda obtener de este plano material —y sabes quién y qué eres—, sigues adelante hacia una aventura más grandiosa. Y la aventura ocurre donde sea que desees crearla, donde sea. Simplemente así es.

Haces lo que haces
porque te sientes impulsado a hacerlo,
a alcanzar la culminación dentro del alma
que permite que ocurra una identidad con el yo.
Esa es la razón.
La experiencia es lo que se llama
la sabiduría del alma.
Cuando el alma,
que es el escriba más grandioso de todos,
cierra sus libros y ya no hay nada más
que se pueda obtener de este plano material
—y sabes quién y qué eres—,
sigues adelante hacia una aventura más grandiosa.
Y la aventura ocurre donde sea que desees crearla, donde sea.
Simplemente así es.

— Ramtha

Los sentimientos son la clave de la creación, la culminación y el Reino de los Cielos

La clave de la creación son los sentimientos. Todo se crea desde ese punto de vista. Todo ha surgido desde ese punto de vista. El premio de la creación es el sentimiento que uno obtiene, el valor creado denominado culminación, la identidad del yo.

Para manifestar tus deseos completa y abiertamente, y para que puedas tener todo lo que desees para completarte a ti mismo en esta vida, en el intercambio de esta ilusión pasajera, deséalo desde el Señor Dios de tu ser y conviértete en tu deseo dentro de tu ser, conviértete en el fuego que te satisface.

Aquello que se denomina el Padre, la plataforma de la vida, compondrá dentro de tu vida o de esta ilusión una situación de un hecho manifestado que te proporcionará el mismo *electrum* del sentimiento. Así es como te conviertes en un mago. Así es como Dios se pone de manifiesto, y crea desde este principio y desde este punto de entendimiento toda la vida que desea tener. No visualices la imagen de lo que quieres tener. Nunca la obtendrás de esta manera. Siente cómo sería tener cualquier cosa que desees. La Fuente proporcionará las acciones en el momento en que coincidan con el sentimiento. Así te conviertes en el dador de la ley. Así creas tu destino. Así creas cualquier cosa que desees, cualquier cosa que quieras completar, cualquier cosa que sea necesaria para la totalidad de tu alma. La llave del reino de los cielos es que vives esta vida por los sentimientos, y que quienquiera que haya creado este valor es capaz de crear cualquier cosa en un momento al convertirse en ella con sentimientos magníficos. Cuando aprendas infinitamente que el reino de los cielos, el tesoro del cielo, es emoción, es sentimiento, entonces también aprenderás infinitamente que el mismo sentimiento que creó puede crear todo lo que deseas ahora.

Sigues siendo un mendigo. Eres un mendigo. Luchas continuamente contra la voluntad de los demás y su decisión de aceptarte. Mendigas por los centavos que te compran más pan. Trabajas de la manera más lastimosa para ganarte la vida y alimentar al cuerpo para que pueda seguir teniendo la capacidad de sentir.

Deja de ser un mendigo. En verdad, deja de serlo. Habla desde el Señor Dios de tu totalidad y siente aquello que quieres —siéntelo— hasta que te conviertas en ello totalmente. El Padre te traerá lo que quieras, aquello que satisface y coincide con ese sentimiento. El reino de los cielos es el sentimiento, la emoción. Obtener lo que quieres y dejar de suplicar es convertirte en lo que deseas dentro de tu ser. El plano exterior, material y más bajo de todos lo manifestará para ti, a fin de que acrecientes el tesoro de este reino, para que se iguale y coincida con el valor del reino interior, que seguirá viviendo hasta la eternidad.

¿Cómo te completas a ti mismo?
Sabiendo que eres Dios, sin imagen, sin rostro,
un poder fabuloso y continuo que no tiene un designio,
pero cuyo único propósito es ser, y, por el hecho de ser,
recopila todo calibre de experiencias en su ser para completarse a sí mismo,
para convertirse en una entidad completa una vez que eliminas las imágenes
que constantemente piensas que eres
y te conviertes en un Ser,
el Dios interior,
que es la totalidad de los sentimientos que todo lo abarcan.

— *Ramtha*

Completas tu identidad cuando sabes que eres Dios

¿Cómo te completas a ti mismo? Sabiendo que eres Dios, sin imagen, sin rostro, un poder fabuloso y continuo que no tiene un designio, pero cuyo único propósito es ser, y, por el hecho de ser, recopila todo calibre de experiencias en su ser para completarse a sí mismo, para convertirse en una entidad completa una vez que eliminas las imágenes que constantemente piensas que eres y te conviertes en un *Ser*, en el Dios interior, que es la totalidad de los sentimientos que todo lo abarcan.

El saber interior más grandioso del yo es cuando el yo se demuestra a sí mismo su impresionante poder, su impresionante creatividad, su impresionante capacidad de transformar un absoluto en una incertidumbre. Cuando el yo sabe que es Dios, puede alterar la vida en valores de frecuencia, se puede convertir en cualquier cosa que desee, en cualquier momento que lo desee.

Tienes el poder de elevar las frecuencias corporales, de llevarte el cuerpo a donde sea que quiera ir el pensamiento. Cuando lo llevas a formar parte de la risa de un niño dentro de quinientos años, entonces sabes que eres Dios. Ese saber interior es Ahora.

El saber interior más grandioso del yo
es cuando el yo se demuestra a sí mismo su impresionante poder,
su impresionante creatividad,
su impresionante capacidad de transformar un absoluto en una incertidumbre.
Cuando el yo sabe que es Dios,
puede alterar la vida en valores de frecuencia,
se puede convertir en cualquier cosa que desee,
en cualquier momento que lo desee.
Ese saber interior es Ahora.

— *Ramtha*

Amarte a ti mismo te da el poder
de completar tu identidad

Ninguno de ustedes sabe realmente qué apariencia tiene, pero son una gran esfera de luz tan brillante en su centro que su color es incierto. La corona que rodea la bola de fuego es del color rosa más maravilloso que hayas visto, y los rayos que se extienden desde la corona son dorados haces de luz. El poder de esta luz es tan impresionante que puede tomar un pensamiento y crear con una emoción cualquier valor inferior que desee.

¿Dónde están los ojos de esta bola de fuego? No tiene ojos. Solo hay un saber interior absoluto que es el verdadero principio de todo lo que es. Esa es tu apariencia.

¿Por qué es importante amar lo que eres? No hay nadie como tú. Amarte a ti mismo hace que tú, tu reino, tu poder y tu capacidad de manifestar se pongan en armonía y en una alineación perfecta. Nunca dejes de amarte a ti mismo, nunca. Ama, disfruta del fuego que está dentro de ti, porque ese fuego es inmortal, eterno.

El fuego que posees creó la rosa, el pájaro, las estrellas en tu cielo, el octogésimo universo y los sistemas solares dentro y fuera. Sin la vida, no puedes experimentar ninguna de estas cosas. Sin la vida, los niños no pueden tener pequeñas casas de muñecas en las cuales organizarse, deprimirse, oprimirse, preocuparse, regocijarse y ser miserables en su pequeño juego.

Sin la vida ni los juguetes que están aquí, no serías capaz de jugar y de ganar, porque la vida es el tesoro más grandioso de todos, la realidad más grandiosa de todas. Esta ilusión no es nada. Es un juego para la aventura imaginaria a fin de obtener una nueva realidad llamada el yo.

No eres ni mujer ni hombre. Eres Dios, una gran entidad que está jugando un juego para experimentar un sentimiento. Y cuando te canses de tu cuerpo y de esta clase de trampa, podrás completar al yo y cabalgar sobre el viento, y abandonar este lugar para ir a otro, así de simple.

No estás aquí para volverte famoso o volverte pobre.
Estás aquí para convertirte.
¿Convertirte en qué? En ti mismo.
¿Y qué vas a hacer una vez que te hayas convertido en eso?
Crear en esta vida cualquier cosa que elijas.
Tu propósito aquí, tu destino, es vivir,
y al vivir, ser.

— *Ramtha*

Capítulo Seis
Tu Propósito Y Tu Destino Es Vivir Y Ser

*N*adie tiene un propósito cuando llega aquí, como si le cayera encima un rayo divino. Tu propósito es vivir. Cualquier otra cosa será una extensión de tu belleza y una contribución al razonamiento total de la vida. Cuando te das cuenta de que vivir es lo más importante —allí es donde ganas tus puntos, por así decirlo—, y que estás aquí porque deseas estar aquí, porque quieres estar aquí, porque en tu propio ser, entidad, descubriste que era un lugar placentero al cual regresar, entonces todo lo demás quedará resuelto.

En esta audiencia ya no culpamos a nadie por nuestras miserias o nuestro edicto en este plano. Tú eres el responsable de tu propia belleza, de tu propia vida maravillosa, de tu propio ser, y ya es hora de que sea así.

Cuando todos superen el plano de pensamiento de que deben hacer esto o aquello, y que su destino es este o aquel, y se dediquen simplemente a ser —viviendo explícitamente en el Ahora, en el momento—, hallarán más alegría, más libertad, más placer y más risa que la que hayan conocido jamás; una liberación para vivir la vida como verdaderamente debería vivirse.

Nadie te envió a este lugar, entidad, porque no hay nadie que te pueda enviar u obligarte a hacer algo, salvo tú mismo. Tú fuiste quien decidió venir aquí. Tú fuiste quien deseó ser un participante en este plano otra vez. Es tan simple como eso.

Con respecto a lo que se supone que debes hacer aquí, no puedes hacerlo sin primero vivir. La razón primordial que tienes para estar aquí es vivir.

Lo más glorioso que puedes lograr en esta vida es vivirla. ¿Acaso no es verdad? ¿Cómo ser un grandioso rey si no se tiene primero la vida para convertirse en uno? Ser rey no era su propósito. Solo lo hizo porque decidió que sería bueno hacerlo. Lo más importante fue que llegó al punto en el que pudo vivir para convertirse en un rey.

No estás aquí para volverte famoso o volverte pobre. Estás aquí para convertirte. ¿Convertirte en qué? En ti mismo. ¿Y qué vas a hacer una vez que te hayas convertido en eso? Crear en esta vida cualquier cosa que elijas. Tu propósito aquí, tu destino, es vivir, y al vivir, ser.

Todo esto es una ilusión. Todos creen que es la realidad. No lo es. Es la ilusión. Todo esto ha sido creado para suscitar emoción dentro del alma. La emoción invisible es la que trasciende la muerte y la materia. En la vida todo lo haces por la emoción y el sentimiento, y el sentimiento máximo es la alegría.

No hay mayor prioridad que completarte a ti mismo. Tu propósito es ser. Todo lo demás son solo actitudes frívolas que se satisfacen mediante los deseos y no son nada sin el propósito de ser. El propósito más grande es ser y vivir. A partir de allí tienes la capacidad de crear todo lo demás y todas las cosas.

El propósito eres tú, el propósito más elevado de todos, el destino más grandioso de todos. Y una vez que descubras, entidad, que te lo mereces todo, desde ese merecimiento y ese poder y ese genio puedes proyectar tu luz al mundo en cualquier trabajo, en cualquier cosa que te satisfaga y te agrade, en el momento que quieras. El propósito eres tú.

Si el propósito ha de permanecer contigo toda la eternidad y darte una razón de ser —porque siempre tenemos que encontrar razones para las cosas—, entonces deja que esa razón sea lo único que te llevará hacia la eternidad, y eso se llama amor emocional.

El amor emocional por ti mismo, entidad, sobrevivirá la eternidad, mientras que el propósito de ser un trabajador solo concluirá en esta vida para ser reemplazado por otro. Los trabajos no son cosas eternas; son ilusiones. ¿Qué es lo que va a ser relevante, entidad? ¿Qué es lo que va a estar siempre contigo? Cualquier cosa que pueda enriquecerte y perfeccionarte en la síntesis de luz de la sabiduría absoluta que hace que te conviertas en lo más grandioso que puedes ser para ti mismo, los ojos más discriminadores que existen. Eso perdurará para siempre.

Cuando todos superen el plano de pensamiento
de que deben hacer esto o aquello,
y que su destino es este o aquel,
y se dediquen simplemente a ser
viviendo explícitamente en el Ahora, en el momento—,
hallarán más alegría, más libertad, más placer y más risa
que la que hayan conocido jamás;
una liberación para vivir la vida
como verdaderamente debería vivirse.

No hay mayor prioridad
que completarte a ti mismo. Tu propósito es ser.
Todo lo demás son solo actitudes frívolas
que se satisfacen mediante los deseos
y no son nada sin el propósito de ser.
El propósito más grande es ser y vivir.
A partir de allí tienes la capacidad
de crear todo lo demás y todas las cosas.

— *Ramtha*

La manera en que uno concluye su vida aquí
es viviéndola, amándola, volviéndose parte de las cosas simples,
y deshaciéndose de los ideales que lo intimidan,
que lo limitan y que oprimen la naturaleza humana.
Uno empieza a vivir la libertad propia,
se ama a sí mismo,
y deja de compararse.

Todos creen que deben tener una excusa para estar aquí.
Quieren saber cuál es su destino, y yo les digo que es la vida.
Y se quedan de lo más perplejos e infelices
porque están esperando un plan muy elaborado,
y creen que se elevarán por encima de una gran montaña vestidos de oro
y que los pájaros cantarán alrededor de sus cabezas
y serán la salvación de la humanidad.
La razón por la que estás aquí es para vivir,
pero no te has despegado de las cosas
que te aferran a este mundo.

No has caminado sobre un glaciar, ni te has escondido
bajo un puente de piedra, ni has mirado por el cristal
de una ventana durante el invierno y visto al cardenal
posarse con su rojo brillante sobre la nieve.
No has estado en cavernas profundas, ni en el abismo,
ni tampoco has ido a explorar lugares donde nadie ha estado jamás.
No has dormido en una gran pirámide totalmente solo.
Y no has ido a inspeccionar tumbas tratando de descifrar quién fuiste.
No has caminado en el desierto ni te has sentado a observar
a una serpiente en su búsqueda de alimento. No has observado
cómo salta un gran pez, ni tratado de averiguar adónde va después.
Tampoco has seguido a un ciervo hasta un bosque veteado.
Hay muchas cosas electrizantes, emocionantes y maravillosas que no has hecho.
Simplemente no te has dado una opción para vivir aquí,
y te has sentido sumamente presionado a ser un ideal que es muy fugaz.
Cuando hayas hecho todas esas cosas, entonces, mi amada entidad,
te irás de este plano en una llamarada de gloria.

Ese es tu propósito: ser

¿Por qué crees que todos regresan? ¿Crees que se les obliga a regresar? ¿Que se les expulsa de algún otro plano para que tengan que regresar a un cuerpo, nacer con dificultad a través del canal de parto y quedar completamente indefensos? Hay una forma de terminar con eso. Se denomina deseo.

Nadie te obligó jamás a regresar a este lugar, nunca. No hay ninguna entidad que te obligue a hacerlo. Todos han regresado aquí porque lo quisieron. Y el karma no tiene nada que ver con esto porque las leyes del karma no existen, salvo en los corazones de los seres humanos. El deseo es el factor determinante. Regresar a este lugar es una gran decisión, pero la mayoría de las personas han olvidado que son más grandiosas que este lugar y creen que no hay nada más, de modo que regresan una y otra vez.

Si no quieres regresar a este lugar, no lo hagas. No tienes que hacerlo, nunca jamás. Los valles del reino de los cielos son aún más inmensos que cualquier cosa sobre este plano, y es la esmeralda de este universo. El sol y la luz dorada cautivan a todas las cosas, y no hay oscuridad, y la música de todas las cosas que viven juntas en perfecta armonía es exquisita e indescriptible.

Si no deseas regresar a este lugar, no regreses. La manera en que uno concluye su vida aquí es viviéndola, amándola, volviéndose parte de las cosas simples, y deshaciéndose de los ideales que lo intimidan, que lo limitan y que oprimen la naturaleza humana. Uno empieza a vivir la libertad propia, se ama a sí mismo y deja de compararse.

Vives para ser como una imagen, y el miedo a envejecer te asfixia, entidad. Muchas veces te has despreciado a ti mismo, pues no quieres perder tu juventud y tu belleza y, sin embargo, te sientes inseguro porque la estás perdiendo. Y eso, entidad, es terrible, pero todo esto se crea en la mente que convierte al cuerpo en lo que es. Cuando renuncias a eso y lo sueltas y empiezas a amar al ser eterno y a vivir por el ideal, sea lo que sea dentro de tu ser, entonces te vuelves uno con la flora y con las aves, en verdad con todas las cosas. Entonces puedes decir: «He terminado con esta experiencia. He amado toda la vida que existe. Y debido a que lo he hecho, estoy listo para una nueva aventura. Estoy listo para un reino lejano y para un nuevo entendimiento y para un ser totalmente nuevo». Y llegará.

Esta vida, a pesar de todas las cosas que han ocurrido en tu historia de la humanidad, es realmente espléndida. Desafortunadamente, aquellos que residen en las ciudades, en medio del espesor de la consciencia, creen que este es un lugar miserable e infeliz en el cual vivir. Pero nunca han tenido las agallas dentro de su ser para empacar unas pocas pertenencias e irse a la naturaleza para vivir siendo uno con Dios y alejarse de los ideales y de las amenazas de la vejez, la intimidación, el dolor, el egoísmo y todo eso. Cuando lo hagan, descubrirán que la vida es espléndida. No es para nada como la ve en realidad la consciencia del ser humano. Es continua, ilimitada y hermosa.

No has visto esa faceta de la experiencia porque te has dedicado a desempeñar un papel secundario, un papel laboral, un papel competitivo, un papel idealista, un papel sufriente, un papel neurótico, y no importa cuánto te esfuerces, solo pareces empeorar. Esa es solo una partícula diminuta de lo que es la vida, si alguna vez te atreves a ver el resto de ella.

Yo nunca regresé, entidad, porque ascendí con el viento y me llevé todo lo que yo era conmigo. Así que la totalidad del *Yo soy* pertenece a las partes primordiales de mi ser, y soy una entidad libre. Eso se debe a que he trascendido todo lo que he hecho en mi experiencia. Me perdoné a mí mismo y me dediqué a saber quién era Dios, y tú también puedes hacerlo.

Todos están aquí porque quisieron estar aquí. Todos creen que deben tener una excusa para estar aquí. Me preguntan: «Yo sé que tengo un destino aquí, un propósito. Se supone que debo estar aquí. Tiene que haber una excusa para mi existencia; de no ser así, no disfrutaré de todo esto para nada». Quieren saber cuál es su destino, y yo les digo que es la vida. Y se quedan de lo más perplejos e infelices porque están esperando un plan muy elaborado, y creen que se elevarán por encima de una gran montaña vestidos de oro, y que los pájaros cantarán alrededor de sus cabezas, y serán la salvación de la humanidad.

La razón por la que estás aquí es para vivir, pero no te has despegado de las cosas que te aferran a este mundo. No has caminado sobre un glaciar, ni te has escondido bajo un puente de piedra, ni has mirado por el cristal de una ventana durante el invierno y visto al cardenal posarse con su rojo brillante sobre la nieve.

No has estado en cavernas profundas, ni en el abismo, ni tampoco has ido a explorar lugares donde nadie ha estado jamás. Y esos lugares abundan. No has dormido en una gran pirámide totalmente solo. Y no has ido a inspeccionar tumbas tratando de descifrar quién fuiste, tratando de leer tus garabatos en la pared, esperando regresar algún día y descifrar lo que decían. Y lo único que decían es: «Recuérdame».

No has caminado en el desierto ni te has sentado a observar a una serpiente en su búsqueda de alimento, que a menudo tiene hambre porque las entidades a su alrededor son más astutas que ella. No has observado cómo salta un gran pez ni tratado de averiguar adónde va después. Tampoco has seguido a un ciervo hasta un bosque veteado.

Hay muchas cosas electrizantes, emocionantes y maravillosas que no has hecho. Y ninguno de ellos te ha dicho nunca que te veías bien: el árbol nunca nota tu belleza, y al ciervo no le importa en absoluto, y la serpiente te ignora porque hueles mal. Ellos no te juzgan en absoluto. Simplemente te permiten ser, para que puedas ser cualquier cosa que desees.

Esta es una faceta de la vida que no has visto y que necesitas ver. Acabará con tu neurosis y tus miedos, tus trampas, tu aprisionamiento, tus divagaciones, tu infelicidad y con los momentos en que quieres explotar, excepto que quieres que alguien te vea explotar y, sin embargo, te sentirías intimidado si te vieran. Esa es tu naturaleza, pero no tiene nada de malo. Simplemente no te has dado una opción para vivir aquí, y te has sentido sumamente presionado a ser un ideal que es muy fugaz.

Cuando hayas hecho todas esas cosas, entonces, mi amada entidad, te irás de este plano en una llamarada de gloria. Verás una gran estrella y una luz que aparece en su cenit, y de esa manera te irás de aquí. Así es como yo me fui.

Yo soy un amante de este plano. Pisé sus valles muy a menudo, entidad. Yo soplo a través de los árboles. Me convierto en la risa de los niños porque sé lo que es la vida. Por eso no me he perdido los valores de este lugar, los conozco muy bien. Pero lo más importante es que conozco el sufrimiento de aquellos que amo, mis amados hermanos. Y yo tengo las respuestas, pero no sirven de nada a menos que se apliquen.

Ámate a ti mismo hasta crear el futuro,
y observa cómo la magia cae del cielo.

— Ramtha
Assay, julio del 2013

¿Cómo puedes tener acceso a una maestría legendaria?
Un maestro legendario es aquel que ha creado una mente,
y la mente es la vía del yo
a través de la manifestación.

— Ramtha
Italia, agosto del 2013

Segunda Parte
Ámate Y Crea Tu Vida, Tu Alegría; Sé Dios

El ser humano no se convierte en la esencia inmortal
hasta que se da cuenta de que aquello que él es,
es en verdad divino.
La divinidad se convierte en una emoción prescrita
dentro de la estructura del alma.
Para que el ser humano se vuelva inmortal,
para que el ser humano se convierta en aquello que se llama Dios,
debe invocar su divinidad en sí mismo,
en su propio ser.

— *Ramtha*

Capítulo Siete
Invoca A Tu Reino

*Y*o soy Ramtha el Iluminado, en verdad, servidor de la Fuente, evolucionando hacia aquello que se denomina la fuerza, convirtiéndome en aquello que se denomina el elemento, convirtiéndome en el Espíritu divino, siendo aquello que se llama el Principio Madre/Padre de toda la vida, el *Ser* del principio de Dios Todopoderoso. Soy un servidor y un amante de la Fuente, la vida, la belleza, la base de todo ser.

Yo soy Ramtha el Iluminado, en verdad, servidor del Cristo. El Cristo es el producto de la Fuente, la imagen de aquello que se denomina Dios Todopoderoso. El Cristo es el hijo del Padre. Es la culminación de todo lo que el Padre es en un movimiento singular.

El hijo es Dios en todo lo que es, en aquello que se denomina el entendimiento del Cristo de la belleza del ser humano. Cristo es el hijo de todo lo que existe. Es el receptor de todo lo que es el Padre de forma concluyente. El Padre progresa, el Padre acumula, el Padre logra, el Hijo lo logra fácilmente, porque cualquier cosa que el Padre es, lo es el Hijo. El Hijo es la chispa de vida que se le ha dado al movimiento del ser humano.

El ser humano, en su ego, está limitado a las formas más bajas en las que ha evolucionado. El Cristo es el dador de todas las formas, por lo tanto, Cristo nacido en el ser humano, el ser humano realizado, es Dios realizado en la totalidad del ser humano. Entonces, el ser humano no es un esclavo de la consecuencia de su ser. Evoluciona para convertirse en la forma y el motivo más puros de todo lo que es el ser humano, es el receptor del reino de los cielos, que es el reino de Dios en todos los dominios de la vida que continúa cada momento explícitamente en los momentos por venir. Entonces el ser humano es el hijo heredado de la masa. El ser humano es el dominio de todos los dominios. Es el heraldo de la paz, el rey de reyes, el salvador, el señor, el justificador, el dador de la ley, en verdad el creador.

¿Y quién eres tú? Todavía hay quienes preguntan eso. Maravillosa entidad, ilustre hermano, tú eres Dios. Tú eres el centro de todo pensamiento. Eres la esfera de luz, el movimiento continuo del centro de la mente de Dios que surge en una concentración de fuerzas, en un océano de vida que se impulsa a sí mismo hacia la totalidad de la eternidad. Eres una síntesis de luz que ahora forma parte del reino que has creado para tu ser. ¿Viajero? No. ¿Participante en la vida? No. Dios, en verdad, un errabundo de tus ilusiones, errabundo de tu ser, errabundo de tus pensamientos.

Tú, que has estado a merced de pensar que eres inferior a tus propias creaciones, tú, que estás a merced de pensar que eres inferior a tu propia actitud colectiva y te consideras nada, eres el Dios resplandeciente que se mantiene en pie sobre el océano de pensamiento hacia la vida continua, convirtiéndote en el resplandor de toda la vida que existe. ¡Qué movimiento tan sagrado, tan divino! Dios nunca está fuera de ti. De hecho, eres tú.

Ilustre y hermoso hermano, tú eres la vida principal de todas las cosas, el Dios supremo de todas las cosas. Sin embargo, en tu advenimiento a este plano te has quedado atrapado en este plano de trampas, y luchas arduamente por encontrar tus pertenencias, tu destino: «¿Dónde estoy y hacia dónde voy, en verdad, y qué propósito significativo tengo cuando estoy atrapado en mi desesperación y a merced de mi propia ruina?». Así clama el alma, en verdad. Así es aquel cuyo espíritu está quebrantado.

El ser humano ha llegado a aclamarse, a enseñarse y a asimilarse a sí mismo en forma de Dioses que están fuera de él, pues aquel que es en verdad peligroso no cree estar entre los Dioses, sino entre sus bastardos. Por lo tanto, el ser humano, en la búsqueda de su destino, en la búsqueda del significado de su propósito en la vida ha creado Dioses, la religión, la esclavitud, el régimen gubernamental, en verdad la separación del ser, para poder encontrarse a sí mismo.

Pero la vida ha seguido adelante; ajena al grito de la entidad perdida, ha seguido adelante. Los vientos vienen y soplan, y las nubes son empujadas más lejos hacia el horizonte hasta que desaparecen. El grito es arrastrado por el viento como una suave ola y se queda atrapado en la esfera, y se convierte en el hermoso canto de un ave nocturna.

Entonces, ¿por qué el ser humano está desolado? Es un Dios que se ha atrapado a sí mismo hasta olvidarse de sí mismo. Cada uno de ustedes es, en verdad, un soberano sublime. Tu pensamiento siempre te ha conectado a todo lo que existe, te ha permitido la base según la cual realizarte. Tú eres, en verdad, la realización, el Ahora, la respuesta, la continuidad, el dador, el pensamiento, la luz, el ser con propósito.

Llama al viento para que regrese a ti, porque has creído que ha huido de ti. Traerá de vuelta tu voz y te exaltará, ya que tú, que creías que el viento te pasaba de largo, lo has invocado para que regrese, y regresará, porque cree, sabe y entiende que la superioridad de tu ser ahora ha sido proclamada. Dios yergue su gran cabeza, en verdad. Ya no está humillado, ni es débil, ni está desesperado, o carente, ni a merced de los entendimientos ilusorios de tu propia creatividad. Es un nuevo día en verdad, una nueva mente, una nueva creación.

Entonces todo lo que está aquí para ser experimentado será experimentado con gran fervor porque ahora verás cada partícula de vida como una partícula de tu propia existencia. Y en verdad la experimentarás y la disfrutarás.

Y he aquí que la ilusión de la negatividad y el pensamiento limitado y cerrado ya no existirá. Al eliminar las ilusiones, el amanecer de la realización y la obtención del conocimiento llegan de uno en uno, y Dios se vuelve más grandioso. Entonces el ser humano se realiza en su forma superior para lo que fue creado.

Y a medida que la vida se ejecuta con significado, la simplicidad de Dios y tu forma de ver todo resultará en un concluyente *Yo Soy*, la realidad de un ser con propósito. La realidad surgirá en todo lo que experimentes a tu alrededor, y te volverás más ligero, más grandioso y más hermoso. Trascenderás este plano de la materia hasta tu propio ser, por encima de la ola y del centro de la mente de Dios hacia la luz.

Serás liberado del Anticristo de tu ser cuando creas que eres, y en verdad lo serás, tu divinidad y tu grandeza. Y he aquí que mirarás a todas las cosas como algo separado de ti y, sin embargo, serás uno con ellas, porque la unidad separada significa que estás alineado, pero ya no estás esclavizado por esa alineación.

Cuando en verdad te des cuenta de esto, verás los resultados uno por uno a tu alrededor. Uno por uno, tus amados hermanos eliminarán sus ilusiones y empezarán a ver a Dios, irguiendo sus orgullosas y hermosas cabezas y volviéndose soberanos supremos, legisladores supremos de su propio dominio.

Entonces, ¿qué son ellos? Son los dadores de la vida conocida, en verdad, y regresan otra vez, y respiran el aire, y traen los vientos de cambio sobre este plano. Los vientos traen el cambio de pensamiento, la comprensión, y eliminan el estancamiento de la limitación, para que todos podamos respirar un nuevo día, una nueva vida, una nueva comprensión, un nuevo conocimiento.

¿Quién has sido tú? Has sido la grandiosa, todopoderosa e impresionante colectividad significativa que se ha convertido, en tu propia creación, en la trampa de la inferioridad de tu creación, y has olvidado quién eres.

No permitas que ningún hombre te diga que eres inferior a Dios. No creas que él está fuera de tu supremacía, porque eso es lo que ha causado tu inferioridad. Sé Dios. Sabe que eres Dios, sublimemente Dios, el soberano de tu propia realidad, de tu propio ser significativo y, por lo tanto, de tu propio reino, de tu propio dominio. Así serás un ser humano libre que no está sometido a ninguna audiencia, a ningún régimen, salvo el tuyo.

Para ustedes, entidades individuales, su valor es inefable, es innumerable, es inconmensurable. Todo lo que existe, todo lo que ha existido y que existirá para siempre y de forma concluyente —en los momentos del infinito que avanzan hacia la pureza de los momentos no nacidos—, todo eso son ustedes, y ustedes son, en todo eso, el dominio, el ser principal de todo lo que existe.

¿Quién has sido tú?
Has sido la grandiosa, todopoderosa
e impresionante colectividad significativa que se ha convertido,
en tu propia creación,
en la trampa de la inferioridad de tu creación,
y has olvidado quién eres.
No permitas que ningún hombre te diga que eres inferior a Dios.
No creas que él está fuera de tu supremacía,
porque eso es lo que ha causado tu inferioridad.
Sé Dios. Sabe que eres Dios, sublimemente Dios,
el soberano de tu propia realidad, de tu propio ser significativo
y, por lo tanto, de tu propio reino, de tu propio dominio.
Así serás un ser humano libre
que no está sometido a ninguna audiencia,
a ningún régimen,
salvo el tuyo.

El ser humano, creado específicamente para la emoción,
olvidó hace mucho tiempo al Cristo dentro de él
conforme se convirtió en una criatura sobreviviente,
susceptible a los elementos, susceptible a los miedos.
Los Dioses desarrollaron la persona del ser humano.
Evolucionaron en la materia hasta tal punto
que perdieron su divinidad.
La perdieron porque olvidaron la prioridad del yo
y se convirtieron en una criatura miedosa
que teme a la oscuridad, en lugar de ser su señor.

— Ramtha

Tú y tu valor son solo tan grandiosos como tú comprendas que son, y solo serán tan grandiosos como tú sepas que son. Por eso, yo soy divinamente consciente de quién eres. Te amo, te sirvo y te tengo en alta estima, y te saludo como al ser que yo soy en mi ser.

Invoca a tu Cristo

Aquello que se denomina Cristo, ¿qué es? Dios, el sublime pensamiento manifestándose en la materia para crear al ser humano divino, el instrumento a través del cual podía expresarse el alma divina, la mente divina, en verdad. El Cristo surgió para convertirse en el ser humano por la razón explícita de experimentar la materia, el producto terminado, por así decirlo, de un ideal o creación.

El ser humano, creado específicamente para la emoción, olvidó hace mucho tiempo al Cristo dentro de él conforme se convirtió en una criatura sobreviviente, susceptible a los elementos, susceptible a los miedos. Los Dioses desarrollaron el personaje, el ser humano. Evolucionaron en la materia hasta tal punto que perdieron su divinidad. La perdieron porque olvidaron la prioridad del yo y se convirtieron en una criatura miedosa que teme a la oscuridad, en lugar de ser su señor.

El ser humano no se convierte en la esencia inmortal hasta que se da cuenta de que aquello que él es, es en verdad divino. La divinidad se convierte en una emoción prescrita dentro de la estructura del alma. Para que el ser humano se vuelva inmortal, para que el ser humano se convierta en aquello que se llama Dios, debe invocar su divinidad en sí mismo, en su propio ser.

Cristo es Dios visto y realizado en la humanidad. Cristo es Dios/hombre y Dios/mujer, el ser humano dándose cuenta de que es Dios, el principio ilimitado.

El Cristo es la resurrección de los siete grandes sellos. Los siete sellos que están en el cuerpo se denominan las glándulas endocrinas. Para hacer que un cuerpo sea funcional desde el pensamiento supremo, el cuerpo debe pasar por un proceso científico muy minucioso a través de glándulas que han existido desde que el cuerpo fue concebido.

Cada glándula representa un plano de demostración. Este plano en el que existes ahora es uno de siete. No hay nada más bajo que este plano. Este es el principio para regresar a tu divinidad. El sello que está alineado con este plano es el primer sello. Es tu área reproductiva, un área muy poderosa porque sin ella la copulación del ser humano no existiría y, por lo tanto, el linaje del ser humano no existiría.

Cuando hacemos emerger al Cristo, alineamos al cuerpo tocando las glándulas, y al tocarlas, las glándulas empiezan a abrirse como una flor, una flor de loto, y lentamente se incrementa la vibración desde lo más bajo de tu ser hasta lo más elevado de tu saber interior.

Todo aquí, incluyendo tu cuerpo, es producto del pensamiento. El cerebro de tu ser no crea el pensamiento, no crea el acto de pensar, no crea ideales. Es un receptor, tal como se lo denomina.

Todo aquí, incluyendo tu cuerpo, es producto del pensamiento. El cerebro de tu ser no crea el pensamiento, no crea el acto de pensar, no crea ideales. Es un receptor, tal como se lo denomina. Si no crea el pensamiento, ¿de dónde proviene el pensamiento? Viene de afuera de tu ser y se queda atrapado en tu campo áurico. El pensamiento se transmuta y se convierte en un propulsor, y entra en la función del cerebro que está preparada para esa frecuencia.

El pensamiento entonces se transfiere a aquello que se denomina el sistema pineal. Eso permite que el pensamiento viaje a través del sistema nervioso central como una chispa y se conecte con el cuerpo entero en cada estructura celular. El pensamiento envuelve al cuerpo con el sentimiento y se convierte en una realidad en el movimiento corporal a través de la emoción.

Sin tu cerebro o las glándulas que lo gobiernan, el cuerpo no sería un vehículo móvil para el Espíritu que lo habita. A través de aquello que se denomina las glándulas seleccionadas —y hay siete de ellas— el cuerpo puede funcionar mediante aquello que se denomina el enigma del pensamiento maravillosamente bien. A partir de estos siete sellos —o chakras, como has oído que se les llama— el cuerpo se convierte en una unidad operativa y funcional.

El séptimo sello está alineado con el séptimo cielo. Es la premisa más grandiosa que existe de la realidad. El séptimo sello es la pituitaria. Está localizada dentro del centro de aquello que se denomina la frente. Tiene la forma de una delicada pera, y cuando se abre, es la glándula que estimula al cerebro para tener un pensamiento más grandioso. Las entidades que están limitadas por sus pensamientos tienen una pequeña porción de aquello que se denomina su receptor, o cerebro, que es operativo. Reciben solo el pensamiento limitado mediante la consciencia limitada.

Cuando abrimos el séptimo sello, se abre, se expande y secreta aquello que se denomina un flujo de hormonas a través del cerebro, y activa una porción más grande del cerebro y frecuencias más grandiosas de pensamiento. Conforme se activa esa parte, puede entrar en el cuerpo el pensamiento de un nivel más elevado para experimentar sentimientos. Para que surja el Cristo, como se lo denomina, no hay que ungir a nadie. No es un ritual. Lo que ocurre, en verdad, es un acto del *Ser*. Es darte cuenta de que hay una parte tuya más grandiosa que yace latente dentro de tu ser. Simplemente tocamos los siete sellos, empezando desde el primero hasta el séptimo, y movemos la energía a través el cuerpo. El séptimo sello se abrirá ligeramente, y el ser lo sentirá sutilmente. A medida que uno experimenta esta apertura, se experimenta lo que se denomina una ráfaga de energía o un subidón acelerado. Ese es el término que he oído mencionar aquí y que encaja bastante bien.

Para que surja el Cristo, como se lo denomina,
no hay que ungir a nadie.
No es un ritual.
Lo que ocurre, en verdad, es un acto del Ser.
Es darte cuenta de que hay una parte tuya más grandiosa
que yace latente
dentro de tu ser.

Te enseñaré a hablar como habla un maestro.
Cualquier cosa que él dice, así es,
y ocurre, y se manifiesta.
Cuando todas las cosas se dicen y se expresan,
el alma las registra dentro de sí,
y nunca se olvidarán.
Nunca más volverás a perder de vista quién eres
porque el Cristo dentro de ti
no te lo permitirá.

— Ramtha

Sucede cuando una ráfaga de pensamiento ilimitado entra en el cuerpo, porque no hay palabras, solo emoción y sentimientos. Conoces todo lo que existe y, sin embargo, no puedes explicarlo en absoluto, porque lo que es inexplicable es el pensamiento ilimitado.

Abrimos esto para permitir que emerja aquello que se llama la divinidad más grandiosa del yo, para permitir que el Espíritu que abarca la totalidad del cuerpo alimente al cuerpo con un entendimiento más grandioso, con conocimiento, con el saber interior. De esta manera surge Dios en la unción del Cristo. Sucede cuando te das cuenta de que eres Dios expresándose en el cuerpo llamado el ser humano o la humanidad, como se llama aquí.

Estos sellos, una vez que se abren, te permiten percibir el pensamiento ilimitado en una dimensión más grandiosa, un sentimiento más grandioso. Lo que le seguirá, será ciertamente la emoción. Lo sentirás, estarás confundido; lo sabrás y, sin embargo, no lo sabrás. Todas las experiencias de este momento permanecerán por bastante tiempo, porque una vez que esa porción del cerebro se activa, la entidad puede experimentar un pensamiento más grandioso, un genio más grandioso, en verdad una creatividad más grandiosa.

¿Por qué es importante eso? Para poder salir de la limitación, para salir de una vida que es solo una lucha por la existencia y llegar a la utopía, debes tener otra perspectiva de pensamiento, otro ser, otra compasión, otro sentimiento, y esto permite que ocurra. Y cuando eso suceda, pasarás por el fuego. El fuego es, en verdad, el Cristo que surge en la manifestación de Dios que reemplazará en tu vida aquellas cosas que te han inhibido —cualquier cosa o quien quiera que sea—, y en ese espacio permitirá que surja en ti la grandeza que te elevará y apoyará.

No estás solo en esta vida. En lo invisible hay más amor y afecto por ti de lo que crees. Ellos te asisten y en verdad te ayudan a manifestar lo que eres, y yo soy uno de ellos. Ahora bien, para el Cristo solo hace falta un momento, y en ese momento, el cuerpo es estimulado, y los sellos responderán. Cuando eso se lleve a cabo, te daré una proclamación, una proclamación que repetirás desde lo más profundo de tu ser, porque la proclamación dice insistentemente: «Yo soy Dios e invoco todo lo que me pertenece y todo mi saber interior».

Te enseñaré a hablar como habla un maestro. Cualquier cosa que él dice, así es, y ocurre, y se manifiesta. Cuando todas las cosas se dicen y se expresan, el alma las registra dentro de sí, y nunca se olvidarán. Nunca más volverás a perder de vista quién eres porque el Cristo dentro de ti no te lo permitirá.

Yo no te convierto en Dios ni te corono como Cristo. No existe nada bajo el cielo, dentro del cielo, por encima del cielo, ni ninguna criatura, cosa, consciencia o entidad del cielo que pueda hacer que alguien se convierta en Dios, solo aquel que lo es. Lo haces tú mismo. Nadie más puede hacerlo por ti, porque tú eres un Dios con voluntad que debe proclamarlo para sí mismo para que así sea.

Este discurso es muy breve, pero se dice como lo dice un maestro. Y todo lo que se diga sucederá por la gloria de Dios, que vive dentro de ti y de toda la gente, y eso es lo que hacemos en esta hora. ¿Por qué? Porque eres amado. Cuando se te dé la oportunidad de ser más grandioso de lo que eres, brillarás. Y eso se sabe, porque esa es la naturaleza del ser humano. Ese es el Dios dentro de su ser. Cuando te realices, te convertirás en una luz para otras personas, simplemente porque el amor dentro de tu ser les mostrará a los otros un ideal según el cual vivir. No les enseñarás. Solo tienes que vivir. Esa es la respuesta. Eso es lo único que necesitas.

Una vez que veas que cualquier cosa que piensas sucede ante ti, entonces te convertirás en un Dios manifestador. Lo único que tienes que hacer es sentir qué es lo que quieres, y el sentimiento del deseo se manifestará ante ti y se convertirá en una realidad. ¿Qué sucede con la guerra, los celos, el odio, la amargura y las inseguridades? Ya no existirán, porque cuando tengas la capacidad de manifestar directamente cualquier cosa que desees para ti, entonces nunca tendrás que quitarle nada a nadie, ni robarle a nadie, ni ser esclavizado por nadie. Puedes ser quién eres y tener todo lo que quieras con solo sentirlo. Es una verdad. Y por medio de esta acción se te permite hacerlo, y lo que surja de eso se denomina el reino de los cielos. Un Dios vive, es y se convierte en cualquier cosa en que desee convertirse, y serás lo que se diga aquí como una verdad soberana.

El alma, el señor de tu ser, en verdad, espera la siguiente emoción, el siguiente mandato, para poder materializar para ti la realidad de ese pensamiento en este reino. Las palabras son solamente la frecuencia de sonido creada para describir aquello que se denomina la emoción. La emoción es lo que le da realidad al pensamiento.

Los maestros hablan y no dicen palabras de más. Aquello que pronuncian es lo que está dentro. Es un mandato declarativo. Elige palabras que representen las emociones e invócalas y alinéalas, para que la palabra lleve un mandato directo de vuelta a Dios, la fuente, y manifieste lo que acabas de decir.

Yo te doy una proclamación, lo que tú llamarías un discurso. Te lo doy. Deja que resuene desde el Señor Dios de tu totalidad, porque es el lenguaje de los maestros y cómo invocan aquello que se llama su reino, en verdad su poder, en verdad aquello que se llama el flujo de vida dentro de ellos.

Es muy breve, pero en él ha de decirse todo lo que quieras. Pronuncia cada palabra y contempla lo que dices y lo que sientes. El sentimiento es lo que se manifestará para que entiendas lo que es el reino de los cielos.

Dilo. Deja que resuene desde tu ser. Entonces te habrás coronado como aquello que se llama el Cristo reconocido, en verdad el Dios, en verdad aquello que se llama la comprensión del *Yo Soy*. Cuando hayas pronunciado este mandamiento, te habrás colocado la corona de Cristo sobre tu cabeza. Estás reconociendo en tu ser la sublime divinidad que eres.

Desde el Señor Dios de mi ser,
yo invoco a mi Cristo en mi vida,
en la luz, en el Ahora.
Que así sea.
Desde el Señor Dios de mi ser,
yo invoco mi reino.
Manifiéstate ahora.
Que así sea.
Desde el Señor Dios de mi ser,
Yo invoco mi poder.
Manifiéstate ahora.
Que así sea.
Amado Padre,
Fuente divina,
vida maravillosa,
estoy apartado
de aquello que tú eres.
Amado Padre,
he aquí, ante ti, aquello que yo soy,
el sublime reflejo, Dios yo soy.
Que así sea.
Yo soy el Señor Dios de mi totalidad,
el soberano del destino,
en verdad de la vida,
en verdad de la alegría.
Aquello que es
todo lo que es:
manifiéstate.
Que así sea.
Yo soy el Señor Dios de mi ser,
ahora y para siempre.
Que así sea.

— Ramtha

¿Qué puede ser un ser humano, sino lo que dice ser? Aquello que ha sido dicho, es. Pues ¿cómo se crea tu destino? Mediante lo que percibes que tú eres. Eso se llama el reino de los cielos. Por consiguiente, todo es tuyo, todo. Aprovéchalo como quieras y tanto como quieras, en verdad.

Tú —Dios—, observa cómo hablas, porque cada palabra que pronuncias se manifiesta, pues solo está haciendo que aquello que se llama la emoción creativa se manifieste. Habla como un Dios. Deja que cada palabra que pronuncies desde tu reino regrese a ti jubilosa dentro de cien años, pues te aseguro que lo hará.

No existe nada bajo el cielo,
dentro del cielo, por encima del cielo,
ni ninguna criatura, cosa, consciencia o entidad del cielo
que pueda hacer que alguien se convierta en Dios,
solo aquel que lo es.

Lo haces tú mismo.
Nadie más puede hacerlo por ti,
porque tú eres un Dios con voluntad
que debe proclamarlo para sí mismo
para que así sea.

— Ramtha

Yo te invoco,
tú eres el Señor de las Huestes.
Tú eres el Príncipe de la Paz.
Aprende a vivirlo
para que la entidad inmaculada que preside dentro de ti
sea la entidad inmaculada que se ve ahora,
no la dualidad que causa confusión.
Ámate lo suficiente para vivir,
para vivir en el momento,
para exaltar todo lo que tú eres.

— *Ramtha*

Ser ilimitado es no tener miedo, no sentir culpa, no sentir odio, es no sentir amargura. Ser ilimitado significa que puedes amar, sin importar lo que veas ante ti. Eso es convertirse en Dios.

Para poder convertirte en eso, debes dominarte y reformarte al superar todas las cosas con las que has aprendido tan rigurosamente a limitarte, deshaciéndote de ellas y eliminando sus ilusiones, yendo más allá de la teoría aceptada —yendo más allá de eso—, porque la vida siempre está cambiando en cada momento. Siempre cambiará. Se refina a sí misma en cada momento.

Lanza tus limitaciones al viento y simplemente sé

Deja de pensar en tus limitaciones. Lánzalas al viento y simplemente sé. El Dios dentro de ti te dará sentimientos que no puedes expresar con palabras. Cualquier sentimiento que se pueda describir en este plano pertenece a este plano y no a los reinos más elevados. Los sentimientos de los que hablo no pueden expresarse con palabras, con ninguna palabra. Ni siquiera puedes tratar de pronunciarlas.

En un estado de ser, tendrás todos esos sentimientos. Cuando estás en medio del fuego y sus emociones, y lloras y quieres entender, pero aparentemente no puedes, está ocurriendo un gran cambio. En un estado de ser, te estás convirtiendo en un Dios que puede ver más allá de las limitaciones, que puede mirar a cualquier persona dentro de su esfera y saber todo lo que hay que saber de ella, porque ha aprendido a amarse a sí mismo y a los demás. Ahora puede ver lo que antes no se permitía ver. Ahora todo está visto, todo es sabido y todo es visible. Puedes invocar cualquier cosa que desees y se manifestará ante ti, y serás una persona de pocas palabras con una gran emoción.

Entonces podrás caminar en cualquier ciudad, pararte en el centro de su mercado, cerrar tus hermosos ojos volviéndolos hacia dentro e iluminarte a ti mismo, y tu gran luz abarcará todo lo que está a la vista en el mercado. En ese momento, todos tendrán un gran pensamiento, todos lo tendrán.

Cuando camines, te mirarán con gran asombro. Y sabrás lo que Dios sabe. Amarás como Dios ama. Serás capaz de enseñarles con ecuanimidad.

Conviértete en un ser de la divina Providencia que todo lo siente

Hablemos de lo que has de llegar a ser. ¿En qué te has de convertir? ¿Qué has sido y qué, por ende, es en lo que te has de convertir? ¿Quién fuiste? ¿De dónde surgiste? ¿Cuál es la razón de tu surgimiento? Y si has de realizarte, ¿en qué has de convertirte que es tan diferente de lo que fuiste?

Realizarte es convertirte, sin la regulación de las leyes, la superstición o el dogma, en la esencia de la libertad, en un valor expresivo que es capaz de expresarse a través de la totalidad del yo individualizado sin limitación.

Los Dioses se convirtieron en seres humanos en su limitación porque todo lo que eran en su *Ser* se convirtió en una pequeña porción de conocimiento, constreñido en cuanto a distancia, alcance y fervor del sentimiento. Y, sin embargo, en esa misma lucha, fueron capaces de internarse en la masa y ser parte de la creación, y sentir, saborear, tocar, oír, hablar y volverse gloriosos con su maravillosa pintura de creatividad universal. Así, los dioses, criaturas explícitas de todo lo que es, se convirtieron en entidades singulares, individualizadas y limitadas sobre este plano.

Realizarse es desplegarse en grandeza desde la limitación hacia lo ilimitado. Llegar a lo ilimitado es desplegar al yo en la esfera divina de lo que tú eres en todo entendimiento.

¿Qué eres? Tu cuerpo es una maravillosa obra de arte, pero el principio de la esencia de tu cuerpo es tan lejano, tan vasto, tan profundo y tan elevado como a donde te pueda llevar el valor del pensamiento. Eres un principio de luz. Te estás desplegando en un sentimiento que puede ir más allá de los sentidos del cuerpo, que puede ir más allá de las limitaciones de la carne, en verdad, y recorrer civilizaciones más grandiosas con el principio de luz del pensamiento.

Las aventuras del cuerpo han sido grandiosas. Seguirán siéndolo. La exploración de la verdad del yo es una continuidad que resplandece cada vez que vuelves tus ojos hacia dentro y empiezas a sentir el corazón de tu ser, cuando empiezas a percibir lo infinito de tu belleza, y empiezas a saber que hay más que aquello que se denomina la colección de estructuras moleculares que equivalen a la carne, la sangre y los huesos.

Te hemos enseñado lo que es convertirte durante un largo período en tu cómputo del tiempo. ¿Convertirte en qué? ¿En qué te conviertes al abrirte? En una entidad libre, una entidad que va más allá de la sensación corporal hasta llegar al sentimiento emocional.

La emoción no nace del cuerpo. Se experimenta explícitamente en el cuerpo mediante espasmos externos de la convulsión del cuerpo. La emoción nace del pensamiento gratificado que se siente en el carácter conclusivo de la entidad y se expresa en el cuerpo.

No te conviertes en un Dios hasta que te conviertes en el epítome de la emoción, hasta sentirla profundamente. El sentimiento permite que la divinidad ocurra nuevamente dentro del ser humano, la restitución de su divinidad, la restitución de su corona, la originalidad de su transformación.

Desde una medida de la imagen, desde la ley y la restricción, te transformas hasta sentir amor, un amor profundo, alegría, un profundo dolor, sentimientos profundos de un alma en pena que no sabe por qué llora, sentimientos de ternura, dulzura y compasión. En el proceso de realizarte se produce lo que este plano llamaría *humildad*. No puedes volver a lo que se denomina el *Ser*. Sí puedes seguir adelante hasta la cúspide de tu ser. Estás convirtiéndote en ella en ese momento al sentirla.

Todo lo que todos han hecho aquí, por lo que han batallado, lo que han diseñado, experimentado, ha sido por la virtud llamada emoción, los sentimientos. Has vivido como un producto de la sociedad, de los cambios de consciencia. Has sido el duplicado del ideal consciente; todos ustedes lo han sido. Tu sociedad ha dictado cómo deberían ser los ideales del sentimiento, y todos luchan por serlo para ser aceptados. Desafortunadamente, el ideal es una entidad muy limitada y miserable propensa a dolencias, enfermedades, neurosis y todas las cosas que inhiben la realización del yo individualizado.

En esa realización no hay ningún ideal excepto lo que se siente profundamente dentro del yo individual. Uno se pone en contacto con su propia premisa, su propia inteligencia, su propio propósito, su propio bien, y empieza a sentirlo. Al apartarse, por así decirlo, de aquello que se denomina la sociedad normal —sus leyes, sus regulaciones, sus ideales insignificantes— estalla una guerra, una dificultad en el momento de la realización. Y todos la experimentarán.

*Ser ilimitado
significa no tener miedo, no sentir culpa,
no tener odio, no tener amargura.
Ser ilimitado significa que puedes amar,
sin importar lo que veas frente a ti.
Eso es convertirse en Dios.*

*Realizarse es desplegarse en grandeza
desde la limitación hacia lo ilimitado.
Te estás desplegando en un sentimiento
que puede ir más allá de los sentidos del cuerpo,
más allá de las limitaciones de la carne, en verdad,
y recorrer civilizaciones más grandiosas
con el principio de luz del pensamiento.
En la realización no hay ningún ideal,
excepto lo que se siente profundamente dentro del yo individual.
Uno se pone en contacto con su propia premisa,
su propia inteligencia,
su propio propósito,
su propio bien,
y empieza a sentirlo.*

— *Ramtha*

Los sentimientos que te gratifican
te convierten en el receptor de la virtud de Dios

¿En qué has de convertirte? El cuerpo continúa elevándose y refinándose a sí mismo, y seguirá volviéndose más válido y útil para la gran mente creativa que yace en su interior. Pero la mente de valor colectivo es la que se vuelve más ilimitada, y no lo hace mediante el fervor intelectual, sino mediante la emoción, la emoción profunda, el *Ser* profundo.

Dios es la realidad, todo lo que la vida es. Pero la vida, en la apariencia de su ideal, es una ilusión. El pálpito de la ilusión es la emoción llamada sentimientos de los cuales está formado el reino de Dios. El árbol palpita, la hierba palpita, en verdad las nubes palpitan, las aguas palpitan. La flor, en su capullo incipiente, palpita en color, en tonalidad y en aroma. Estas son cosas que están ocultas en la ilusión pero que permiten que el verdadero valor de Dios y la emoción se vuelvan prevalecientes y claros.

Para realizarte, no te niegas a ti mismo el amor, la alegría y los sentimientos, los sentimientos profundos. Permites que surjan, porque los sentimientos que te gratifican y te elevan, te dan un valor con un propósito. Tú eres el enigma de aquello que se denomina la virtud de Dios.

Los sentimientos son las puertas del Cielo

El cuerpo continuará transformándose, pero aquello que está en el interior se convertirá en un ser de la providencia divina que todo lo sabe, que todo lo siente, una belleza divina. A menudo, las palabras no podrán describir los sentimientos, solo la emoción lo hará, la emoción que no tiene el valor de una palabra, sino que simplemente es. Entonces el silencio prevalece, como sucede en los cielos.

La paz prevalece. Te vuelves uno con todas las grandes cosas que son continuas y silenciosas. ¿Habla el sol? No. ¿Habla una gran estrella? No. ¿Una estrella más pequeña? No. ¿La luna? No. ¿Hablan el árbol, la planta, la flor? ¿Qué es lo que habla? En su *Ser* infinito, Dios está en silencio en su interior.

Conforme te realices, el gozo se apoderará de ti porque la revelación de la belleza divina que se ve dentro de ti se volverá evidente. Tu belleza se volverá profunda, las limitaciones de la arrogancia se disiparán del yo, y el yo se convertirá en una criatura sensible del *Ser*, de lo que realmente es. No tendrás palabras para explicarlo. Los sentimientos te invadirán, se apoderarán de ti y te desbordarán, y el cuerpo empezará a sentir una ligereza dentro de sí porque la vibración más grandiosa está ocurriendo en el interior y no puede expresarse en el exterior.

El gozo exuda vida. Extrae vida de todos los entendimientos primordiales. En el gozo y la paz, no tienes que pronunciar ninguna palabra, solamente sentir. Los sentimientos son, en verdad, el lenguaje de todas las cosas. Todos ustedes experimentarán la altura, el ancho, la profundidad y la amplitud del amor, del gozo y de los sentimientos sin palabras, de emociones eléctricas que electrizan y liberan al ser para llevarlo hacia otra dimensión. Todos lo aprenderán. Debes aprender esto para poder salir de tu cuerpo como una entidad viajera que pueda sumergirse, en verdad, en otros reinos de realidades.

Nadie entra por las puertas del cielo a menos que haya amor dentro de su ser, alegría dentro de su ser, sentimientos, pues ¿qué son en verdad las puertas del cielo? Están hechas del *Ser*, y todo lo que prevalece en el interior es emoción.

Para poder realizarte debes sentir la realización. La realización es realizarte para sentir, para amar, para mirar amablemente sin importar lo que veas y estar en paz con eso, para eliminar el miedo y exaltar al yo, para vivir en la virtud del Ahora, para alegrarte por un amanecer o una puesta de sol, para reír con un niño, para sostenerlo en tus brazos, para ver cómo se abren las flores, para sentir el aroma de las estaciones a medida que van y vienen, para formar parte del maravilloso enigma llamado la vida, y transmutar los sentimientos para que vuelvan a la divinidad de la realización.

Sé feliz con aquello que eres. Vive de una manera fructífera en el momento. Siente, conviértete en la rosa, conviértete en el lirio del campo, conviértete en una trucha en el arroyo, conviértete en una gran hoja que ha cambiado de color. Conviértete en un árbol y en lo profundas que son sus raíces. Conviértete en la risa de un niño, y en el viento sobre el agua, y en la suavidad de una nueva flor, y en la esperanza de un fruto. Conviértete en todas estas cosas. Siéntelas, conócelas. Conviértete en el *Ser* y ama lo que eres, y sé una luz para ti mismo. Entonces, entidad, verás el reino de los cielos por lo que es: emoción.

Aquellos que se enamoran cuando la luna se vuelve púrpura o cuando el viento sopla a través de su pelo o cuando una ramita cae al suelo o cuando un pájaro emprende el vuelo saben lo que es la emoción. Por lo tanto, saben lo que es el enriquecimiento del Dios que ellos son y la virtud que han obtenido para saberlo.

Aprende a sentir, a tocar, a examinar, a ser. Bendice al Señor Dios de tu ser y al Padre que es la magnificencia de toda magnificencia, y contempla el esplendor que sentirás. Entonces percibirás una vida llamada utopía, que es la Tierra Prometida que empieza a vislumbrarse a plena vista. Todos los misterios se resuelven. Todas las supersticiones se acaban. Todo el dogma, la ruina y la destrucción dejan de existir. Dios reina supremo sobre todo lo que él es, y él es la vida, la continuidad, el *Ser* que nadie puede quitar. Así es.

Ámate a ti Mismo lo suficiente para vivir

Ya no te atormentes. Ya no abuses de ti mismo. Renuncia a la culpa. No vivas de prisa. Tranquilízate y vive en el momento. No vivas según una regla; vive de acuerdo con los sentimientos. No alcances tus logros mediante aquello que se denomina las leyes reconocidas. Créalas. Libérate de ellas.

Sé. Deja de ser el ideal de alguien más. Sé el tuyo propio. Ten paz con tu cuerpo. Ya no lo atormentes. No lo mates de hambre. Ámalo, nútrelo. Es muy delicado. Y no seas como nadie más, excepto lo que eres dentro tu yo singular e individualizado.

En el tiempo por venir, siente. Yo estaré con todos ustedes. Te mostraré la cosa más grandiosa y hermosa, y llorarás por ella. Te pondré de rodillas para que sepas lo que es la humildad. Te exaltaré más allá de las nubes para que puedas ver mejor. Te enseñaré a sentir —ya sea con el fuego, ya sea con dulzura— para que tus lecciones venideras ya no se aprendan mediante la palabra hablada, sino mediante el movimiento sentido. Todos los que están aquí lo sentirán, todos. Y con eso te renovarás. Lo que antes faltaba, se completará. Lo que había perdido el contacto, se sentirá.

Todos ustedes son grandes luces. Yo he visto todas tus tribulaciones y todas tus dudas. En el tiempo por venir, crecerás y florecerás aún más, más grandiosamente que nunca, porque los sentimientos son el fertilizante de todo crecimiento. Todos ustedes empezarán a tener visiones y sueños de una naturaleza espléndida. Soñarás con una cosa, y he aquí que ocurrirá al siguiente instante. En un momento lo percibirás, y al momento siguiente existirá. Tu saber interior será absoluto. El viento formará parte de todos, y te elevará. Es momento de que te eleves. Todo el mundo te conocerá, todos. Todo el mundo, en verdad, acudirá a ti para participar de tu saber interior, todos.

Nadie entra por las puertas del cielo
a menos que haya amor dentro de su ser,
alegría dentro de su ser,
sentimientos,
pues ¿qué son en verdad las puertas del cielo?
Están hechas del Ser,
y todo lo que prevalece en el interior es emoción.

La realización no es la madurez
de aquello que se denomina el intelecto.
Es todo lo contrario. Es la inocencia del intelecto
lo que le permite convertirse en un proceso de pensamiento ilimitado,
que se revierte al Dios original del yo
o al niño, a la pureza dentro del yo.
Es entonces que empiezan a ocurrir los milagros.
Poco a poco se desprenden las capas,
y la inocencia que yace en el interior es el Dios divino,
el maestro divino, el Espíritu puro,
el genio puro, las facultades desinhibidas.
En eso te conviertes.

— *Ramtha*

Y a tu puerta vendrán reyes y entidades humildes, en verdad, para que les impartas el conocimiento de la vida. Entonces les habrás dado lo más grandioso.

Yo te invoco, tú eres el Señor del Universo, el Príncipe de la Paz. Aprende a vivirlo, para que la entidad inmaculada que preside dentro de ti sea la entidad inmaculada que se ve ahora, no la dualidad que causa confusión. Ámate lo suficiente para vivir, para vivir en el momento, para exaltar todo lo que tú eres.

Conviértete en un niño otra vez

Había una vez, en un momento llamado tiempo, un grandioso Dios que recorría los pueblos para hablar con todos aquellos que buscaban su sabiduría. Un día se congregó una gran audiencia para escuchar al grandioso Dios que hablaba del amor, de la vida, de la verdad. Ese día, en la audiencia, había un niño pequeño que sostenía la mano de su madre. Y el gran Dios sonrió mientras miraba al niño. «¿Me harías el honor de sentarte conmigo?». Y el pequeño, con pasos rápidos, se acercó entusiasmado para sentarse en la amplia túnica sobre su regazo. El gran Dios observó al niño: «Eres hermoso. ¿Eres lo que se llama un niño pequeño?».

El niño asintió con la cabeza, encogió los hombros, se rio y respondió: «Sí». El gran Dios hizo una pausa por un momento y luego le preguntó al niño: «Pequeño significa que no has crecido, ¿verdad?». El niño asintió con la cabeza y frunció el ceño. «Sí». Entonces el gran Dios le habló así al niño:

«Te contaré algo, pequeño. Hace mucho tiempo, existía la grandeza que creaba rayos y truenos en el cielo, y un viento que soplaba con una cálida lluvia sobre una comarca que era tan pequeña como tú. La suave brisa que soplaba la ligera lluvia sobre la comarca nutría todas las pequeñas cosas allí. Y aquello que había creado el trueno, el relámpago, el gran viento y la cálida lluvia era un Dios más pequeño que tú. Cuando la cálida lluvia cayó sobre la tierra y nutrió todo, todos los elementos se regocijaron porque todo se había llevado a cabo para bien.

El Dios que creó todas estas cosas era más pequeño que tú, y todos sus hijos eran tan pequeños como tú. A todos ellos también se les llamaba Dioses. Lo maravilloso es que amaban todo lo que habían creado. No conocían lo que se llama el mal, ni lo falso, ni lo feo ni el miedo.

Cuando llegaron a este lugar —al igual que tú, pequeño Dios— alguien les dijo que no eran perfectos. Empezaron a asustarse y a atemorizarse, y se preguntaron acerca de todas las cosas que nunca habían experimentado. Y eso hizo que crecieran y se volvieran muy altos. Crecieron en estatura para protegerse a sí mismos, y se convirtieron en gigantes. Cuando se convirtieron en gigantes, uno trató de ser más alto que el otro, más grande que el otro. Y empezaron a pelear el uno con el otro.

Los Dioses más pequeños corrieron y se escondieron llenos de temor porque no podían entender todas estas cosas. Muy pronto la vida se volvió tan turbulenta en ese pequeño lugar que habían creado que decidieron abandonarlo y regresar a su primer hogar.

Los pequeños Dioses observaban con gran curiosidad mientras sus hermanos, quienes habían crecido y ahora eran muy grandes, se volvían odiosos, rencorosos e iracundos. Miraban por la ventana, por así decirlo, y los observaban, pero no podían entenderlos. Y empezaron a llorar.

Poco después vino el Padre de estos pequeños Dioses y les dijo: «¿Por qué lloran?».

Y le respondieron: «No sabemos por qué se sienten de esa manera. No podemos sentir lo que ellos sienten. Y no nos aman porque somos pequeños».

El gran Dios, el Padre, los miró, reflexionó un momento, y dijo: «¿Aman a sus hermanos, aunque sean grandes y aunque todavía expresen eso que ustedes no conocen?».

Y los pequeños Dioses dijeron: «Aún los amamos, en verdad. ¿Qué más podemos hacer?».

El gran Dios dijo: «En verdad. ¿Qué más pueden hacer?».

Entonces emplazó a los pequeños Dioses y los llamó guardianes del universo y los puso dentro una gran fuerza alrededor de Terra, lo que se llama tu Tierra, que era el pequeño lugar de los Dioses. La gran voz les dijo que mantendrían el equilibrio y serían un recordatorio constante para sus hermanos —que habían crecido mucho y se habían vuelto muy limitados— de lo que realmente era la pureza.

Amado niño, hay ciudades de Dioses que protegen el universo entero y son más pequeños que tú. Pueden sostener el sol en sus manos y las estrellas en las puntas de sus dedos, y su risa lleva armonía por todo el mundo. Para mí eres muy hermoso porque eres como un pequeño Dios que es más poderoso que los Dioses más grandes. Mira tu pequeña mano. La he hecho muy poderosa. Cuando te sientas mal, posa tu mano sobre tu ser y te sentirás bien. Cuando otra persona se sienta mal, pon tu mano sobre ella y se sentirá bien. Y cuando olvides que eres maravilloso, precioso y perfecto, mira tu mano. Te recordará la historia de los Dioses que protegen a todos los otros y lo pequeños, maravillosos y poderosos que son. Y cuando te olvides de amar, mira tus manos. Te lo recordarán».

Y el gran Dios alzó sus ojos para mirar fijamente a todos aquellos que se habían reunido. «Míralos a todos ellos. Para que puedan convertirse en lo que vinieron a convertirse, tienen que aprender a pensar como piensas tú. Nunca te apresures a crecer. Permanece en la edad que tienes todo el tiempo que quieras. Continúa siendo el magnífico Dios que eres, tal y como eres, porque todos estos que han crecido y están cansados en su vida volverán a ser como tú otra vez. Sé feliz con lo que eres y sigue siendo un niño pequeño por mucho, mucho tiempo. Al igual que todos ellos, naciste siendo un Dios consciente de sí mismo, pero ellos fueron educados para olvidarlo con el uso del razonamiento. Les enseñaré a ser como un niño pequeño otra vez. Que así sea».

El proceso de realización es un cambio total del equilibrio entre el saber interior dentro de tu cuerpo y tu Espíritu, una fusión o una unión, una revelación.

Todos sufren la dualidad. Sufren debido a las ilusiones que han construido a su alrededor. Desde que eras un niño pequeño, has construido capas de ti mismo para protegerte. Has construido capas de ti mismo para percibir al mundo de la manera en que el mundo quiere ser percibido, para que pudieras ser aceptado. El yo puro e individualizado que está debajo empieza a perderse desde la infancia porque hay una acumulación continua, y siempre se acumula de adentro hacia fuera.

La realización es lo opuesto a ese proceso. Es eliminar todas estas cosas externas, los estigmas del alma, y eliminarlos hasta llegar a lo más ínfimo, al niño nuevamente, porque esencialmente, eso es un niño, la pureza del Espíritu.

Una vez que esto se lleva a cabo, suceden varias cosas. El cuerpo empieza a volverse joven nuevamente. El proceso de pensamiento es ilimitado y más gozoso, y las cosas se pueden ver desde una perspectiva más clara y con más profundidad que nunca.

La realización no es la madurez de aquello que se denomina el intelecto. Es todo lo contrario. Es la inocencia del intelecto lo que le permite convertirse en un proceso de pensamiento ilimitado, que se revierte al Dios original del yo o al niño, a la pureza dentro del yo. Es entonces que empiezan a ocurrir los milagros. Poco a poco se desprenden las capas, y la inocencia que yace en el interior es el Dios divino, el maestro divino, el Espíritu puro, el genio puro, las facultades desinhibidas. En eso te conviertes.

Dios es la simplicidad de la línea. La simplicidad del Padre es tan claramente abierta y la verdad tan obvia que incluso la persona más simple puede verla. Los niños están dotados de la abundancia del pensamiento ilimitado y del talento para percibir la verdad. Eso se debe a que son simples y ven abiertamente lo que está frente a ellos llanamente.

Vivir, ser, ser el pensamiento eterno, verlo sin fin, percibir y conocer su brillantez, todo eso se logra en un instante. Lo único que tienes que hacer es quererlo. Quererlo no significa sentarte sobre tu trasero y contemplar lo que quieres. Significa convertirte en ello, que aquello que se denomina el ideal se imparta activamente con el pensamiento diario. Eso es vivirlo. Es así de simple. Si Dios no fuera lo menos complejo posible, la más simple de sus creaciones nunca lo entendería.

CAPÍTULO NUEVE
CREA EL SENDERO DEL GOZO

Cada vez que obtienes gozo
mediante cualquier acto,
te acercas cada vez más
a la totalidad de tu propia visión perfecta,
en verdad, a la totalidad de tu propio ser: Yo Soy Dios.
Por eso la felicidad y el gozo, mis amados hermanos,
son emociones que encuentran el amor,
y el amor te conduce inmediatamente a tu amado Padre.
El sendero no es estrecho. Abarca todo lo que existe.
Por eso nunca puedes desviarte de él —jamás—
y regresarás directamente a tu amado Padre
como un ilustre rey, un legislador, en verdad,
como un Príncipe de la Paz,
el heraldo de la vida.

— Ramtha

En un estado de gozo,
estás en un estado de Dios

Cuando uno se sintoniza con la voz, con el volumen del Padre, ¿qué oye? Muchos suponen que es música porque aman la música. Muchos suponen que tiene un vozarrón severo; eso es lo que les gusta, lo que los hace felices. Y para otros, él no dice ninguna palabra porque aman el discurso sin palabras.

Pero la verdad es que el rugido del Padre son todas las formas de vida que vibran armoniosamente en sintonía unas con otras, y eso se equipara —como la risa que resuena en los tonos más agudos de su alegría— con el estrepitoso trueno que junta fuerzas para desatar otro estruendo. Si el Padre tiene tales características en su afable ser, entonces debemos entender rápidamente que todas las cosas también las tienen.

Si escuchas detenidamente, oirás la música del Padre, la risa del Padre. Es de lo más gozosa. No lo he oído llorar ni una sola vez.

Dios no es, en verdad, una entidad aborrecible. No es una entidad seria. No es una entidad taciturna. No es una entidad aburrida ni una entidad que se restringe. Es el estrepitoso trueno. Es mágico. Es movimiento. Es contemplativo. Es compulsivo. Es evolutivo. Es la risa y el gozo.

El punto más alto que cualquiera de ustedes alcanzará, aquello que se denomina el pináculo de tu propia verdad, se encuentra en medio de la alegría, de la risa y del amor por esta maravillosa vida. Cuando hayas aprendido a hacer eso, habrás alcanzado la cúspide de tu *Ser*, y desde allí podrás ver muchas otras cumbres y grandes valles, muchos más lugares de los que ves en el presente.

No tengas miedo de ser tu Dios o de atreverte a ser ilimitado en tu pensamiento, o de atreverte a pensar más allá del pensamiento restrictivo o vivirlo, porque te espera un reino más grandioso de lo que puedas imaginar. La risa y la alegría te llevarán a ese lugar.

¿Qué es la alegría? La alegría no es simplemente un estado de felicidad. Es un estado de realización. Es el estado máximo de realización. En un estado de gozo estás en el flujo de lo que es Dios, y no hay lugar para el odio ni para dudar de uno mismo, ni para la guerra, ni los celos, ni la amargura, ni las diferencias. En un estado de gozo estás inmerso en el carisma de Dios en acción. Así es el Padre. Es el gozo en todo momento.

Este plano disfruta de muy poca felicidad. Si la felicidad es el máximo deseo del Padre para ti, ¿no se podría concluir fácilmente que cualquier cosa más elevada que avance hacia un estado más completo de Dios será más gozosa que este plano? Por supuesto. Eso es un razonamiento puro.

Cuanto más cerca estás de Dios, más jubiloso eres

Cuanto más te acercas a la realización de lo que él es, de lo que tú eres, más jubiloso te vuelves. Al evolucionar hacia él paso a paso a través de los peligros de la materialidad, mejor estás. Nunca te retires, nunca retrocedas, nunca pierdas la alegría de vivir, nunca. La alegría se vuelve más permanente.

Ahora, ¿cuáles son las cosas que no provienen de la alegría? Se llaman desesperación, dolor. Se llaman preocupación, inquietud, miedo. Si estas cosas roban la felicidad, entonces provienen de Dios, porque el ser humano en su propio entendimiento limitado las ha creado desde el gozo puro. ¿Sabes que deben provenir del gozo puro para poder existir? Ya que ¿cómo puedes odiar, despreciar y sentir dolor por algo si alguna vez no estuviste contento por eso?

Una vez que llegas a la base del pensamiento puro, esa base es la felicidad y la alegría. Cuanto más te internes en eso, menos tendrás un entendimiento alterado y limitado que te impugne, que te quite, que altere tu alegría. El dolor, la desesperación, la guerra y las enfermedades dejan de existir porque el pensamiento limitado del ser humano ya no existe. Así es que regresamos al sentido más puro de la comprensión y la alegría.

El Padre es la totalidad de la alegría. ¿Crees que todas las estructuras celulares o los entendimientos moleculares de las composiciones de todas las diversas cosas maravillosas y desconocidas podrían existir lado a lado en lo diminuto de la forma a menos que fueran felices? La infelicidad nos separa. El miedo nos separa. La guerra nos separa. El dolor nos separa. Si todo eso fuera cierto para las células —y en la ciencia de la vida, esa es la facción de la materia bruta—, no estarían juntas. Entonces toda esta abundancia que aparentemente no ríe y aparentemente no parece estar alegre, no existiría jamás, porque no podrían correlacionarse en un entendimiento de coexistencia.

El Padre, en su esencia refinada, es el gozo completo, y el maravilloso pegamento cósmico que lo mantiene unido se llama amor. Mientras más nos acerquemos al Padre a través de su pegamento cósmico, más felices y expansivos seremos.

Las entidades que buscan a Dios creen que es algo de lo más serio, arduo y funesto. Eso es muy aburrido. El aburrimiento de la tristeza y de una actitud piadosa no te lleva a la gloria del Padre interior, te lo aseguro.

Cuando el Padre arde dentro de ti, cuando aquello que se llama el yo despierta dentro de ti, hay gozo y risa porque eres libre para expresarte sin condenar a nadie.

Dios es una entidad feliz. Y quiero que sepas esto: el único deseo que Dios, el Padre, tiene para todos, lo que siempre ha querido para todos, es que sean felices; que sean felices. Y ese gozo es cualquier cosa que signifique la felicidad para ese individuo porque cuanto más feliz eres con tu hermoso yo, más grandioso te vuelves en tu semejanza y alineación con el Padre.

Vivir esta vida abierta y completamente es entender a Dios. Y la realidad llamada Dios no puede ser entendida a menos que venga del punto de vista de la emoción que todos ustedes sienten con respecto a sus aventuras.

Cada emoción determina la realidad. Mientras menos juzgues a tu precioso ser, más grande será la emoción y más grande será el premio de realidad que recibirás. Entonces llegarás a lo único que el Padre ha deseado siempre para cualquiera de ustedes: la alegría.

¿Qué es la alegría? La alegría es la libertad de movimiento sin interrupción. Es la libertad de expresión sin juicio. Es la libertad de ser sin culpa. La alegría es permitir el movimiento sublime del yo.

Cuando estás en un estado de gozo, no puedes odiar a nadie. En un estado de gozo puedes amar todas las cosas. En un estado de gozo, la vida se convierte en el fervor y la intensidad de un amanecer cuando el cielo se vuelve rosado y las nubes se tiñen del más hermoso rojo ardiente, las aves silban sobre los árboles, y todo el cielo se enciende en un intenso y fulgurante color. Dejas de envejecer y vives para siempre porque la vida ya no es un trabajo penoso, sino una experiencia victoriosa de la cual solo quieres más. Cuando el gozo es evidente, eres uno con el reino de tu yo.

Yo soy Ramtha el Iluminado, en verdad, amante de Dios Todopoderoso, la primera causa suprema, el conocimiento supremo, el pensamiento supremo, el Dios supremo, la felicidad suprema. Estoy, en verdad, al servicio de esos elementos, esas cosas que constituyen lo que yo soy.

Para estar al servicio de la felicidad, debo buscar la felicidad. Y en mi mundo, encontrar la felicidad es una maravilla, porque todas las cosas están allí. Estar al servicio de la felicidad significa amarla, adorarla y serla. De todas las actitudes de Dios de emoción perpetua y expresión de los ideales, la felicidad es, de hecho, lo que todos deberían buscar como culminación del yo de su Dios hasta lo más profundo de su ser.

Buscas a otros para que te hagan feliz,
nunca lo harán.
Buscas cosas que te hagan feliz,
nunca lo harán.
Mientras sigas buscando la felicidad en objetos
que están fuera del principio más puro que tú eres,
la encontrarás solamente en formas temporales
y momentos fugaces,
que nunca parecen ser lo suficientemente largos.
en Ahoras

— Ramtha

¿Qué es la felicidad? La felicidad es que yo provengo, en verdad, del *Yo Soy*. La felicidad es que el Cristo que yo soy, a quien también sirvo, es el único elemento creativo perfecto que es la totalidad de la Fuente, que se ha considerado a sí mismo en un movimiento singular, es decir, yo no soy un ideal que ha sido proyectado y luego consumado en la vida por la sustancia acuosa. Yo no soy un complemento de la forma creativa de alguien más. Yo soy la forma de mí mismo, la extensión más pura de la Fuente, Dios Todopoderoso, el pensamiento expandido. Y para ti, la felicidad es saber que lo que yo proclamo, lo soy. Por ende, la verdad es que tú también lo eres.

Con la felicidad —el elemento sublime, la maravillosa modalidad de la actitud—, aprender a ser lo que verdaderamente eres en lo más simple de tu ser, lo más simple de tu forma, lo más simple de tu pensamiento, es magnánimo, porque en tu forma más simple, amado hermano, eres el Dios perfecto que ha evolucionado singularmente. Esa es la felicidad.

La flor, con su hermoso color, atuendo y aroma, denota su felicidad desde la semilla, y la semilla denota su felicidad desde el creador de la semilla, y el creador de la semilla denota su felicidad dentro de sí mismo porque él mismo es la fuente. A diferencia de la flor, tú eres una forma única y maravillosa que es original. La flor surge de tu creatividad y, de esta manera, la Fuente llega a la flor a través de ti. Tú eres la causa viviente, el propósito viviente, el ideal viviente, el pensamiento viviente.

Hay aquellos que se unen a través de un puente a una causa perpetua, o a un Dios, o a alguna deidad divina. Usan un puente, es decir, piensan que son la flor. Y mientras crean que son como la flor, deben morir, en verdad, y producir su semilla para que puedan volver a vivir una y otra vez, usualmente en el mismo cantero de tierra.

Mientras uses un puente para llegar a la Fuente, mientras practiques rituales, formas de ideales históricas denominadas dogmas, nunca alcanzarás la Fuente por completo. La Fuente siempre estará fuera de tu alcance, como lo ha estado para la humanidad desde el principio de su principio, a través del gran vórtice de la superstición, el odio y la amargura que los humanos han creado entre ellos mismos. Por eso el ser humano tuvo que encontrar puentes para conectarse con su divinidad.

Eso no es lo que yo enseño. Y aunque soy un profesor extravagante con gran decoro, un maravilloso movimiento y una verdad diferente, en lo más simple de mi verdad, yo soy Dios, y no necesito cruzar ningún puente para llegar a él. Esa es mi felicidad. Por eso yo sirvo a la Fuente. Por eso amo a la Fuente. Por eso entiendo a la Fuente, porque me entiendo a mí mismo.

Una persona puede mirar a la flor y encontrar la felicidad, porque deleita sus fosas nasales y la tienta con su exuberante color y forma. Puede que eso la haga feliz, porque le recuerda, en las partes más recónditas de su ser, el toque de creatividad en el que quizás participó. Pero luego recuerda que la flor fue creada por otro Dios, así que construye un puente hacia el Dios para felicitarlo por esa forma tan maravillosa. Y la felicidad se pierde. Eso es lo que sucede contigo y la manera en que vives.

Buscas la felicidad en diferentes formas, modos, símbolos; esa felicidad te proporciona un pequeño suplemento. Pero ¿qué estás tratando de hacer? ¿Por qué estás buscando lo que te hace feliz fuera de tu reino? Buscas a otros para que te hagan feliz, nunca lo harán. Buscas cosas que te hagan feliz, nunca lo harán. Mientras sigas buscando la felicidad en objetos que están fuera del principio más puro que tú eres, la encontrarás solamente en formas temporales y en momentos fugaces, en Ahoras que nunca parecen ser lo suficientemente largos.

¿Dónde encuentra el ser humano su felicidad? ¿Dónde encontrarás la tuya? No la encontrarás en los embrollos de tu amargura o tu confusión. La encontrarás cuando tú, en el más simple de tus pensamientos, te atrevas a contemplar que tú eres la Fuente original que provee todos los objetos inanimados, el pensamiento inanimado. Tú eres el que proyecta la felicidad, la aceptación y la creatividad sobre cualquier cosa en la que poses tu mano.

Entonces, ¿a quién tienes que encontrar y socorrer? ¿Qué es aquello que te dará una felicidad duradera, que no te causará dolor y no te traicionará? ¿La flor? La flor se marchitará y perecerá. Al servirte a ti mismo —al servirte a ti mismo y al revertir por completo tu pensamiento para amarte a ti mismo—, ahí se encuentra tu felicidad. Ese es tu Dios. Esa es la vida. Esa es la Fuente.

Una vez que has establecido la firmeza y la belleza de tu ser, es bastante simple obtener la felicidad en todas las otras cosas respecto a ti. ¿Cómo es que alguien que es firme en el movimiento de su maravilloso yo, que ama a su maravilloso yo, y está contento con su maravilloso yo, puede encontrar algún defecto en cualquier cosa fuera de su maravilloso yo, si el defecto no está dentro de él?

Regresar a la Fuente significa regresar a ti, dentro de ti, alrededor de ti, a través de ti, por ti. Ahí encontrarás la felicidad porque no te decepcionarás a ti mismo.

Si alguien desea darte una lección dolorosa o trata de traicionarte, permítele hacerlo, pero no seas presa de la emoción, porque no es el cuerpo al que quieren traicionar, sino a la emoción en ti. Una vez que lleven tu carácter de la felicidad a la tristeza, habrán ganado, ya que ¿no es esa la muerte máxima? ¿No es ese el máximo robo? ¿No es esa la máxima conquista, no de la vida, sino de la actitud?

Cuando eres feliz en tu interior y otros proyecten su pesimismo, no hagas caso de lo que hagan. Sé feliz a pesar de ellos y por ellos. Cuando se cansen, se darán cuenta. Mientras ellos se preocupan y llenan su rostro de arrugas como una ciruela pasa, tú conservas la dulzura de la juventud en tu semblante, y la alegría y exuberancia de la vida que está más allá de las palabras. Quizás entonces te miren a los ojos para descubrir la verdad y la felicidad. Puedes mirarlos y decirles: «Sé el Dios que eres».

En tu plano hay maravillosos refranes acerca de la felicidad, y me ha complacido mucho ver esto. La felicidad es muchas cosas, pero digamos lo que es la felicidad en su forma y esfera más puras. Si la felicidad es una flor, entonces la felicidad en su forma más grandiosa es quién creó a la flor, que es Dios, el dador de todo lo bueno. Cuando encuentras la felicidad, el amor siempre está allí. Cuando encuentras la felicidad, la paz se restaura. Cuando encuentras la felicidad, Dios es visto, y esa es la verdadera medida.

Yo soy Ramtha el Iluminado, servidor de Dios Todopoderoso, la Fuente, la primera causa, el elemento, la fuerza de vida, la exuberancia de la felicidad. Yo soy un servidor de Cristo, el único hijo puro y perfecto, la forma ideal singular concebible del Padre. A él sirvo y amo, porque él es la felicidad. Y para ustedes, mis ilustres hermanos que son tan hermosos, la felicidad es aprender acerca de ustedes. Que así sea.

Ustedes que son Dioses y Cristos, los hijos perfectos de una gran masa, tienen la capacidad de determinar por ustedes mismos cualquier cosa que deseen, lo que sea. Cuanto más crees a partir de aquello que se denomina tus opiniones de la vida, cualesquiera que sean, más grandiosos serán los experimentos de la alegría que ocurran dentro de tu ser.

Mientras más crees y descubras que tu potencial se vuelve cada vez más grandioso, y mientras menos te limites a ti mismo para que el potencial pueda manifestarse, más feliz serás, porque te estás acercando a tu propio saber interior, tu autoestima, tu confianza en la firmeza de tu propio ser perfecto. Eso produce gozo y felicidad porque Dios está en un estado perpetuo de alegría. No conoce otra manera de ser.

Esa felicidad no puede ser comprada. No puede negociarse. No puedes trabajar por ella. Debe llegar solamente al permitirte ser. Cuando te permites ser tú mismo, entonces habrás permitido que la alegría sea la emoción principal dentro de tu propia directiva perfecta, en verdad de tu propia vida. En la medida en que el gozo sea el mayor logro, también está acompañado del amor, porque son uno mismo. Son uno mismo. Te lo debes ganar al permitirte ser, en verdad.

Crea solo por el simple gozo de crear. Cuando creas por alegría, pronto descubres a tu propio ser perfecto viviendo por la alegría. Y cuando vivas por la alegría, entonces jamás harás nada en tu vida que inhiba el flujo del gozo o la felicidad. Nunca la venderás, nunca trabajarás por ella y nunca podrás comprarla.

Al llevar el gozo a una alineación perfecta dentro de tu hermosa existencia, mi amado hermano, has permitido que surjan los tesoros de un cielo más grandioso, porque cuando fallezcas y te vayas de este plano, los tesoros que habrás obtenido no serán de los reinos construidos a partir de la materia tridimensional para ser sostenidos por formas tridimensionales. Construirás la forma según la forma de la alegría, que construirá, en sí misma, un enriquecimiento en tu totalidad que será tu tesoro en aquello que se llama los cielos por venir. Entonces ese gozo tiene solidez en su forma de acuerdo con la vibración de cualquier plano con el que te alinees. Y cuando fallezcas y te vayas de este plano, ese gozo te estará esperando para darte una mayor capacidad y ventaja para crear allí de una forma y medida más grandiosa lo que has creado aquí. ¿Y con qué propósito? Para obtener alegría de ello.

Nunca siembres nada a menos que lo siembres por el gozo que te produce. Nunca trabajes por nada a menos que trabajes por el gozo que te produce. Y nunca compres nada a menos que lo hayas comprado porque te produce gozo. Cuando lo haces con alegría en tu corazón y en tu mente, no es lo que has comprado, por lo que has trabajado o lo que has sembrado, sino la gratificación emocional asegurada a partir de ese único movimiento efectivo lo que se suma a la totalidad que te proporcionará la esencia de vidas más grandiosas por venir.

Ahora, cada paso en esta maestría divina de procurar alegría, te acerca cada vez más a la alineación perfecta que ocurrió una vez hace milenios cuando el hijo nació del Padre perfecto y el hijo creó a partir de su amado Padre todo lo que podía crear colectivamente dentro de su visión perfecta.

Cada vez que obtienes gozo mediante cualquier acto, te acercas cada vez más a la totalidad de tu propia visión perfecta, en verdad, a la totalidad de tu ser: *Yo Soy Dios*.

Los tesoros más auténticos del mundo por venir no son los de la materia tridimensional. Son la felicidad, la desesperación o el dolor que se han ganado a partir de la materia. Por eso la felicidad y el gozo, mis amados hermanos, son emociones que encuentran el amor, y el amor te conduce inmediatamente a tu amado Padre. El sendero no es estrecho. Abarca todo lo que existe. Por eso nunca puedes desviarte de él —jamás— y regresarás directamente a tu amado Padre como un ilustre rey, un legislador, en verdad, como un Príncipe de la Paz, el heraldo de la vida.

¿Cómo obtienes la maestría de la vida? No es mediante la abstinencia. No es mediante la pobreza. No es mediante el dolor piadoso. Es, en verdad, mediante el gozo jubiloso, ya sea que ese gozo te lleve a convertirte en un mendigo o en un rey. Sea lo que sea, el gozo obtenido de esto es la maestría de la vida, permitir que la vida se convierta en pura felicidad para ti.

Cuando empieces a darte cuenta de que *Yo Soy Dios* es aquello que se llama tu propia totalidad, la alegría perfecta dentro de ti, de que tú eres el dador de todo lo que deseas y quieres, la felicidad puede ser alcanzada.

En este plano, la consciencia de aquí está más dispuesta a aceptar el miedo, más dispuesta a enardecerse con el dolor, la muerte, el chisme, la guerra, los celos. Están sintonizados con esa consciencia aceptada que produce en sus vidas una exaltación, anticipación y excitación intensificadas. Y si no tienen un poco de eso cada día, les da un trauma que les causa una inmensa depresión. Ni siquiera saben lo que es la felicidad. Nunca se han atrevido a permitir que su pensamiento la contemple, nunca se han atrevido a permitir que su vida se entrelace con ella.

¿Cómo te vuelves feliz y vas más allá de esto? Al contemplar que sí existe ese modo de existencia, al contemplar que sí existe una realidad de alegría.

¿Sabías que en cada momento tu vida no tiene límites, no tiene altura ni profundidad, que simplemente es y está esperando a que tu diseño único la altere? Y,

119

sin embargo, inevitablemente, eliges preocuparte, cavilar, sentirte inseguro, insignificante, no querido, no bello, no deseado y no amado a cada momento. El mismo poder y la misma ley aplicados en el momento tienen también la capacidad inalienable de volverte feliz, alegre, apacible, jubiloso, gozoso, extenso, expansivo, ser la risa total, encantador, la belleza ahora mismo. Pero este plano decide pensar de la otra manera.

¿Qué necesitas saber para hacerte feliz? Que no hay nada en este plano por lo que valga la pena no ser feliz, porque cada momento de tu vida te da la oportunidad de expresar la felicidad, y tú has decidido no hacerlo.

Lo que te puede hacer feliz es solamente tu actitud hacia eso. Por eso, si no tienes nada por lo cual ser feliz, quizás deberías observarte. Eso es suficiente para hacerte feliz. Y no le preguntes a nadie lo que piensa. ¿Qué sabría esa persona de la felicidad, si toda su vida está gobernada por las mismas cosas que han plagado la tuya?

Tú eres razón suficiente para ser feliz. Tú provees el diseño de la felicidad. Tú provees el diseño de la alegría, de la satisfacción, del placer.

El miedo es un amplificador del pensamiento
y te traerá cualquier cosa que temas.
El miedo es el amplificador de la acción del pensamiento.
Cualquier cosa que temas, el miedo la atrae hacia ti multiplicada por mil.
Por eso debes aprender a no tenerle miedo a nada,
porque no hay nada que valga el precio del miedo.

— Ramtha

Capítulo Diez
No Le Tengas Miedo A Nada

El miedo es una ilusión. Es un engaño creado por las mentes más astutas —la tuya— que te hace creer que hay algo terriblemente atemorizante en este lugar, y que uno debería esconderse todo el tiempo tras puertas cerradas y nunca participar en la vida para que no lo maten. ¿Qué es eso?

El miedo es una ilusión. El ser humano tiene miedo. Dios está por encima de él. Dios tiene dominio sobre el miedo y todo lo desconocido porque él es lo desconocido. Simplemente tienes que elevarte por encima de tu miedo y lidiar con él como un conquistador. Solo entonces podrás librarte de él, solo entonces.

La base de todo miedo ilusorio es la muerte, porque en todas tus vidas, durante eones según el cómputo de tiempo de la memoria de tu alma, si no hacías ciertas cosas, morirías. Si no creías de cierta manera, morirías. Si no hacías esto, morirías, o tus hijos morirían, o llegaría la peste y morirías.

Las religiones enseñaban, en cierto aspecto, que el ser humano, una vez que perecía, estaba muerto y enterrado y ahí se acababa todo, de modo que el miedo se convirtió en la muerte. El miedo realmente nació de la muerte. Pero cuando llega la iluminación y los siete planos se fusionan dentro de uno y pueden verse así entidades de otros planos —o de otro entendimiento— que te dicen y razonan contigo que no hay nada que temer, ¿entonces quién podría dominarte si ya no le tienes miedo a la muerte?

Bueno, la muerte no es nada. En el reino de los cielos, nada muere jamás —jamás—, ya que ¿cómo puede morir un pensamiento alguna vez? Siempre está vivo y sano porque es la premisa que engendra al siguiente pensamiento, y al siguiente, y al siguiente, y al siguiente. De modo que nada muere jamás. Ni siquiera el cuerpo muere. Cambia de forma, pero ¿adónde se va la forma? Regresa al pensamiento. El cuerpo siempre se regenera a través de aquello que se llama el estilo genético de la humanidad. El varón, en sus órganos reproductores, sostiene el intrincado patrón de su hermoso ser —su clon, por así decirlo—, y así transmite su genética. Y en la mujer sucede lo mismo con su delicado óvulo. Pero nada se pierde jamás.

Para superar tus miedos tienes que enfrentarlos, porque no puedes esconder un miedo en ningún lado. Si piensas que está detrás de ti, y estás lanzando el ataque de tu más gloriosa conquista, en el momento en que estás a punto de recibir tu corona y estandarte, llegará el miedo detrás de ti y te embestirá.

Cuando uno se da cuenta de que la muerte es un enigma ilusorio y puede entender que eso es lo único que es, y puede vivir a pesar de eso, habrá conquistado la base del miedo. Entonces, ¿qué puede ser la vida sin miedo? Bueno, es realmente un interludio feliz.

Para aquellos que vienen a esta audiencia a aprender, yo simplemente manifiesto sus miedos, para que los miren, lidien con ellos y los superen. La raíz del miedo es que se acaben las relaciones, que se acabe el trabajo, que se acabe el oro. Cualquier cosa que signifique la muerte o morir de algo, no significa nada, porque ellos mismos lo han creado.

Inmediatamente gritan horrorizados, tiemblan en su interior y tienen miedo incluso de subirse a su automóvil. Pero su miedo se manifestará a pesar de ello. Y cuando lo llevemos a su puerta, por así decirlo, les daré la fuerza para abrir la puerta y que vean que no es nada, y les enseñaré a manifestar un reino sin miedo.

¿Cómo te deshaces del miedo en tu vida? Al hacer que se manifiesten todas las cosas que temes. No es sobrecogedor; hay una buena razón para ello. Si el miedo puede manifestase a sí mismo, se convierte en un saber interior. Lo que tememos es lo desconocido, nunca tememos lo conocido. Voy a manifestar todos tus miedos para ti. Entonces podrás ver lo que son y nunca más les temerás porque ahora serán conocidos. Ahora tendrás dominio sobre ellos.

La ciencia de nuestro destino es realmente la ciencia de nuestro pensamiento. Cualquier cosa que contemplemos, incluso lo inusitado de nuestros pensamientos contemplativos, sucederá, porque lo inusitado de lo que pensamos se emite con emoción, y esa emoción sucederá en nuestro ser, siempre. No solo se manifiestan los buenos pensamientos, sino también los negativos, los sobrecogedores.

El miedo es un amplificador del pensamiento y te traerá cualquier cosa que temas. El miedo es el amplificador de la acción del pensamiento. Cualquier cosa que temas, el miedo la atrae hacia ti multiplicada por mil. Por eso debes aprender a no tenerle miedo a nada, porque no hay nada que valga el precio del miedo.

Si deseas perfeccionarte a ti mismo, debes entender que, verdaderamente, el refinamiento más grandioso debería ocurrir en tus pensamientos. Si tienes un pensamiento, toma ese pensamiento y proyéctalo desde el Señor Dios de tu ser hacia el Padre. Cualquier cosa que va hacia el Padre encuentra allí su perfección, y serás despojado de ella. No estará en tu vida venidera.

Todos aquí algún día se darán cuenta de que el pensamiento es el destino supremo. Es el creador supremo, la vida suprema, lo más simple de lo que Dios es.

Desafortunadamente, el ser humano lo ha pasado por alto desde un principio, y siempre se ha preguntado si hay algo allá afuera a lo que ha hecho enojar y que haya causado las cosas espantosas que le ocurren a él. El propio ser humano es el creador de sus mañanas.

Cualquier acto que hayas temido no es tan sobrecogedor como el pensamiento. El pensamiento es más terrible que el acto porque nunca se puede predecir cuándo va a ocurrir el pensamiento.

Y el tiempo entre el pensamiento y la acción se denomina el infierno.

¿Cómo eliminas el miedo? La respuesta es simple. Lo que para ti será difícil es recibirla y aceptarla porque estás programado para tener miedo.

¿Cómo eliminas el miedo? Al razonar contigo mismo, en tu alma, que no hay nada que temer, pues ¿acaso vas a morir alguna vez? Nunca morirás. Has vivido milenios. Vivirás por milenios.

El cuerpo ha sido programado para morir porque lo ha aceptado mediante el Señor de tu ser, el alma de tu ser, porque la consciencia estándar de tu plano nace solamente para morir —nacer solo para morir—, cada día te haces más viejo en lugar de ser más joven. No sabes cómo vivir en el momento. Vives continuamente en el pasado o en el futuro, pero nunca en el momento. Si aprendieras a vivir en el momento, no existirían ni el futuro ni el pasado. Solo existiría el continuo Ahora, que es el Dios continuo reconocido.

¿Cómo eliminas el miedo? No hay nada que temer, nada. El Padre, en su ser infinito —incluso a través de su amado hijo—, jamás ha creado nada en su providencia, en su ser, en su yo personificado, para eliminar la vida, porque si lo hiciera se eliminaría a sí mismo. Y él no ha impuesto semejante designio en su ser —ni tampoco su hijo— sobre todo lo que ha hecho. Por eso vivirás para siempre.

Háblale a tu alma con dulzura, y haz que reconozca solamente el bien. Dile a tu alma, la grabadora suprema de todas las cosas, que nunca reconozca el miedo —tu mandato directo—, y el alma nunca reconocerá el miedo. Entonces nunca tendrás miedo en tu ser. Dile a tu alma que nunca reconozca el envejecimiento, y nunca lo hará. Dile a tu alma que reconozca la vida, y la reconocerá fervientemente.

Tan fácilmente como el alma es susceptible a la programación del pensamiento contemplativo que le proporciona el ego alterado, el alma escuchará al ser completo que le habla, y el alma, entidad, acatará la ley. ¿Y quién promulga la ley? Tú, el Cristo de tu ser, el legislador supremo, el creador de la ley, el dispensador de la ley, y el alma lo lleva a cabo. Cuando le hablas a tu alma, te hablas a ti mismo. Es una fuerza poderosa e impresionante. Si aprendes sus secretos simplemente como yo te lo he enseñado, aprenderás a dirigir tu vida hacia la vida perpetua, la felicidad perpetua, sin tener que reconocer jamás el miedo al fracaso o la crítica. Y eso es una verdad.

¿Cómo eliminas el miedo? No hay nada que temer, nada.
El Padre, en su ser infinito
—incluso a través de su amado hijo—,
jamás ha creado nada en su providencia,
en su ser, en su yo personificado,
para eliminar la vida,
porque si lo hiciera se eliminaría a sí mismo.
Y él no ha impuesto semejante designio en su ser
—ni tampoco su hijo— sobre todo lo que ha hecho.
Por eso vivirás para siempre.

Cuando se elimine el miedo
—y muy pronto lo comprobarán tus científicos—
y todos sepan que el cuerpo puede vivir eternamente,
sabrán que lo que lo hace envejecer, enfermarse y morir
son los procesos de pensamiento aceptados.
Cuando muy pronto todos sepan que son eternos,
incluso si el cuerpo muere,
¿a qué le tendrán miedo? A nada.
Y con ese mismo entendimiento
ya no habrá más ovejas que los pastores tengan que cuidar
porque todos se convertirán en pastores —humildes, por así decirlo—,
pues ¿quién ha de gobernar a un señor más que sí mismo?
¿De qué sirve la guerra si nadie le tiene miedo a nada?
¿Qué se logra con ello?
Cuando todos sean iguales,
no habrá nadie que adore a los poderosos.

— Ramtha

La verdad que te he dicho es una verdad muy simple, muy práctica. No es ningún misterio intelectual. Está abierta para que cualquiera la vea porque Dios no ha ocultado sus misterios ni siquiera a la persona más simple de la calle. Mientras más simple la veas, más grandiosa se volverá. No la compliques. Déjala ser. Sabe que eres un Dios eterno, porque eso se ha asegurado desde el principio de los principios.

La profecía del Armagedón

El Armagedón, por así decirlo, es una profecía repleta de ira. El miedo fue la base y la razón de esa profecía.

Debes entender que tu sociedad está motivada por el miedo. Ese es el *modus operandi* de tu sociedad. Ese es su nivel consciente básico. Yo te digo que la consciencia aquí está siendo cambiada. Y te explicaré la consciencia en un momento, cómo funciona y por qué eres parte de ella.

Todos viven como si el mañana no existiera. Viven con tanta prisa, lo idolatran con tanta prisa, y se sienten tan inseguros porque ha habido adivinos y videntes que han profetizado la fatalidad para el final de estos tiempos. Todos se sienten inseguros con respecto a su mañana y todos quieren agarrarse de una parte del reino material antes de que se acabe y se termine, porque nunca podrán tenerlo nuevamente. Esa es una verdad.

Hay muchos que se preguntan por qué nacieron siquiera, por qué no nacieron en algún otro tiempo, por qué tienen que formar parte del fango y las tinieblas y de las catástrofes que están en un equilibrio inminente a punto de ocurrir. Todos los afectados son conscientes de esto en su consciencia, que es la totalidad de su subconsciencia, porque cada día en tu tiempo el miedo es el mejor vendedor del mercado.

Todas las religiones de tu mundo profetizan la fatalidad. Profetizan el fin. Profetizan la separación entre Dios y el ser humano, el humano que es imperfecto y no logra nunca la perfección. Si el ser humano escucha esto cuando es un niño, será impulsado por ese ideal, luchando arduamente por la protección, luchando arduamente por la vida, luchando arduamente por llegar a realizarse en el tiempo que le queda. Todos en este plano creen en eso.

Te diré, amado mío, que aquellos que profetizaron la fatalidad en este plano no predijeron que sucedería durante su vida para que nadie dijera que no ocurrió —y también para no ser parte de eso—, porque despreciaban a la humanidad en su ser, ya que se despreciaban a sí mismos. Pero este plano nunca acabará. Nunca acabará. No hay batalla que se libre en lo físico que no haya sido declarada primero en lo

127

mental.

La consciencia está cambiando. Ya se está infiltrando. Ya se está convirtiendo en parte de tu totalidad en este plano. El mundo, bella y suavemente, se irá directamente al siguiente tiempo, y no se hará pedazos ni explotará. No temblará. No se convertirá en sangre. Ninguna bomba lo va a hacer explotar porque la consciencia que alimenta a los tiranos se está alargando, no se está limitando.

Hay una esfera de luz a tu alrededor. Se llama campo áurico. Es la Fuente, por así decirlo, que recoge el pensamiento. Estás conectado con el río de pensamiento que está en todos lados. La consciencia está por todos lados. Si pudieras ver la consciencia cuando estás en una ciudad, verías una especie de tazón sobre la ciudad. Envuelve a la ciudad como una nube. Cuando las personas van a una ciudad, sus luces automáticamente se sintonizan con la consciencia del pensamiento colectivo que se acepta dentro de la ciudad, y pronto empiezan a cambiar y se preguntan por qué. Forman parte del pensamiento limitado.

Hay un equilibrio en tu universo. Los semejantes se atraen. Así es como los grandes Dioses —tú eres uno de ellos— manifestaban equilibradamente. La ciencia era que la amplificación de su estrato áurico atraía hacia ellos todo lo necesario para que la manifestación ocurriera. Cuando la consciencia se eleve, se alargue, atraerá hacia sí una consciencia más grandiosa, más y más grandiosa, y todos los que estén en sintonía con la consciencia se volverán cada vez más grandiosos.

El pensamiento se está alargando, se está elevando. Se aproxima una penetración proveniente, en verdad, del interior de la Tierra, de la superficie de la Tierra y de más allá de la Tierra, desde la galaxia entera. Y muy pronto, nadie pensará en el amor apasionado por otros seres, sino en el amor lleno de humildad por otros seres, el amor más auténtico que existe. Es el amor más auténtico que existe. Tú formas parte de este plano, eres parte de esta consciencia. También vas a empezar a sentir el cambio.

El miedo ha sido lo que ha dividido a la igualdad. Ha sido lo que les ha dado su gobierno a dictadores, tiranos, señores y reyes, y ha sido lo que ha mantenido a los gobernados por debajo de ellos. Mantienen vivo al miedo mediante las amenazas de guerra. Mantienen vivo al miedo al elevarse por encima de los demás. Mantienen vivo al miedo usando fármacos como medicina, en vez de identificar el remedio en el punto clave de la actitud existente. Cuando se elimina el miedo, ¿quién le tiene miedo a qué?

Te diré cuál es la base del miedo: la muerte. Esa es la base pura del miedo porque es algo desconocido que extiende su brazo por completo hasta el ego. Incluso la muerte del ego alterado, la muerte del orgullo, es temida.

Cuando se elimine el miedo y todos sepan —y muy pronto lo comprobarán tus científicos— que el cuerpo puede vivir eternamente, sabrán que lo que lo hace envejecer, enfermarse y morir son los procesos de pensamiento aceptados. Cuando muy pronto todos sepan que son eternos, incluso si el cuerpo muere, ¿a qué le tendrán miedo? A nada. Y con ese mismo entendimiento ya no habrá más ovejas que los pastores tengan que cuidar porque todos se convertirán en pastores —humildes, por así decirlo—, pues ¿quién ha de gobernar a un señor mas que sí mismo? ¿De qué sirve la guerra si nadie le tiene miedo a nada? ¿Qué se logra con ello? Cuando todos sean iguales, no habrá nadie que adore a los poderosos.

Muy pronto en tu tiempo habrá una gran asamblea en este plano donde se reunirán conmigo otros jefes supremos que vendrán de un lugar distante. Nos reuniremos y exhibiremos nuestro poder para que todos lo vean. He resucitado animales que estaban muertos y los he devuelto a la vida, algo asombroso. Puedo resucitar al ser humano; cualquiera puede hacerlo. Y cuando esto se demuestre, ¿quién en tu plano se esforzará por ser más grande que los demás? Nadie. Y los que hagan esa demostración le mostrarán a todo el mundo cómo hacerlo con igualdad.

El reinado del gobierno, lo que se llama el gobierno republicano en el tiempo presente, volverá a ser una república más refinada que a la larga volverá a gobernarse a sí misma. Ya no habrá lugar para reyes, dictadores o tiranos. Y eso está por venir, entidad.

El mundo ha estado gobernado por las profecías de la fatalidad desde hace mucho tiempo, y fueron creadas para regir sobre la soberanía de los humildes. No se cumplirán nunca jamás. Aquellos que traen tales profecías y miedo por escrito a la gente, estarán en manos de su propio miedo y de su propia profecía, porque cualquier cosa que digan construye su reino. Cualquier palabra que pronuncien es su reino, y todo se les devolverá.

CAPÍTULO ONCE
RENUNCIA A LA CULPA,
CONVIÉRTETE EN UN SER SIN LEY

No hay carcelero en el reino de Dios.
No hay nadie, entidad que te linche en su reino.
No hay nadie que te torture.
Si Dios es amor,
él es explícitamente eso
y nada menos.

— *Ramtha*

No hay ningún torturador en el Reino de Dios

Ramtha: Querida mujer que montas en ruedas de plata, ¿qué dices tú?

Estudiante: Yo amo a Dios, pero tengo miedo a morir.

Ramtha: ¿Por qué?

Estudiante: No lo sé. No puedo llegar al fondo de esto. Lo he pensado y pensado una y otra vez.

Ramtha: ¿Crees en el infierno?

Estudiante: Sí, por supuesto.

Ramtha: Por eso no quieres morir, porque sientes que es ahí a dónde vas a ir.

Estudiante: Oh, bueno... yo no creo que vaya a ir ahí. No creo que Dios me deje ir, porque yo le he pedido perdón por todo el mal que he hecho.

Ramtha: ¡Mi querida, querida mujer! ¿Crees que el Padre siente menos amor por ti que el que tú sientes por tus propios hijos?

Estudiante: No. Bueno, a veces siento que él no me ama. Siento que quizás no esté perdonada, pero aun así, yo sé que lo estoy.

Ramtha: ¿Qué has hecho tú que sea tan malo?

Estudiante: Bueno... varias cosas.

Ramtha: Y esas cosas, ¿te han impedido vivir?

Estudiante: No, yo he intentado vivir y quiero vivir, quiero vivir correctamente.

Ramtha: ¿Y eso qué quiere decir?

Estudiante: Eso quiere decir que el diablo no me va a atrapar. Bueno, dime tú qué es, por favor.

Ramtha: ¿Acaso me creerías si te lo dijera?

Estudiante: Sí.

Ramtha: ¿Y si yo te dijera que no hay infierno?

Estudiante: Pero, sin embargo, a mí me han enseñado que sí hay un infierno.

Ramtha: Pero yo te estoy enseñando que no lo hay. ¿Me lo creerías tan firmemente como has creído que sí hay un infierno?

Estudiante: Bueno, te lo creo.

Ramtha: Entonces, acéptalo, porque no lo hay. Escúchame. Muchos creen en el infierno. El infierno es un término que se usaba en el reino de Judea para describir una tumba abierta y poco profunda. Eso es lo único que el término significaba al traducirlo, hasta que, en traducciones posteriores, los predicadores y los sacerdotes determinaron que era un lugar de tormento.

Estudiante: Bueno, pero yo leo mi Biblia regularmente, y pone mucho énfasis en el infierno.

Ramtha: ¿Quién escribió la Biblia?

Estudiante: Diferentes personas.

Ramtha: ¿Y quiénes eran? ¿Eran hombres?

Estudiante: No lo sé.

Ramtha: Sí lo eran. Yo fui a las profundidades de tu mundo, hasta su centro, para encontrar un lago ardiente de fuego, y no estaba ahí. Fui a los confines más lejanos de tu universo en busca del infierno y tampoco lo hallé. Y busqué en los mismos lugares a Lucifer y no lo pude encontrar en ninguna parte. Y cuando volví, lo encontré en los corazones de aquellos que creían en él y en el infierno. Pero tal lugar no existe.

Estudiante: Bueno, me alegro de que lo creas así.

Ramtha: Yo sé que es así.

Estudiante: ¿Sabes? No puede ser que Dios nos quiera tanto y después por la mínima cosa que hiciéramos nos enviara al infierno para vivir en el fuego eterno.

Ramtha: Eso es precisamente correcto. ¿Me vas a hacer caso? El Padre no ha creado tal lugar para atormentar a nadie, porque ¿acaso no fueron ustedes creados por Dios?

Estudiante: Sí.

Ramtha: Entonces, ya que fueron creados por Dios, ¿no llevan a Dios dentro de ustedes?

Estudiante: Yo tengo a Dios dentro de mí. Yo amo a Dios.

Ramtha: Pero ¿no eres tú parte de Dios?

Estudiante: ¿Lo soy?

Ramtha: Por supuesto.

Estudiante: Bueno, eso significa mucho para mí.

Ramtha: Mi querida mujer, puesto que Dios lo es todo, ¿de qué crees que te haría sino de sí mismo? Tú eres Dios. Entonces, ¿por qué iba él a echarse en un agujero y no amarse a sí mismo por haber hecho algo malo que él mismo inventó? Él no lo haría.

Te voy a decir algo: el ser humano ha creado un Dios para poder controlar a sus hermanos. Las religiones fueron creadas para controlar a los pueblos y a las naciones cuando fallaban los ejércitos, y el miedo era la herramienta que los mantenía a raya. Si le robas la divinidad a cualquier ser humano, si le arrebatas a Dios, entonces el ser humano se vuelve temeroso y todo le da miedo, incluso la muerte.

Dios no ha creado un infierno o un demonio, él no ha creado ninguna de estas cosas. Estas son creaciones del hombre para atormentar a sus hermanos. He aquí una gran verdad. El Padre siempre te amará.

Estudiante: Dios nos ama a todos, yo sé que lo hace.

Ramtha: Verdaderamente mujer, verdaderamente, porque él es todos nosotros. ¿Y qué pasó con todo el mal que hemos hecho? Mi querida y maravillosa mujer, tú no has hecho nada malo. Nada.

Estudiante: Vaya, gracias.

Ramtha: La vida no ha cambiado a causa de nada que hayas hecho; se ha enaltecido por ello.

Ahora bien, deseo que entiendas esto entidad: tu religión y tus creencias han causado la aniquilación de civilizaciones durante siglos. Los mayas y los aztecas fueron asesinados y destruidos por las leyes de la Iglesia porque ellos no creían en lo que la Iglesia creía. Todas las guerras santas durante la Edad Media se lucharon por creencias religiosas y sus conquistas.

Y en un lugar llamado Francia, en la época culminante de las guerras santas, los bebés eran arrancados de los brazos de sus madres porque ellas no creían en la Iglesia. A las mujeres les quemaban los ojos con hierros al rojo vivo y marcaban sus pechos, la sangre corría por las calles; todo por una creencia.

Luego los protestantes tomaron lo que se llama el fuego del infierno, la condenación eterna y el diablo, y mantuvieron íntegras sus congregaciones al infundir miedo en los corazones de sus pequeños diciéndoles que si no hacían ciertas cosas y si no se comportaban de acuerdo con las normas y reglamentos de la Iglesia, arderían para siempre en el infierno.

Estudiante: Así es más o menos como me educaron a mí.

Ramtha: Mi querida mujer, creciste en una atrocidad. ¿Nunca te preguntaste acaso qué fue de aquellos que vivieron antes de la Biblia?

Estudiante: No. Yo simplemente creía que a lo mejor el infierno los destruyó... ¡Oh! Lo siento.

Ramtha: No lo sientas en absoluto. Ese es el producto de la creencia. Ahora, aquí estás, una mujer anciana, sin ánimos ni juventud, y preocupada por la muerte. Y todas las enseñanzas siniestras con las que te han programado durante siglos, de repente te plantean: «¿Hay un infierno? ¿Voy a ir allí? ¿Me he portado tan mal?».

Déjame decirte que no irás al infierno porque no existe un lugar así. Al instante de dejar tu cuerpo vas a vivir otra vez. Estarás por encima de él, y serás una entidad de luz pura otra vez. Y cuando invoques el reino de los cielos, vendrán grandes maestros y te llevarán a un lugar de mayor aprendizaje, donde podrás ver por ti misma que lo que te digo es una gran verdad.

Dios, el esplendor que él mismo es, no ha creado ningún lugar para castigar a nadie porque él ha vivido tanto tiempo como ha existido el pensamiento. Y el pensamiento creó la gran luz, y esta seguirá hasta la eternidad.

Yeshúa ben José, a quien tú llamas Jesús de Nazaret, fue un gran Dios al igual que lo eres tú. Él nunca dijo en sus enseñanzas que fuera el único hijo de Dios.

Estudiante: ¿Tú crees que Jesús era el hijo de Dios?

Ramtha: No el hijo de Dios, sino uno de los hijos de Dios. Yo no lo creo, lo sé. Así como tú eres hija de Dios.

Estudiante: Pero a mí nunca me enseñaron eso.

Ramtha: No, querida mujer, pero él era tu hermano, no tu salvador. Él les enseñó a todos: «Lo que yo he hecho todos pueden hacerlo porque el Padre y ustedes son uno. Tu reino no es de este mundo, el reino de los cielos está dentro de ti». Y él no habló del infierno, entidad. Él habló de la vida y su belleza.

Ama al ser que eres, al Dios que tú eres, y deja de leer tu libro insidioso. Acepta que el Padre vive dentro de ti, y que vivirás para siempre, porque así será. Simplemente es así. Y, además, ¿qué haría el diablo contigo una vez te tuviera?

Estudiante: No quiero ni saberlo, gracias.

Ramtha: Oh, mi querida mujer, ¿qué clase de Padre crearía una entidad así, ese lugar y ese tormento, y te haría a ti tan impotente frente a todos ellos? Ese no es el Dios de mi ser, ni siquiera lo reconozco. Yo solo reconozco la vida, la causa suprema.

Dios es todas las cosas, porque si hubiera algo que no fuera Dios deberías preguntarte quién creó eso. Todas las cosas son el Padre, porque todas las cosas son la vida. Y el Padre solo conoce el amor. Él nunca te ha juzgado ni a ti ni a nadie, nunca. Él no tiene la capacidad de alterarse a sí mismo y convertirse en algo menos que el amor o la vida, pues si lo hiciera, la vida, tal y como la conoces, en un instante dejaría de existir para todas las cosas.

Estudiante: Bueno, Dios es amor. Yo ya lo sabía.

Ramtha: ¿Y es odio?

Estudiante: No, no creo que lo sea.

Ramtha: ¿Quién es odio?

Estudiante: Pues ese será alguien malo, si es que lo hay.

Ramtha: No lo hay.

Estudiante: Bueno, ¿cómo se nos castiga entonces?

Ramtha: ¿Qué necesidad hay de castigarte, mujer, si te lo has estado haciendo a ti misma en todas tus vidas? ¿Quién determina cómo debe vivir uno en su vida? ¿Qué es la perfección? ¿Por qué hay tanta gente diferente? ¿Todos han de vivir de la misma manera? No. ¿Y quién determina lo que está bien y lo que está mal? Ni siquiera Dios determina eso porque él es ambas cosas: el bien y el mal. Sin embargo, no se altera a sí mismo para determinarlo, entidad. Él lo es todo.

Creer que estabas equivocada te ha causado vivir en tu propio infierno toda tu vida. Creer que ibas a ser castigada ha hecho que te preocupes demasiado y que te enfermes. Esa ha sido tu suerte y la has creado tú.

No hay carcelero en el reino de Dios. No hay nadie, entidad, que te linche en su reino. No hay nadie que te torture. Si Dios es amor, él es explícitamente eso y nada menos.

Estudiante: Cuando se te ha enseñado durante tanto tiempo que hay un demonio, ¿cómo se puede sentir que no existe?

Ramtha: ¿Sabes cómo? Sabiendo que no lo hay, de la misma manera que aprendiste que lo había.

Estudiante: Está bien, gracias.

Ramtha: Ámate, y encuentra al Padre dentro de ti. Ten paz contigo misma, mujer, porque cuando dejes este plano, volverás a vivir brillantemente.

Estudiante: Amén.

Ramtha: Que así sea.

Solo el ser humano

Solo el ser humano podría crear a un Dios que no se ríe, juzgador, amargado, que favorece a un pueblo y no al otro. Toda esta historia, que desafortunadamente fue escrita y registrada por lunáticos, y que desafortunadamente fue venerada por aquellos que no sabían nada más, ha establecido el *statu quo* de que Dios, la maravillosa causa superlativa, ha sido una entidad vengativa, malévola, odiosa y belicosa. Y en verdad lo ha sido porque así lo han creído. ¿Y quién es Dios, en esencia? Lo son ellos mismos.

Ese no es mi Dios. Fui lo suficiente de esa manera para aprender lo que es mi Dios. Por eso, el Dios que yo propongo es la razón pura, el entendimiento puro, la simplicidad de una alegría total que se puede reducir a tu conocimiento científico hasta la materia bruta de la coexistencia, y todo esto es cierto.

Las órdenes religiosas de todo tu mundo han jugado un papel muy importante en la esclavitud de la gente para regresar a este plano. El segundo plano de existencia es aceptar que Dios, el Padre, es una entidad singular que ha juzgado al mundo y tuvo solamente un único hijo perfecto —lo cual sugiere que todos los demás son los engendros bastardos del universo— y que, para aceptar el amor de este Padre divino, los demás deben asumir que son totalmente imperfectos y aceptar a su maestro, este hijo perfecto. Estas enseñanzas, a pesar de ser tan erróneas, convencieron a muchos de que cuando murieran permanecerían muertos hasta que aquello que se llama el Cristo regresara por ellos.

En el segundo plano, un plano como este, ¿sabes qué hay allí? Gente muerta. Sus maravillosos Espíritus yacen en un estado catatónico porque creen y saben que están muertos, esperando el retorno de Cristo, esperando su resurrección. ¿Sabes cuántos han sido quemados y han muerto por eso?

Visualiza, entidad, una llanura más grande que la llanura de Sarón. Allí ves cuerpos de luz completamente dormidos. Están suspendidos a un metro de distancia por encima de la llanura, con simples pasillos en medio, acostados en filas que se extienden tan lejos como llega la vista, tan a lo ancho como el ojo puede percibirlo. Están acostados allí en un sueño de muerte porque eso es lo que creen. Ellos dictan la ley, por lo tanto, duermen durante siglos. Hemos tratado de despertarlos a otra consciencia y se rehúsan a despertar. Están atrapados en un terrible vacío. Y aquellos que logran despertar, ¿adónde podrían ir? El único lugar del que son conscientes es este. Por eso regresan aquí para desentrañar esa creencia, para volverse más fuertes y así poder seguir adelante.

Esa es la atrocidad de las órdenes religiosas que nos han separado de nuestro amado Padre y de su providencia. Esa es la enseñanza equivocada de un Dios que está gobernado por el ser humano para reinar sobre sus hermanos y atormentarlos mediante una criatura malvada que han creado en su alma.

Es una atrocidad abominable, entidad, que las organizaciones que han separado al ser humano del Dios que él es, que lo han hecho sentir que es un bastardo del universo, que lo han hecho sentir culpable, hayan sometido al mundo.

La verdad suprema de mis enseñanzas te libera poco a poco de la esclavitud de la muerte porque es ahí donde yace la hipocresía de la religión. ¿Alguna vez has visto a algún hombre devoto que ascienda de la muerte?

Yo amo a toda la gente, hasta a los hipócritas y a los sacerdotes, pero se acerca la hora de su demostración, entidad, y fracasarán totalmente en su empresa. Tú no les importas, entidad. No te aman. ¿Acaso saben quién y qué eres? ¿Acaso aman lo que eres? No, no te aman. Son incapaces de hacerlo. Están demasiado ocupados esclavizando a los demás. No pueden prestarte atención a ti en particular.

Su hora está por llegar. Dirán que soy Lucifer y Satanás, que engaño a la gente. ¿Y por qué habrían de llamarme así? Porque yo los amo directamente. Yo hago lo que ellos llaman milagros para la humanidad, que es divina. Te diré una gran verdad. La gran Iglesia, que es la gran prostituta, ni siquiera cree en Yeshúa ben José. Creen que es un mito. Eso es verdad.

Yo me doy cuenta de que es desalentador para algunos de ustedes que han apoyado en gran manera el dogma religioso, ver cómo se hace añicos al saber que no tiene ninguna importancia. Si aplicas el razonamiento puro a cualquier ley hereje, entidad, descubrirás fácilmente que la razón pura, el Dios puro, el conocimiento puro la deja sin escapatoria. Ni siquiera puede justificarse a sí misma.

¿Quién es más importante? ¿El Dios que tú eres, o esta ridícula ley que es malévola, odiosa, vengativa y esclavizante? Piénsalo, entidad. Piénsalo desde el fondo de tu ser y razona todo esto de manera que se pueda aplicar. Piénsalo en función de la esfera de lo ilimitado, de la Divinidad. Piensa en la entidad benevolente que existe en toda la vida, y luego trata de discernir a la entidad que desprecia la vida y a la cual debes temer. Obtendrás tus propias respuestas.

Todos los Cristos que han vivido dijeron: «El Padre está dentro de mí. El Padre y yo somos uno. En verdad el reino de los cielos está dentro de mí». Si está dentro de ti, entidad, ¿qué haces al entregárselo a otros que son como los perros y las hienas de la llanura que se comerían la carne de tus huesos y la roerían hasta la médula?

Piénsalo y contempla tu vida una vez más, lo hermosa que es, lo hermoso que eres tú. Mira en tu interior y ve quién está allí. Si lo miras, entidad, descubrirás un espejo brillante, y la imagen que verás es claramente la emanación de tu belleza radiante y proverbial ante tus ojos, la excelencia de tu ser. Ese es tu dulce Dios. Ese es su hijo. Ese es el Cristo que todos desean ver. Es una consciencia que entiende la realidad. Eso es lo que enseñamos aquí. El Padre es la vida. Tú eres su hijo perfecto, Cristo. Yeshúa ben José, a quién tú llamas el Nazareno, fue un Cristo y aún lo es, pero también lo son Buda, Osiris, Isis, el faraón Ra-Ta-Bin, Mahoma y todos ustedes.

Contempla esto en tus días por venir, y lo susceptible que es el ser humano a permitir que le arrebaten su divinidad y a aceptar las enseñanzas erróneas de que hay un Padre todo amoroso que ha de atormentarlo eternamente. Luego recuerda al Dios del que te he hablado, el que está en el viento sobre el agua, en el color del costado de la trucha, en el ferviente olor y aroma de la flor en su intenso color, en la risa de una bella mujer, en el abrazo de los amantes, en las brillantes hojas de los árboles, en las calabazas cubiertas por la escarcha. Él es todas esas cosas y las expresa en el *Ser* de lo que tú eres, entidad. Que así sea.

Las leyes de Dios y del ser humano

La ley de Dios, tal y como se ve en el Libro de los Libros, son muchas leyes porque cada profeta añadió más leyes; nunca las redujo. Es una declaración muy poderosa decir a dignatarios atemorizados que la ley de Dios dice esto o aquello, o que restringe esto, o que debes hacer aquello. Debido a la ley de Dios, la gente ha aprendido a odiarlo, a rendirse ante él, pero nunca a amarlo. Han aprendido a temerle. Han aprendido a humillarse ante él. Los hijos no han de humillarse ante sus padres. Deben ser como sus padres.

La ley de uno es que Dios, la Fuente, la fuerza de vida, al constituir y ser todas las cosas, es capaz de expresarse totalmente desde su ser como ellas se expresarían. La ley de uno es la libertad de todas y cada una de las cosas para expresarse como quieran, como lo deseen en libertad porque su regreso a casa será lo positivo, lo bueno, lo que proviene de Dios. Cuando sus hijos regresen a él —y mientras la Fuente, que es brillante, preciosa y expansiva contempla su propio regreso a casa— será un gran día, una gran eternidad, porque sus hijos han llegado a ser como él. Y al ser como es él, esta será siempre una vida llena de amor.

Maestro, si la voluntad de Dios se impusiera sobre todos los seres vivos, y él es todos los seres vivos, entonces no tendrías libre albedrío. Si Dios solo quisiera imponer su voluntad, no tendrías voluntad, porque entonces Dios no lidiaría consigo mismo.

De acuerdo con este entendimiento, Dios no tiene libre albedrío, excepto el tuyo y el de todos los presentes. ¿Acaso es la verdad tan limitada que solamente hay un camino estrecho para que transiten todas estas criaturas miserables?

Dios es multitudinario. Cada voluntad es su voluntad. No es el gran jefe supremo; es el gran jefe interior. Nunca estás en conflicto con el destino —no está predestinado—, lo estás solamente mediante tu voluntad. Si Dios predestinara el destino, no necesitarías el libre albedrío. Cada momento tuyo es el reflejo del pensamiento que tuviste hace un momento.

Dios no está separado, tú tampoco estás separado, más bien son uno y el mismo. Ahora bien, si lo que ves es la voluntad del Dios que es una creación del ser humano, su voluntad contra la tuya, entonces siempre estarás en una batalla. Tu voluntad quiere hacer ciertas cosas y siente que debe hacerlas y, sin embargo, la voluntad del Dios del ser humano te dice que no debes hacerlas. La voluntad del Dios del ser humano es una gran esclavizadora. El Dios del ser humano es el gran impostor.

Lo que quieres y debes hacer es la providencia divina, la voluntad divina. Yeshúa ben José dijo: «El Padre dentro de mí que hace estas cosas, es el Padre dentro de todos ustedes». No hay nadie en este reino que esté perdido, solo el que piensa que está separado de Dios.

El Dios dentro de ti es tu propia voluntad. Haz lo que tengas que hacer. Tu destino está predestinado por ti y nadie más. El Padre solo permite que la vida ocurra, que este sueño e ilusión puedan ocurrir según tu pensamiento, tus sentimientos, tu capacidad emocional que determina la materia.

Cada estructura aquí es el resultado de un pensamiento y cada estructura molecular aquí es el resultado de solidificar la emoción. Esa es la ciencia de Dios. Por eso todo lo que piensas manifiesta tu destino. Cada sentimiento dentro de ti es la perla, el tesoro que has obtenido de este sueño, esta vida, esta ilusión. Eso se llama voluntad. Es individual y también es Dios.

Contempla esto: si no estás de acuerdo con Dios, quizás deberías reconstruir tu imagen de lo que es Dios, porque yo te digo que no vale la pena amarlo si tienes que pelear con él.

Maestro, lo que es espléndido de Dios es que es único. Debido a que es tan multitudinario, Dios es opcional, por así decirlo. Tiene diferentes opciones y grados en su verdad ilimitada. Debido a que el ser humano es una entidad creativa, no le haría justicia pensar que él es simplemente un creador de la verdad. Debe crear estipulaciones de la verdad para sumarlas a su propia individualidad.

Por lo tanto, Dios, la verdad, ha sido el ser humano, el Cristo, que en la empresa singular de la vida ha tomado la parcela de la verdad, de la grandiosa y clara gema, y ha creado en ella las facetas que se adecúan a él como originador de las verdades.

Entonces lo que obtienes son las religiones, religiones multitudinarias que están basadas en la verdad cuando, en esencia, todo es la verdad. ¿Cómo podría ser otra cosa más que eso? Si el ser humano simplemente reconociera al Dios en su interior, no sería original. De modo que toma a su Dios interior y le impone estipulaciones. El poder se crea al tomar y aprobar leyes, leyes que le arrebatan el poder a los demás. Así es.

Entonces los Dioses tienen opciones de la verdad. Según el grado en el que te quieras alinear con esa verdad, descubrirás que cualquiera de ellas coincide con lo que necesitas en ese momento. Cuando las observes y trates de descubrir la verdad, te darás cuenta de que todo es verdad. Pero ¿hasta qué grado deseas convertirte en esa verdad?

Para ti que has buscado la ayuda de todos los ministerios, todos ellos tienen algo que ofrecer. Básicamente, lo que ofrecen es que «Dios existe». Desde el punto de vista de su entendimiento, ellos han mostrado varios grados para obtenerlo. «Dios es» es la mayor de todas las verdades, porque no tienes que hacer nada para obtenerla. Solo tienes que serla.

Dios, el Padre, no tiene leyes. Si tuviera leyes, sería limitado. Ya que no tiene leyes, tampoco tiene límites y permite que las opciones ocurran.

Ahora bien, esto es lo que yo debería ofrecer a cualquier entidad: ve y aprende hasta que te aburras con eso, o ya no tenga sentido, o se vuelva ridículo, y luego busca la respuesta hasta que se sienta bien. Cuando se sienta bien dentro del alma, el alma se regocijará porque sabrá lo que es la verdad, pues es libertad ilimitada.

Si todos escribieran su filosofía en un papiro —es principalmente una filosofía porque todavía no se ha vivido—, veríamos que todos los aquí presentes tienen una comprensión diferente de Dios. Tienen su propio camino o sendero —qué palabra tan despreciable—, un sendero que hay que seguir para encontrar a Dios.

Ahora, en mi audiencia, no hay nada más que Dios y las opciones, y cualquiera que sea tu verdad, es. No es una mentira, ni tampoco es menos. Es una verdad porque Dios es la premisa subyacente que permite que todo esto ocurra.

La culpa, una ilusión creada por uno mismo, una herida infligida por uno mismo, hace que el ser humano se vuelva sumiso ante su señor. En el reino de Dios, que existe dentro del ser humano, todas las cosas son una realidad de las posibilidades. La ilusión ocurre cuando se altera esa realidad, y la culpa altera la realidad de Dios o del ser humano omnipresente, por así decirlo.

Todos deciden expresar su culpa si así lo desean, por eso se convierte en una realidad para ellos. Cualquier cosa que determinen que es, en ella se convertirán; como consecuencia, surge el karma. El karma no tiene precedencia en ningún reino continuo, porque si el karma fuera una realidad de la ley, entonces sería muy difícil alcanzar un estado de *Ser*. Nadie lo haría jamás. Estarían demasiado inmersos en un estado de deber y no en el de recibir.

Las leyes religiosas, entidad, han hecho que el ser humano sea miserable en lugar de ser divino. Han inventado la culpa para mantenerse fieles a su propia beatitud hipócrita. Si te enseñan incesantemente leyes alteradas, maestro, entonces esa ley se convierte en una realidad, y el castigo por quebrantarla también. Eres una entidad condicionada que ha aceptado esto mediante el factor denominado la creencia. Entonces tiene credibilidad y facultades dentro de tu ser.

Debes volver a esto: Dios no tiene leyes, y por eso no juzga. Él se convertirá en cualquier cosa en la que decidas convertirte, y se manifestará a sí mismo en esa realidad para que puedas experimentarla. Dios nunca ha juzgado la acción. Si persistes en convertirte en Dios, tú también carecerás de leyes y juicios en la jurisdicción de las creencias y permitirás que el flujo del momento sea inminente dentro de tu yo divino.

Las represalias de la culpa son numerosas. Son cualquier cosa que hayas creado como un pago por tenerla. Pero así como has creado la creencia en la ilusión, puedes cambiarla en un instante.

Si el karma existiera, el Padre no avanzaría en la evolución de la vida y del yo. Estaría demasiado ocupado pagando las deudas de su pensamiento incorrecto, y la vida no iría a ningún lado.

Desafortunadamente, hay aquellos que creen en el karma y no viven por miedo a tener un pensamiento terrible, y, por ende, tener que regresar y pagar por ello; por eso, lo están pagando continuamente y tienen miedo. Esa no es la forma en que el Padre se exhibe a sí mismo en todo precedente. Es una farsa, pero es cierta.

Solo recuerda lo siguiente, maestro. Lo que piensas que eres, es. Cada vez que crees en algo, se convierte en una realidad de la verdad dentro de tu ser. Por eso todos están en la cúspide de la verdad sin importar cuál sea su punto de vista. Tu realidad creativa siempre será diferente a la de los demás, y cuando son totalmente incapaces de ver tu realidad, se debe solamente a que están demasiado inmersos en su propia ceguera. Por lo tanto, cualquier cosa que sepas, es. Si hace bastante tiempo que sabes que tienes carencia y que has sido una criatura miserable y desdichada, quizás sea el momento apropiado para ser Dios y pensar como él. Entonces estarás libre de todo.

Yo soy una criatura y un profesor abominable para aquellos que imponen las leyes de la religión. Dicen que soy malvado, pero no importa. Tienen razón, lo soy, pero solamente porque voy en contra de sus creaciones.

Hay multitudes que viven bajo el residuo de lo que se denomina el karma creado por uno mismo. Todo lo que hacen se lo atribuyen al karma. Esa es una explicación muy mediocre de la vida. Se merece mucho más que eso.

Verdaderamente existen la causa y el efecto, pero incluso eso es una limitación. Dios es por siempre expansivo, se expande por siempre. Este, tu universo, puede deshacerse a sí mismo en un instante, sin que nada lo cause. Solo porque así lo quiere.

El karma no existe; el deseo sí. El deseo es muy voluble. Puede ser y hacer cualquier cosa en cualquier momento que lo desee y cambiar de parecer a mitad del proceso. Por eso el karma no existe.

Mi amada entidad, debido al karma, todos creen que han venido a esta vida a hacer algo, a pagar por algo, a hacer las paces con algo. Eso se llama prisión o esclavitud. Cuando se deshagan completamente del karma, las entidades no sentirán que tienen que pagar por algo, no se sentirán responsables ni esclavizadas. Podrán ser simplemente el poder que son para crear y regenerarse a sí mismas en la vida. De ser así, la razón por la que han venido aquí no es para reparar el daño que le han hecho a alguien, sino para estar aquí, porque quieren vivir, y esa aventura se despliega momento a momento.

Las leyes del karma no existen. Esa es una ley hecha por el ser humano, una hipocresía religiosa. Solo existe la creatividad. No hay ninguna ley del equilibrio. Solo la existencia. Dios no tuvo que regular nada de sí mismo para existir.

Si el Padre fuera una entidad creadora de leyes, la entidad se habría negado a sí misma la libertad de expresión que permite que la vida se perpetúe a sí misma. También se hubiera negado a sí mismo la perfección del *Ser* que transciende la cualidad del *Ser* hacia la omnipresencia, la totalidad.

Se hubiera convertido en una Fuente limitada, en un final. La eternidad no tiene final. La eternidad no puede ser contemplada; solo se puede experimentar en un momento singular lo que la ley le ordena que sea. La causa y el efecto no existen, entidad. Lo único que existe es el ser. La creatividad es la virtud del ser humano, porque mediante esta virtud el ser humano crea a partir del Padre que él es. Crea a partir de su encarnación. No es la causa de ningún efecto. Solo es.

Las leyes del ser humano son uniformes. Son una entidad soberana que dicta los requerimientos de una sociedad, de un mundo que está comprendiendo cómo vivir. Desafortunadamente, la mayoría de ellas se crean y se exigen despiadadamente solo para esclavizar, lo cual también han hecho. El ser humano no ha logrado comprender la premisa del Padre. El ser humano no puede ver nada en un estado sin ley porque él, en el terror de su propio ser, debe tener leyes para gobernar a su propio ser. Es ahí donde no ve lo infinito de su propia divinidad; Dios.

Cuando todos los Dioses fueron creados para ser adorados, fueron creados bajo el estigma de leyes enigmáticas como el karma, el cielo y el infierno, el bien y el mal, positivo y negativo, y toda esa porquería. Maestro, no tienes que pagar por cualquier cosa que hayas hecho hace un milenio. El momento en el que lo hiciste fue el valor creativo aprendido. La creatividad de ese pensamiento que se convirtió en un absoluto en su forma creativa no es más que el efecto posterior de lo que ya se había aprendido.

Si el ser humano es regido despiadadamente por las leyes del karma, entonces no es un Espíritu libre, ni tampoco es Dios, que es él mismo. No importa cuántas vidas viva, nunca logrará obtener la perfección simbólica porque estará demasiado ocupado tratando de enmendar el pensamiento de arrepentimiento que tuvo hace solo un momento. Eso es una esclavitud. El Dios cuya boca pronunció las leyes del karma es un Dios negativo. No es nada. Es un esclavizador.

Tú eres un alma y Espíritu libres. El Padre, eminentemente, eres tú y, sin embargo, se convertirá en ti y será todas las cosas en las que desees trascender para extender tu ser hacia cualquier realidad que elijas. Y en cualquier momento puedes cambiar de parecer; en cualquier momento.

Conviértete en un ser sin ley. No se requiere ser imprudente, malvado o feo. Significa que vas a vivir, y que el verdugo retirará la soga de tu garganta y te dejará respirar.

Para ser una entidad que tenga el derecho a entrar por las puertas de la eternidad, debes ser ilimitado en tu comprensión y saber que el Padre que está en todas las cosas —puede ser universos multitudinarios en un solo átomo— es infinito. Si puede alcanzar un átomo e introducirse en un universo de universos que poseen sus propios átomos y que tienen tal profundidad, entonces no tiene leyes. Simplemente es continuo. El ser humano crea las leyes para dañar la libertad, no para exaltarla.

Cuando contemples esto, contempla la benevolencia de un Dios que rige con leyes y cuál sería el resultado a la larga. Luego contempla lo infinito de un millón de universos dentro de un solo átomo y el estado del infinito. Y luego pregúntate a quién prefieres.

Si el karma fuera una verdad en la comprensión de tu vida, entonces uno tiene que preguntarse qué es la libertad, la libertad de Dios para expresarse dentro de una entidad.

El mañana no es una certeza, entidad. Solo se convierte en una certeza de la realidad de acuerdo con el soñador. Según el karma, la eternidad ha sido establecida para todos. No hay ninguna diferencia si sueñan un sueño bueno o uno malo, si llevan a cabo una acción buena o mala; han llevado a cabo tantas anteriormente que están pagando por ellas en esta vida y seguirán pagándolas. Eso no es el amor de Dios ni la libertad de la vida. Eso es esclavitud, prisioneros del pensamiento que están bajo los auspicios de lo que se llama el karma.

La creación es creada por la entidad contemplativa. Todo aquí se convirtió en un objeto viviente de acuerdo con las entidades que podían pensar. Todos aquí sueñan en un reino para crear a partir del reino. En cualquier momento que la entidad desee recrear el sueño, puede hacerlo, porque tiene un poder ilimitado. El karma crea un poder limitado y el castigo.

Las experiencias contempladas no son trampas. Son creadas por el creador, tú. No son cosas eternas, no son circunstancias eternas, por lo tanto, no son miserias en su totalidad. En retrospectiva, son grandes enseñanzas.

Cuando ves la matanza de diez mil inocentes, dices: «¡Cuánta miseria! ¿Por qué los ángeles no lloran por esta atrocidad? ¿Por qué cantan la gloria de Dios?». Porque, entidad, no se han limitado creyendo en el final de cualquier cosa, porque nada termina jamás. Aquel que es asesinado ya ha alcanzado el cielo, como tú le dices, o el plano de su realidad para un aprendizaje más grandioso, más experiencias, y lo que yo llamo aventuras. Y, sin embargo, tú entierras diez mil cadáveres, lloras por ellos y sepultas su recuerdo allí para siempre. Ellos siguen adelante. Dios no llora. Por eso el mañana siempre llega.

¿Quién crees que controla tu destino? La religión cree que es un soberano que los controla y manipula a todos. Eso está muy bien, te quita de los hombros la responsabilidad de la vida. Pero tú controlas tu destino, y solo tienes que aprender que el destino es eterno, es continuo. Esta vida es el producto de la continuidad que no está atrapada en el ayer, sino que es el Ahora que fue creado para soñar el mañana.

Bueno, maestro, estás metido en un lío. Si tuvieras un yo inferior, un yo mediano y un yo superior, tu gran deseo sería el equilibrio, porque ciertamente te volverías loco en tu confusión al tratar de descubrir cuál es el mejor para ti.

Déjame decirte lo siguiente. No hay ninguna criatura que sea un yo inferior, ni tampoco un yo superior. Solo existe un único yo. Inferior indica algo que es menos que lo divino, más mundano. Se exacerba con emociones intensas. Es feo, vil, vergonzoso y, desafortunadamente, natural.

El yo superior es la abstinencia, la virtud, la divinidad, la grandeza, la santidad, la prudencia, y es aburrido. La perspectiva espiritual es el complot en el que todos se quedan atrapados porque quieren volverse más espirituales, y creen que deben deshacerse de todo lo natural para ser espirituales. Pero entonces te preguntas, ¿cuál es la separación entre el Espíritu y la naturaleza? ¿Acaso existe?

Todo aquel que desea volverse espiritual, o Dios divino, o santo, o virtuoso y todo eso, pasa por la abstinencia y, de alguna manera, ese es su tormento o su tortura divina. Bueno, no es así.

No existe tal cosa como el equilibrio. No tienes yos múltiples. Solo tienes un yo. ¿Experiencias múltiples? Ciertamente, pero no yos. Tu yo inferior, entidad, eres realmente tú. Tu yo superior eres realmente tú. De modo que con quien te tienes que poner en contacto es contigo mismo.

Tu destino se hace a cada momento. Tú no viniste aquí con algún plan kármico maravilloso como todos quieren que lo creas. Si ese fuera el caso, sería una vida predestinada llamada esclavitud, y el Padre no tiene nada que ver con eso. No. Tu destino cobra vida en el momento en que lo entiendes, en el momento en que lo vives. Cuando entiendas eso verdaderamente, entenderás realmente lo que es la alegría. No tienes que cumplir con nada, con nada, excepto con ser.

Dios no tiene leyes; no tiene ley. No hay leyes en el reino de Dios. El ser humano es una criatura que acata la ley, pero Dios no lo hace. El Espíritu infinito de tu destino es el flujo de este Ahora y vivirlo. Si tus genitales sienten una tremenda urgencia por hacer algo, haz algo con ellos, pero de una manera virtuosa, lo que es natural. Hazlo para completarte a ti mismo. Amar a otro es de lo más natural.

¿Acaso no nos ama Dios lo suficiente como para que seamos todo lo que somos, grandes y feos, malos y divinos? ¿Y ha juzgado alguna vez a cualquiera de ellos por ser una cosa o la otra? No, nunca lo ha hecho, entidad, porque tú todavía estás aquí como un testamento viviente de esa verdad. Todas las cosas que has deseado alguna vez con la oscuridad deliberada de tu corazón no han cambiado la vida, así que sigues siendo amado a pesar de lo que haya en tu alma.

El yo es el yo glorioso, divino, hermoso. El hombre es divino. La mujer es divina. Eso es muy natural. ¿Cómo hay que vivir para ser una criatura muy divina y amar a Dios? Amar a Dios es amar al yo. Cuando verdaderamente amas al yo, no vives en la oscuridad, vives en la luz de tu propia risa y en cualquier lugar a donde esa risa y ese gozo te lleven. Puede que sea diferente para todos los demás, pero esa es su verdad y todos tienen la razón.

Vivir es amarte a ti mismo ahora. Tu destino es explotar el Ahora para entenderte a ti. No te dividas a ti mismo. Nunca te encontrarás a ti mismo si lo haces, y la confusión siempre reinará suprema en tu vida. Sé tú, simplemente tú.

Algo grandioso que deberías hacer por ti mismo cada mañana, en la quietud de tu ser, antes de despertarte es hablar desde el Señor Dios de tu totalidad y darle las gracias por el Dios que tú eres y por el Padre que vive dentro de ti. Eso es todo. Y ni siquiera tienes que hacerlo, entidad, pero para amar al yo, has de decirte a ti mismo lo que le dirías a otro, porque nunca has sabido a cuál yo decírselo.

Es una atrocidad abominable, entidad,
que las organizaciones que
han separado al ser humano
del Dios que él es,
que lo han hecho sentir
que es un bastardo del universo,
que lo han hecho sentir culpable,
hayan sometido al mundo.

Tu destino se hace a cada momento.
Tú no viniste aquí con algún plan kármico maravilloso
como todos quieren que lo creas.
Si ese fuera el caso, esa sería una vida predestinada
llamada esclavitud,
y el Padre no tiene nada que ver con eso.
No. Tu destino cobra vida en el momento en que lo entiendes,
en el momento en que lo vives.
Cuando entiendas eso verdaderamente,
entenderás realmente lo que es la alegría.
No tienes que cumplir con nada, con nada, excepto con ser.

— Ramtha

Todos los caminos conducen a la realización, la sabiduría y la eternidad

Dondequiera que estés es el camino correcto. No hay ningún camino establecido, por así decirlo. Está donde tú estés. Tú eres el que hace el camino, por lo tanto, siempre estás en el camino correcto. El camino es tu camino, que puede no ser el mismo que el de otro.

Todos los caminos, sin importar qué tan apartados estén o cuánto se eleven por encima de los demás, tienen algo grandioso en común. Todos continúan hacia la misma dirección. Si tu camino está aquí o allá, o en medio de estos dos, sigue yendo hacia esa dirección —un término apropiado— porque el Padre está avanzando. Mientras tú tengas la habilidad de pensar, el pensamiento es el río del avance.

Todos están avanzando, entidad, por lo tanto, todos están en su propio camino. Siempre harás lo correcto para tu ser. Con esa libertad explícita, nunca fracasarás. Nunca podrás fracasar. El fracaso no es nada, porque ¿cómo puedes fracasar si sigues avanzando? El fracaso significa detenerse, y nada se detiene. Todas las cosas, todas las estructuras moleculares se mueven muy rápidamente. Todas las cosas están en un movimiento continuo, nunca retroceden, entonces ¿cómo podrías fracasar?

Aquellos que imponen sus limitaciones sobre las personas diciendo que solamente hay un solo camino y que debes seguir ese camino, porque si no lo haces fracasarás, son los que instigan el pensamiento del fracaso en el alma divina del ser humano. Ellos son los que han inventado un camino estrecho con el propósito de esclavizar a los demás. Es fácil ver que no todos caben en su camino, porque lo han hecho demasiado estrecho.

Tú estás en el camino correcto. Siempre has estado en el camino correcto. Tú has elegido lo que estás haciendo. Nunca estás en ningún lado al azar. Siempre estás intencionalmente en todos lados.

La lección más grandiosa que podemos aprender surge del sendero que más deseamos buscar.

Hay tres caminos. Uno de los caminos no está pavimentado, es irregular y simple. A nadie que transite por este camino se le garantiza un andar cómodo y sin obstáculos. Incluso a los asnos que pasan ocasionalmente por ese camino no les gusta, y hacen berrinches debido a la irregularidad del camino. Este sendero te llevará a un reino, pero es dificultoso y simple. Hay otro camino que está recubierto del mármol más exquisito, sin cortes y sin asperezas, pues es sólido en su masa y ofrece un sendero fresco e iluminado que conduce al mismo reino. El otro camino corre al lado de un río, y el río se convierte en el camino. El río, a través de sus corrientes y remolinos se detendrá para hacer una pausa y contemplarse a sí mismo y seguir adelante. Todos conducen al mismo reino.

Ahora, si eres amante de los peces y del agua y su frescura, y eliges el río como tu camino, maestro, entonces tus deseos ciertamente se cumplirán, porque lo que amas es el río, y esa es la decisión más sabia.

Pero si escoges para ti mismo el mármol como el camino a tu reino, porque amas las cosas perfectas, pulidas y frescas, y la luminosidad y la belleza de sus cualidades translúcidas —si ves tu vida de esta forma, para ser como el mármol—, entonces por supuesto que vas a elegir el sendero de mármol para tener éxito, porque es como tu ser.

Pero si sientes que eres una entidad desvalorizada y que ciertamente no mereces el mármol en tu camino, ni la frescura y el cambio del río, y eliges, desde tu origen humilde, el camino incierto, maestro, entonces eso estará de acuerdo con tu carácter, y te sentirás satisfecho contigo mismo, cumplirás tus deseos y llegarás a tu reino.

Aquellos que imponen sus limitaciones sobre las personas
diciendo que solamente hay un solo camino
y que debes seguir ese camino,
porque si no lo haces fracasarás,
son los que instigan el pensamiento
del fracaso en el alma divina del ser humano.
Ellos son los que han inventado
un camino estrecho con el propósito de esclavizar a los demás.
Es fácil ver que no todos caben en su camino,
porque lo han hecho demasiado estrecho.

El fracaso es una realidad
para aquellos que creen que es una realidad.
Nadie fracasa jamás en la vida; jamás.
Nunca has fracasado en tu vida.
Siempre has aprendido.
Todas las cosas te han enseñado muy bien.
El fracaso es uno de los maestros más grandes,
si lo reconoces en tu ser.
Te enseña que estás en manos de tus propios pensamientos
y tus propias acciones.
A la larga, también te enseña
que has vivido a pesar de tu fracaso total
y que lo que te ha proporcionado la oportunidad
de experimentar el fracaso ha sido la vida.
El fracaso es la experiencia de un aprendizaje,
y el máximo aprendizaje, entidad,
es que no existe tal cosa como el fracaso
porque has vivido a pesar de todo.

— Ramtha

La mejor manera de escoger tu camino, maestro, es eligiendo el que te parezca más agradable. Siempre cumplirá con tus expectativas.

El fracaso es una realidad para aquellos que creen que es una realidad. Nadie fracasa jamás en la vida; jamás. Nunca has fracasado en tu vida. Siempre has aprendido. Todas las cosas te han enseñado muy bien. El fracaso es uno de los maestros más grandes, si lo reconoces en tu ser. Te enseña que estás en manos de tus propios pensamientos y tus propias acciones. A la larga, también te enseña que has vivido a pesar de tu fracaso total y que lo que te ha proporcionado la oportunidad de experimentar el fracaso ha sido la vida.

El fracaso es la experiencia de un aprendizaje, y el máximo aprendizaje, entidad, es que no existe tal cosa como el fracaso porque has vivido a pesar de todo.

Nunca has fracasado. Siempre has aprendido. ¿Cómo sabes lo que es la perfección si no has sido imperfecto? ¿Cómo sabes cuál es tu meta sino una vez que la has alcanzado y descubierto que es de un color diferente al que viste en un principio? ¿Es eso un fracaso? No. Si deseas decir que eres un fracaso y sentir que te lo mereces, entonces todo lo que hubieras obtenido de ese error estará perdido para ti, porque estará lleno de culpabilidad y nunca será puesto en práctica para que tú o alguien más puedan aprender de él. Por lo tanto, entidad, eres víctima de tu propia estupidez.

El Padre nunca ha juzgado nada como malo, nunca. De todas las atrocidades que el ser humano ha creado sobre este plano y que percibimos como atroces, el Padre nunca ha pensado que sean así porque él simplemente no juzga. Entonces si el Padre no te juzga, ¿por qué sientes que es necesario juzgarte, si debido a él y por medio de él tienes vida?

Te diré lo que es una entidad exitosa. Es aquella que ha reflexionado sobre su vida y ha amado lo que ha hecho, lo que ha sido y lo que ha dicho. Donde haya encontrado dolor o se haya lastimado, lo bendecirá y lo amará porque esa experiencia, esa maravilla y esa joya son su tesoro. Verá de inmediato que aquello que ha experimentado le ha dado una colección de experiencias: la sabiduría.

Nunca veas nada de lo que haces como un fracaso, en lugar de eso, velo como un logro. Entonces nunca habrás fracasado, entidad; siempre habrás aprendido. Y mediante esa acción, un panorama de oportunidades más grandioso estará disponible para ti.

Cuando tu belleza se haya desvanecido, tus días se hayan marchitado y nadie te visite con golosinas y whiskey de Siria para amenizar tus horas, y estés solo, pensarás en cómo desperdiciaste tu vida, porque al considerar que habías fracasado, evitaste experimentar la máxima felicidad y alegría que estaba en todos lados.

Una desgracia aún mayor que esa es cuando un hombre viejo como yo, con su sabiduría, le puede decir esto a una entidad joven como tú y, sin embargo, no significa nada, porque falta mucho tiempo para eso. Si eres sabio, me harás caso. No hay nada en la moda o en la sociedad, o en los modos de la vaguedad por lo cual valga la pena pensar que has fracasado, según la opinión de nadie.

Da igual qué cosa elijas, escógela porque te hace feliz. Serás un éxito con cualquier cosa que elijas, y no importa lo que sea, ya sea un rey en un trono o un trabajador en el campo. Si el rey no es feliz siendo rey, entonces nunca será un buen rey. Si el trabajador en el campo es feliz, nunca lo pongas en el trono, porque su corazón estará en el campo.

Nunca veas nada como un posible fracaso antes te haberte embarcado en ello. Más bien velo como una posibilidad de ser feliz. Me pregunto, entidad, si te pusiera en medio de la naturaleza con un saquito lleno de queso y un poco de vino, en medio de la naturaleza rodeado por la llanura de Sharón, cuyas montañas distantes sostienen el cielo, ¿podrías sobrevivir sin estar confundido en cuanto hacia qué dirección ir? Un día lo veremos. Que así sea.

¿Cuándo se da cuenta una persona de que al hacer algo, sea lo que sea, ha cometido un error? ¿Cuándo se da cuenta de eso? Cuando hiciste todas esas cosas de las que te sientes culpable, ¿sentiste en ese momento que estabas cometiendo un error o que te sentirías culpable por eso? Entonces, ¿cómo podrían ser un error? Eso se llama inocencia, entidad, y también se llama educación.

Ahora, lo que hace que uno sostenga que estas cosas son errores es cuando se ha aprendido una lección, y luego hay otra que la contrarresta o que es mejor y más dulce. La culpa solamente significa que en aquel entonces hubieras deseado saber lo que sabes ahora. ¿Cómo podría ser eso un error? Ese es el Espíritu que avanza a cada momento. Es progresivo.

Maestro, jamás has cometido ningún error, jamás. ¿De qué te sientes culpable? ¿De que no lo sabías cuando hiciste esas cosas? Maestro, tú sabías todo lo que había que saber cuando participaste, de otra manera no hubieras participado. Tus errores han sido lo que apropiadamente se llama los pasos hacia el reino, entidad, paso a paso. Y saber todo lo que sabes ahora solo pudiste lograrlo al ir paso a paso. De modo que los errores, como se los denomina, son valiosas lecciones que equivalen a la sabiduría, los grandes tesoros de esta y cualquier vida.

Nunca te sientas culpable por aprender. No te sientas culpable, entidad, por la educación. Eso se llama iluminación. Lo que debes entender es que has hecho lo que necesitabas hacer. Todo eso fue necesario, y tomaste todas las decisiones correctas, todas.

¿Estás ansioso por el futuro? Maestro, vas a vivir el día de mañana y, en verdad, el bendito día que vendrá después y así sucesivamente. Lo que descubrirás en esos días, entidad, es que vas a aprender más de lo que sabes el día de hoy. Pero este día no es un error. Te llevará al mañana.

No puedes definir la perfección según los ojos de otro.
Debes determinarla por ti mismo
sabiendo primero que ya eres perfecto,
que ya eres sublimemente bello, que ya eres Dios.
Pero para que la perfección sea más grandiosa,
para elaborarla, para expandirla,
para llevarla a la creatividad, para aumentarla,
¿cómo puedes perfeccionar lo que ya es perfecto?
Ser perfecto es ser tú aquí mismo,
siendo todo lo que eres ahora mismo.

— Ramtha

Capítulo Doce
Sé La Belleza Que Eres

¿Quiénes son ustedes? Todos los que están reunidos en este maravilloso lugar están empezando a sospechar que son merecedores, en verdad. Todos los que están reunidos aquí están empezando a sospechar que son Dios. Es solo una sospecha, por supuesto.

¿Quiénes son ustedes, a quienes sirvo, en verdad, a quienes enseño, a quienes amo? Son una amalgama de la mente de Dios, los receptores del pensamiento bendito, en verdad, los creadores de la masa del Padre. De una manera maravillosa están empezando a creer en la posibilidad de algo muy cierto, que lo que ustedes son, es espléndido en su origen.

En esta hora, en este maravilloso día llamado esperanza, enseñaremos un poco de aprendizaje del que todos deberían ser conscientes en el progreso de su realización, de la cual ya están empezando a sospechar en su ser que es verdad, y eso se llama perfección.

Sabe que ya eres perfecto

Todos desean ser perfectos, pero ¿en qué deben ser perfectos? ¿Cuál es la imagen que les da la imagen de perfección en la que su ideal puede volverse uno con la imagen? ¿Dónde está? Bueno, veamos.

La perfección es un estado de coexistencia que ha mantenido un equilibrio en su totalidad que vive y es todo lo que puede ser en el marco de su realización. La perfección es la actitud expresiva y colectiva de vivir la totalidad de aquello en lo que crees, lo que sabes que es absoluto en tu ser perfecto.

Expresarte perfectamente no significa expresarte con la imagen de otro, sino expresarte en la única imagen de ti mismo. Si toda la consciencia y el pensamiento varían colectivamente con cada entidad única e individual —y sí lo hace—, entonces ¿cómo puedes expresar la perfección de uno si el otro expresa su perfección de una manera totalmente diferente? ¿A cuál de ellos copiarías? ¿Quién sería tu ideal? ¿Quién sería tu imagen? Si tratas de ser perfecto para uno, serás imperfecto para el otro.

Entonces, ¿cuál es tu perfección? ¿Cuál es tu perfección? En verdad, es ser tú mismo. Para ser perfecto, debes regresar a ti. ¿Cómo determinas la perfección? ¿Cómo lo sabrás cuando llegue? ¿Será en una grandiosa mañana en la que brilles intensamente para el mundo y todos te miren llenos de asombro y te digan que eres maravilloso y hermoso y todo eso? No. La perfección sucede en el momento en que sabes que aquello que eres ya es perfecto, que ya eres lo más grandioso que existe.

Tú me dirías: «Pero yo quiero ser mejor que lo que soy». ¿Cómo sabes si hay algo mejor que lo que eres? ¿Lo has visto en alguien más? ¿Cómo sabes si lo inferior en ti no es lo mejor para ellos?

No puedes determinar la perfección según los ojos de otro. Debes determinarla por ti mismo sabiendo primero que ya eres perfecto, que ya eres sublimemente bello, que ya eres Dios. Pero para que la perfección sea más grandiosa, para elaborarla, para expandirla, para llevarla a la creatividad, para aumentarla, ¿cómo puedes perfeccionar lo que ya es perfecto? Ser perfecto es ser tú aquí mismo, siendo todo lo que eres ahora mismo.

Lo que ha hecho que un ser humano esté por debajo de otro es que el ser humano siempre verá que uno es perfecto y luego considerará a los otros menos perfectos. Si hay un solo ser humano perfecto, ¿qué dice eso del resto de la gente? ¿Que son imperfectos? Eso es una atrocidad. Todos los seres humanos son perfectos, por eso no has de buscar a nadie que represente la imagen establecida o el ideal perfecto. Solo tú sabes lo que es aceptable dentro de la totalidad de tu ser, ciertamente.

Sabes que eres perfecto. ¿Puedes ser imperfecto alguna vez? No. No existe tal cosa como la imperfección en un ideal que ya es perfecto. ¿Cómo podrías fracasar si eres perfecto? Nunca podrías fracasar. ¿Cómo podrías estar equivocado si eres perfecto? Nunca te equivocas. ¿Cómo podrías ser inferior a Dios si eres perfecto? Nunca lo serás. La manera más simple y rápida de llegar a ser es saber que ya lo eres.

Ser perfecto es ejercitar la soberanía de la actitud, la soberanía del yo de una personalidad única, la soberanía de una belleza única que todos ustedes poseen, y sacarla a la luz alegremente y amarla alegremente. La perfección ya ha sido eminente dentro de tu ser porque te expresas perfectamente con cualquier actitud que demuestras.

Cuando la consciencia de la totalidad de esta masa de la humanidad sobre este plano estime y llegue a ver con asombro que ciertamente todo es verdad y que ciertamente todo es perfección —que toda la gente es perfecta en su esfera, es perfecta en su totalidad, es perfecta en su actitud, es perfecta en su belleza—, entonces la seguridad del ser humano y su valor establecido serán profundos porque nadie se sentirá menos que otro. Todos culminarán, dentro de su ser, el uso correcto de su creatividad para expresarse perfectamente en armonía y gozo. Cuando todos se den cuenta de que son perfectos, nadie fracasará jamás ni cometerá ningún error. Todos tendrán éxito en la creatividad de su ser perfecto.

El simple hecho de reconocer que eres perfecto dentro de tu ser le señala al ser que es Dios. Cuando Dios es señalado dentro, del ser, el regocijo es eminente, la felicidad es eminente. Cuando el regocijo y la felicidad se vuelven eminentes dentro de la persona, se refleja en su campo magnético de luz. Cuando se refleja allí, atrae hacia sí las mismas actitudes. Una entidad feliz que tenga energía en abundancia y que proteja su maravilloso estado de perfección atraerá hacia sí la perfección, la felicidad, la alegría, el júbilo, y a seres alegres que también se expresen de la misma manera.

Ser perfecto... Buscar la perfección... Yo oigo esas palabras muy a menudo. Lo que veo es un hombre sincero, una mujer sincera que desea ser el Dios de su ser, perfectamente. Si no entienden lo que es la perfección, nunca reconocerán que se han convertido en el Dios de su ser, porque la perfección es el gancho en esa afirmación. Las palabras que se usan frecuentemente, pero sin entenderse, son palabras que inhiben el flujo de la perfección, inhiben a la consciencia reconocida, inhiben la totalidad de convertirte en lo que deseas.

Querer ser Dios de una manera perfecta, expresarte a ti mismo perfectamente es una gran ilusión que solo podrá ser comprendida cuando descubras que ya eres perfecto. Expresar a Dios ahora es la perfección, respirar en este momento es la perfección, y ser es la perfección de la vida.

Estoy aquí para decirte a ti, que quieres aprender, que solo tú proporcionas el ideal de la perfección, su estándar y su sustancia. Solo tú sabes cuál es el calibre de tu propio ideal. Y si dentro de tu ser sabes cuál es ese calibre, entonces ya lo has alcanzado, porque si se sabe en la mente del ser humano, ya ha sido experimentado. Eso es una gran verdad.

Cualquiera sea la búsqueda de lo que tú llamas perfección, no permitas que sea según los ojos de otra persona, porque solo esa persona puede saber cuál es su propia perfección. Nunca sabrá cuál es la tuya. Vive en paz con lo que eres. Reconoce cuál es el ideal y luego conviértete en ese ideal para ti mismo. Entonces te habrás convertido en la totalidad de lo que presumes y sabrás, dentro de tu ser infinito, que eres la perfección del punto culminante de tu logro, y, afortunadamente ese punto no tiene fin.

Ser perfecto es ser tú, ser todos ustedes. Conocer esta perfección en el Dios de tu ser es saber que ya lo eres. Nunca fuiste creado imperfecto y nunca has tenido un pensamiento imperfecto, porque los pensamientos son las formas más puras de todas las formas. Nunca has sido imperfecto en tu ser. Siempre has sido perfecto. Como quiera que hayas expresado la crudeza o vileza de tu ser o la cúspide de la divinidad reconocida en tu ser, lo has hecho perfectamente. Así has mantenido la perfección.

¿Qué tan difícil es ser perfecto? Solo has de saber que ya lo eres, porque siempre lo serás. Ya lo eres.

Para ser más grandioso solo tienes que abrir tu perfección hacia una consciencia más grandiosa, un saber interior más grandioso, porque la perfección de tu saber interior puede aumentar dentro de tu ser con la experiencia y el aprendizaje.

Durante mucho tiempo en este plano, se le ha enseñado a la gente que no hay tal cosa como la persona perfecta. Por supuesto que quien escribió eso era una persona imperfecta. Esa persona quería que el mundo fuera igual a ella, para no sentirse tan sola. Esa es una mentira entre las verdades. Todas las cosas son perfectas. Todas las personas son perfectas.

Si a una persona se le dice que es imperfecta y lo cree, el dolor es muy profundo en su interior porque se siente abandonada, sola, no amada, y descubre que no sirve para nada. Por consiguiente, se vuelve parte del fango, las tinieblas y el hedor de este plano porque no tiene nada que perder. Es un accidente del universo, una bastarda de las estrellas abandonada por el único Dios en el que alguna vez tuvo esperanzas, y ya no hay ninguna esperanza para ella. Qué terrible ha sido el alma del ser humano con su amado hermano al someterlo y ponerlo por debajo de todas las cosas, arrebatándole su divinidad, su derecho a ser, su belleza y, por desgracia, su concepción de la perfección.

Si el ser humano se da cuenta ahora de que ya es perfecto, de que ya no está perdido ni condenado, de que no ha sido abandonado, de que no es un accidente o el engendro de un error, entonces tiene una razón de ser, y su razón de ser eliminará la maldad de su alma y la reemplazará con la alegría. De esta manera, el humilde ser humano se convertirá en un ser humano divino, el Dios, grandioso, el dador y amante de toda la vida, porque su naturaleza es serlo.

Sabe que eres grandioso, que eres perfecto. Ama lo que eres. Despliégate hacia un saber interior más grandioso. Llévate contigo tu perfección a donde quiera que estés y sabe que la perfección de tu ser te ha asegurado la luz del fuego de tu ser, llamada el Dios de tu ser. Hagas lo que hagas, nunca te sentirás perdido otra vez. Eres parte de la continuidad de todo lo que es, y eres el creador de todo lo que está en esta continuidad.

Y un día, según tu cómputo del tiempo, esa perfección te llevará a las estrellas, y allí podrás hacer tu nido, tu palacio y tu morada para siempre porque sabes que eres perfecto, y no hay nada dentro de la masa de la perfección que inhiba tu crecimiento hacia cualquier dirección que desees que te lleve. Que así sea.

No hay tal cosa como la perfección. La perfección es un aspecto inalcanzable que ni siquiera existe. Lo único que destruye aún más que la guerra son los ideales. El ideal que la sociedad se impone a sí misma es el mayor destructor, entidad. No te adhieras a un ideal de lo que crees que deberías ser, porque lo que crees que debes ser siempre estará muy alejado de lo que realmente eres. En lugar de eso, permítete simplemente ser, y cualquier cosa que sientas y fantasees dentro de tu ser, eso es lo que eres.

Cuando te dejes en paz a ti mismo y te permitas florecer, dejando de criticarte, y dejando de luchar por un ideal inútil, tendrás una paz sublime, porque en cada momento serás el ideal de lo que eres, y en cada momento te beneficias por ello.

Simplemente sé el hermoso maestro que eres y permítete reír. Deshazte de las cosas que son adversas para tu ser. Si hay tan solo una cosa a tu alrededor que sea contraria al ideal que se supone que debes ser y se te dificulta serlo, deshazte de ella. No vale la pena que pierdas tu vida por ella.

El Padre solo espera que seas tú mismo. Tu belleza única se suma a la totalidad clásica de lo que él es. Ya no critiques a los demás y no te critiques a ti mismo. Permite que los demás vivan como quieran. Es su derecho hacerlo. Ámate a ti mismo lo suficiente para permitirte vivir como quieras. Eso es lo que importa. Entonces, maestro, permitirás que el mundo entero esté en paz, y la armonía reinará en tu vida. No existe tal cosa como la perfección. El único ideal es el ideal que se ve en ti en este momento.

Solo tú proporcionas el ideal de la perfección,
su estándar y su sustancia.
Solo tú sabes cuál es el calibre de tu propio ideal.
Y si dentro de tu ser sabes cuál es ese calibre,
entonces ya lo has alcanzado,
porque si se sabe en la mente del ser humano,
ya ha sido experimentado.
Eso es una gran verdad.
Vive en paz con lo que eres.
Reconoce cuál es el ideal y luego conviértete en ese ideal para ti mismo.
Entonces te habrás convertido en la totalidad de lo que presumes
y sabrás, dentro de tu ser infinito,
que eres la perfección del punto culminante de tu logro,
y, afortunadamente, ese punto no tiene fin.

Para conocer a este Padre
debes eliminar todas las limitaciones,
todas las leyes dogmáticas,
todas las prácticas religiosas,
y simplemente mirar lo que queda.
Si eliminas todas esas cosas,
encontrarás al yo ilimitado,
pero solo cuando tú, maestro,
te des cuenta de que no estás dividido, sino completo,
y que tu vida no es una lucha, sino permitir.
Nunca luches por ser nada. Sé.
Entonces encontrarás a Dios.

— Ramtha

La evolución es el refinamiento continuo de la vida. En este principio llamado vida, en este sueño, la vida es la única realidad en este sueño. Todo lo que evoluciona a partir de este sueño son interacciones que deseamos que nos ocurran. Si no tuviéramos ninguna interacción, pero estuviéramos en el sueño, evolucionaríamos de todas maneras porque la vida nos hace evolucionar. Ese es el impulso llamado Dios. Él es el siguiente momento que está floreciendo, nacido del seno del presente. Él es la continuación de la vida.

Mi amada entidad, si lo único que hicieras fuera sentarte sobre tu trasero y contemplar todas estas cosas, de todas maneras evolucionarías porque la vida ha evolucionado dentro de ti. Tú crees que debes elevar el estatus de tu ser. Esto se te enseña mediante las creencias, pero la verdad más grandiosa te dirá lo siguiente: no tienes que lograr nada, excepto ser. Y en el proceso de ser, te das cuenta de que estás aquí, que estás en medio de este sueño, que esta vida está avanzando, que tú y la totalidad de esta consciencia de la que te alimentas se están expandiendo, porque la consciencia es el tierno afecto y cuidado de Dios.

A las personas se les enseña que son criaturas inferiores, que tienen muchos yos: su yo inferior, su yo superior, su yo mediano. Eso es una dualidad, la dualidad que divide a una casa para conquistarla. No hay más que un solo yo. Si el yo elige ser un yo inferior, lo es. Si elige ser un yo superior, lo es. Pero el que elige es el yo más grandioso; el *Ser*.

No tienes que ser más grandioso ni más elevado. Solo tienes que permitir que aquello que tú eres, sea, y saber que todo lo que es, eres tú. Mientras estás aquí sentado en este momento, en este avance del momento, te estás alimentando de una consciencia que es el resultado de la vida en la que te estás convirtiendo. Aquellos que luchan por convertirse en algo diferente a lo que son, nunca se convierten en ello porque se están convirtiendo en algo que está fuera de su ser.

¿Crees que debes convertirte en otra cosa y ser más grandioso que lo que eres? No hay nada más grandioso que lo que eres. Así es. Dios es. Tú eres, hermosa entidad. No eres el producto de ninguna religión. No eres el producto de ninguna ley. Solo eres el producto de la Esencia. El reino de los cielos, este Dios, este maravilloso yo en el que deseas evolucionar se abrirá como una maravillosa flor si eliminas todos los ornamentos e ilusiones, las densas ilusiones que pesan sobre él.

Para conocer a este Padre, debes eliminar todas las limitaciones, todas las leyes dogmáticas, todas las prácticas religiosas, y simplemente mirar lo que queda. Si eliminas todas esas cosas, encontrarás al yo ilimitado, pero solo cuando tú, maestro, te des cuenta de que no estás dividido, sino completo, y que tu vida no es una lucha, sino permitir. Nunca luches por ser nada. Sé. Entonces encontrarás a Dios.

Eres la flor de un magnífico jardín

Yo soy Ramtha el Iluminado, en verdad, servidor de Cristo, nacido de la Fuente, creado desde la Fuente porque el gran creador es la Fuente que fluye a través de la creación, Cristo, Dios/hombre, Dios/mujer, la entidad individual.

La creación, como tú la llamas, es realmente el valor de la vida que siempre ha existido. No tiene principio y ciertamente no tiene fin. El que crea a partir de la sustancia denominada vida se llama Cristo, Dios, el valor asumido que colectivamente expele energía para crear formas en la intersección denominada la materia, esto que tú llamas la realidad. Cristo, el amado Cristo, en verdad, amado hermano, es ese valor.

El hombre, la mujer, la humanidad, es Dios jugando consigo mismo. Es Dios creando desde el espectro llamado la materia. Es Dios elocuentemente disfrazado de entidades limitadas y miserables.

¿Qué es lo que te hace tan valioso? ¿Por qué has sido un motivo de preocupación, por así decirlo, para las entidades que se han propagado a sí mismas en este plano para vivir por ti, para ser un ejemplo para ti, para intervenir por ti, para enseñarte, para morir por ti? ¿Alguna vez te has preguntado por qué posees un valor semejante que ha hecho que esto ocurra durante eones?

Has sido atacado muchas veces. Nos hemos aventurado por muchas vías para que nos escuches. Pero tal como lo quisieron los Dioses, tu destino se limita a tu punto de vista, y tu punto de vista son las limitaciones de tu aceptación.

Para ti que tienes necesidad de saber, ¿alguna vez te has preguntado por qué eres tan valioso? ¿Por qué ha habido guerras en tu espacio exterior por ti, y guerras que están por suceder debido a ti? En verdad perteneces a aquello que se denomina una raza maravillosa. La raza es de Dios en su parámetro más alto, el asiento de su inteligencia, el asiento de su creación discriminadora.

Tú que tienes la voluntad de pensar en silencio, sin que ningún oído lo oiga, que puedes soñar cualquier sueño, contemplar en silencio cualquier valor contemplativo, ¿qué es lo que te da el poder para hacerlo? ¿Qué es lo que te da las credenciales para manifestarlo? Tú. Tú, en este estado lento y miserable, como lo querría la mayoría, eres Dios en la forma llamada la materia, una inteligencia que es el rey de los reinos.

Eres muy valioso. Eres muy precioso porque la vida que fluye a través de ti, el pensamiento que le llega a cada uno, como sea que lo contemples, es Dios. Es lo mismo que yo soy, y que todos los que han caminado y partido antes que tú.

Eres muy valioso. Eres tan valioso como los universos, tan valioso como las estrellas, tan valioso como la eternidad, porque sin ti nada de eso existiría. ¿Qué tan bella es la flor si cierras los ojos y no la ves? Tú has determinado su belleza y su existencia. Tu voluntad ha determinado si es bella o si no lo es en absoluto. ¿Qué clase de poder es ese que se te ha concedido?

Tú tienes opciones para vivir esta vida como quieras vivirla. Yo te puedo enseñar a que aprendas a vivirla con una dirección más significativa para obtener mejores resultados, como se dice.

Ahora bien, yo estimo que tienes un gran valor, porque yo también lo tengo. Yo me amo a mí mismo inmensamente. Por eso te amo a ti también, porque aquello que fluye entre nosotros es lo mismo.

Esta enseñanza no concuerda con los devotos. Yo no quiero que seas un devoto. Esa es una experiencia, ciertamente, pero solo te lleva a experimentar lo que es ser un devoto, nunca un maestro.

No quiero que digas que esta enseñanza es una religión, porque no tiene ley. La religión está llena de leyes. Es dogmática, restrictiva y está plagada de juicios. Si hay algo que nuble la bondad, la belleza, la intimidad, el perdón y el amor de Dios, es la religión. Pero lo que yo te doy se llama amor. Te amaré hasta que experimentes lo ilimitado.

Ser Dios y vivir una existencia momento a momento, día a día, no significa que te abstengas de esa existencia para ser Dios. ¿Crees que tienes que conformarte con ser una deidad que camina en la luz, con alas en su espalda y una voz melodiosa?

Bueno, nada es más hermoso que tú. ¿Qué hay de malo en caminar sobre la tierra y estar vestido con lo que llevas puesto? Tus pensamientos tienen alas. Eso es mejor que tener alas en tu espalda. Vivir cada día no significa que debas ser algo más que lo que ya eres. Serás más feliz —y el Padre lo entiende— cuando se te deje solo para que crezcas, dándote alimento para nutrir tus pensamientos, para llevarlos a la existencia, y permitirles ser. La mejor manera de amar a Dios —la mejor manera de amarlo— es con una libertad sin restricciones ni leyes. Simplemente debes ser quien eres, pero permitiéndote ser.

¿Sabes por qué eres un neurótico y porqué tienes tantas enfermedades? Porque en todas tus existencias se te enseña a ser aquello que es diferente a ti. A ti no te pasa nada malo. Si así fuera, Dios ciertamente habría creado algo sumamente defectuoso, pero yo te aseguro, amado maestro, que no lo ha hecho.

¿Qué tiene de malo ser tú? Nada. Cada uno de ustedes ha enriquecido la virtud de la relatividad creativa. Si se hubiera seleccionado a un solo Dios para elegir el sendero de aquello que se llama la relatividad, todos ustedes estarían perdidos, porque no pueden tener todos el mismo camino.

No quiero que digas que esta enseñanza es una religión,
porque no tiene ley. La religión está llena de leyes.
Es dogmática, restrictiva y está plagada de juicios.
Si hay algo que nuble la bondad, la belleza, la intimidad,
el perdón y el amor de Dios, es la religión.
Pero lo que yo te doy se llama amor.
Te amaré hasta que experimentes lo ilimitado.
Ser ilimitado es ser simplemente tú con alegría,
en verdad, y vivirlo a cada momento.
Ser tú es ser una verdad.
Ser un ideal es ser una dualidad que nunca se conoce a sí misma,
que pierde sus poderes,
y que camina en este plano inmerso en su locura.

Mi amado hermano, Dios no sería nada sin ti.
Esta es una declaración extraordinaria,
pero es la verdad.
Tú has puesto en marcha la creación,
por lo tanto, el valor de tu existencia es muy importante.
Y para que continúes perteneciendo a una raza de entidades con esta forma,
es importante que aprendas acerca de tu propia soberanía y valor,
así como el de todos los demás.

— Ramtha

Si eso fuera verdad, ¿de qué hubiera servido hacerte tan diferente, con un aspecto diferente, con un pensamiento diferente, con un sentimiento diferente?

Tú eres la flor de un magnífico jardín. Tu semilla poliniza y crea nuevas flores que son hermosas y más exuberantes en sus intensas tonalidades. Eres en verdad valioso al ser simplemente tú.

Ser ilimitado es ser simplemente tú con alegría, en verdad, y vivirlo a cada momento. Ser tú es ser una verdad. Ser un ideal es ser una dualidad que nunca se conoce a sí misma, que pierde sus poderes y que camina en este plano sumido en su locura.

Ser tú en cada momento ha creado esta consciencia para cualquier grado del bien o el mal que tú determines. Pero si se te deja solo y se te permite florecer seas como seas, la consciencia se convertirá en Dios, el Todopoderoso. Así es.

Por eso yo no he venido a engañarte, a esclavizarte, a cautivarte. He venido a liberarte y a decirte que está bien ser la espléndida entidad que eres. Si quieres saber cómo volverte más grandioso, cómo ser el genio que yace a solo un pensamiento de distancia, eso es muy simple. No trates de ser como nadie más, ni de pensar como nadie más, ni de verte como nadie más. Sé tú. Todos los obstáculos, como los has denominado apropiadamente en tu entendimiento, se pueden eliminar para que el flujo del pensamiento pueda entrar libremente dentro del contexto de la consciencia.

Mi amado hermano, Dios no sería nada sin ti. Esta es una declaración extraordinaria, pero es la verdad. Tú has puesto en marcha la creación, por lo tanto, el valor de tu existencia es muy importante. Y para que continúes perteneciendo a una raza de entidades con esta forma, es importante que aprendas acerca de tu propia soberanía y valor, así como el de todos los demás.

Dios, la Fuente divina, la vida maravillosa, está en todas partes a tu alrededor. Quiere ser tú constantemente y vivirte felizmente, lo que quiera que eso signifique para ti. Para cada uno de los que están aquí, eso significará algo diferente, porque nadie inventó la felicidad. Si alguien lo hubiera hecho, ninguno de ustedes la hubiera obtenido, excepto aquel que la inventó. La felicidad es un logro personal.

Sé feliz en esta vida, lo que quiera que eso signifique para ti. Afirma al Dios que eres para que te dé el poder de tener dominio sobre este reino que has creado. Si no estás contento contigo mismo, cámbialo. Solo tú tienes la autoridad legítima para hacerlo. Si no lo haces, terminarás siguiendo a otros que pretenden tenerla y, desafortunadamente, nunca aprenderás nada.

Tienes la opción de cambiar en cada momento. Eres un Dios que ha creado su voluntad, que ha creado la vida precisamente como lo desea. No has sido desterrado del reino de los cielos. Tú creaste el reino de los cielos. Eres valioso, porque lo que has creado este día se intensificará aún más en el mañana por venir.

Tienes que entender que estás donde estás porque quieres estar allí. Quererlo, entidad, es equivalente a la felicidad. Se te olvida quién eres y no le das credibilidad ni valor al poder contenido dentro de ti y que puedes cambiar en cualquier momento. Saber que eres Dios te ayuda a entender que tú creaste tu situación y que solo tú puedes, en verdad, crear lo que te sacará de ella. Yo estoy aquí para enseñarte, de una manera explícita, la ciencia para hacerlo.

Yo, Ramtha el Iluminado, solo pude serlo al vivirlo. He vivido al igual que tú, en verdad, y busqué el saber interior porque era un hombre ignorante. El saber interior me dio respuestas, expandió mi consciencia despierta, creó la compasión, y Dios nació dentro de la entidad.

Lo que he aprendido y logrado no está lejos de ninguno de ustedes. Nadie puede convertirte en un Dios. Nadie puede hacer que seas sublime y santo. Solo tú puedes hacerlo. Deja que la Fuente permita que eso ocurra. Ni yo ni nadie podemos ayudarte hasta que aceptes tu grandeza, tu merecimiento, que se te ama y que eres importante. Y solo cuando puedas aceptar esta enseñanza de volverte ilimitado, de regresar a la Fuente, glorificado e inmortal, es que eso puede ocurrir, en verdad.

Voy a seguir enseñando, y poco a poco me oirás, sentirás y aprenderás cada vez un poco más. Y quizás con esto descubras que estás empezando a ser una realidad y dejarás de preocuparte por la mía.

Nadie puede convertirte en un Dios.
Nadie puede hacer que seas sublime y santo.
Solo tú puedes hacerlo.
Deja que la Fuente permita que eso ocurra.
Ni yo ni nadie podemos ayudarte hasta que aceptes tu grandeza,
tu merecimiento, que se te ama y que eres importante.

Ser Cristo es ser tú.
Es lo que quiera que seas tú.
Es entender cualquier cosa que desees entender y aferrarte a ella.
Es formular la brillantez de las ideas
y llevarlas a cabo.
Es tu opinión, que también es importante.
Es tu voz, que es escuchada y tenida en cuenta.
Crea. Ama tu creación.
Di tu verdad,
y ámala tal y como se oye.
Mírate al espejo con anhelo,
y encuentra la belleza en cada lugar que mires,
pues ¿en qué otro lugar está la gloria de Dios sino en la belleza que tú eres?
No seas como otras personas; sé, en verdad, como tú.
Tú eres Dios.
Tus decisiones tienen valor.
A partir de ellas surge toda la creación, en verdad.

— Ramtha

¿En qué otro lugar está la gloria de Dios sino en la belleza que tú eres?

Yo soy Ramtha el Iluminado, en verdad, servidor de aquello que se denomina la causa suprema, de aquello que se denomina la esencia divina, de aquello que se denomina el pensamiento divino, de aquello que se denomina el Principio Madre/Padre, de aquello que se llama Dios, en verdad, el elocuente y el Todopoderoso.

Yo soy Ramtha el Iluminado, en verdad, servidor de aquello que se llama el Cristo, el ser humano que exhibe la belleza de su ser en aquello que se denomina la divinidad de la humanidad, el ser humano que se ha manifestado como Dios, el creador de los creadores.

¿Y quién es Cristo, en verdad? No es aquello que se llama un mesías solitario de un lejano lugar, sino la resurrección de Cristo, la encarnación de Dios en lo que tú eres, mi amado hermano.

¿Cuál es tu responsabilidad al ser Dios, Cristo? ¿Qué actitud posees para convertirte en lo que añoras ser? Tu responsabilidad, por así decirlo, es no ser otra cosa que la magnífica entidad que eres.

He observado a muchos de ustedes en sus sueños e imaginaciones y en aquello que se llama su existencia laboral, y todos hacen grandes jugarretas porque imitan a todos los demás, excepto a ustedes mismos. ¿Qué te pasa? ¿Crees que has de ser un mesías que ni siquiera conoces? ¿Crees en verdad que has de crear a Dios haciéndolo tan grandioso que quede fuera del alcance y el ámbito de tu morada y de tu ser?

Yo te digo, entidad, que hay muchos de ustedes que han estado sentados en esta audiencia durante un tiempo en tu tiempo y esto aún los deja perplejos. Dios, el infinito, es la joya que tú eres: tú. Aprende a ser tú mismo. Esa es tu responsabilidad, amarte a ti mismo con todo tu poderío, con todas tus fuerzas y con todo tu ser, para que el amor del yo sea más grande que cualquier otra cosa fuera de los perímetros de tu ser. ¿De qué otra manera amas a Dios con todo tu ser, con todo tu aliento y con toda tu vida? Eso se te transmite.

¿Quieres ser un gran maestro? Aprende a ser feliz. ¿Sabes cómo ser feliz? Al ser tú mismo, tú. Nunca estuviste equivocado, jamás. Siempre estuviste en lo correcto, en verdad. Aún más que eso, siempre *fuiste*, y ese es el premio de todas las decisiones que has tomado.

Ser tú significa ser feliz, ser feliz con las decisiones de quién eres y qué eres, y amarte a ti mismo en un estado de aceptación de la verdad que el yo ofrece. ¿Crees tú que Dios tiene una sola verdad, una regulación establecida de leyes que debes obedecer? Si fuera cierto, eso los colorearía a todos ustedes, y me temo que todos serían coloreados de la misma manera. Eso es aburrido y mundano.

Se te ama por ti y por tu vigor único, tu belleza única, tu yo creativo y único. ¿Qué cosa es mejor que eso? Quiero que sepas que yo no tuve nada a partir de lo cual modelar mi vida, salvo unas pocas estrellas, muchos árboles, un viento que se desplegaba turbulento en su libertad, la mañana, la noche, el sol, la luna, el polvo. El único ideal que tuve fue lo que yo percibía de esos valores, mi propia percepción.

Ser Cristo es ser tú. Es lo que quiera que seas tú. Es entender cualquier cosa que desees entender y aferrarte a ella. Es formular la brillantez de las ideas y llevarlas a cabo. Es tu opinión, que también es importante. Es tu voz, que es escuchada y tenida en cuenta. Eres tú. ¿Quién es Dios? Bueno, amado mío, eres tú. No es que tengas que ser él, porque ¿qué has de ser entonces? Has de ser tú mismo.

Crea. Ama tu creación. Di tu verdad, y ámala tal y como se oye. Mírate al espejo con anhelo, y encuentra la belleza en cada lugar que mires, pues ¿en qué otro lugar está la gloria de Dios sino en la belleza que tú eres? No seas como otras personas; sé, en verdad, como tú. Tú eres Dios. Tus decisiones tienen valor. A partir de ellas surge toda la creación, en verdad.

Contempla esto, te lo encargo. Contempla y sopesa tu propia brillantez y empieza a mirar hacia dentro y a mirar la belleza que encuentres allí. Te aseguro que ninguno de ustedes encontrará maldad ni crueldad, sino un verdadero reino y una verdadera virtud. Solo tienes que mirar.

Todos los que están aquí han elegido quizás las experiencias más difíciles de experimentar. Ciertamente hay siete cielos. Hay siete percepciones de consciencia. Esta es la primera. Se llama el plano de la demostración. Aquí un espíritu libre y despreocupado está confinado dentro de los límites de un cuerpo pesado, y por eso no vuela libremente como lo hizo alguna vez. Aquí tiene que lidiar con una consciencia densa que juzga y condena porque está basada en la apariencia de una entidad en lugar de en su esencia.

Has elegido venir a una vida, entidad, en la que está de moda lucir de cierta manera, y si no lo haces, se te desprecia o no se te ama porque no eres hermoso, un enigma. La verdadera belleza no puede ser vista. Se tiene que sentir.

Has elegido venir aquí, hermosa entidad, y estás atrapado en una consciencia que lo condena todo, excepto su propio ideal. Y por ese ideal, esclaviza a toda la humanidad que lucha por convertirse en él, solo para cambiarlo una vez que ha pasado de moda. Es muy difícil para cualquiera vivir así. Yo lo entiendo, particularmente en este tiempo, a medida que la perfección del cuerpo humano se acerca cada vez más al decreto que una vez fue.

Eres un espléndido ejemplo de ser marginado, de no ser amado en esta sociedad debido a tu apariencia. Pero yo te aseguro, entidad, que tienes tanta belleza dentro de tu ser que cuando te vayas de este plano, serás glorioso. Y tan imponente es tu luz —y los colores que emergen, centellean y se fusionan en ella— que no tienes un concepto de belleza para poder concebir lo que será tu apariencia.

Ama aquello que se denomina el yo interno y lucha por no complacer a nadie, porque nunca podrás complacer a nadie más que a ti mismo. Anímate y llénate de júbilo por ello. Sé libre a causa de ello. Sé quien tú eres. El Señor Dios que es el Señor Dios de todas las cosas nunca te abandonará porque tú eres el rostro de Dios. Anímate por eso. Te enseñaré a amarte a ti mismo por ti, y nadie más.

Vive la verdad de lo que eres

La divinidad no fue expresada en una profecía llena de palabras sagradas y divinas como un camino hacia la iluminación. Las normas y reglamentos inhiben el flujo del pensamiento libre. La iluminación y la divinidad se procuran cuando hay equilibrio, comprensión, y un amor que se ven perfectamente dentro del individuo que vive de acuerdo con su palabra y su verdad.

La manera de convertirte en *amarush* —divino— es ser tú mismo. Si todos tuvieran una sola verdad según la cual vivir, y esa verdad tuviera leyes, regulaciones y enmiendas específicas dependiendo de quién esté en el poder, entonces te verías como todos los demás y ellos se verían como tú. Pensarías como todos los demás y ellos pensarían como tú. Así de absurdo es tener una sola verdad. Y la prueba de que es absurdo es que nadie piensa igual y nadie se ve igual.

Tu yo único e individualizado contribuye a la suma total del todo. La única verdad que hay, es que todos la tienen. Cada uno la tiene conforme a cómo cada uno es. Cada uno la refina, la perfecciona, la equilibra, y se convierte en ella solamente al realizarla.

Convertirte en la totalidad de tu verdad es convertirte en una entidad iluminada. Convertirte en la totalidad de tu verdad significa vivir en unidad total, sin sufrir los dolores de la dualidad, estar unido en una perfecta alineación y expresarte perfectamente. Eso es lo que se necesita para la maestría, que es, en verdad, el Cristo.

Dios no es un pensamiento formulado. Es la verdad de todo pensamiento. Cualquiera que exprese su verdad perfectamente a sus propios ojos, según su propio punto de vista, su propia comprensión, se acerca más al *Yo Soy*, a la verdad, al Dios, que aquel que se expresa en la dualidad.

Vive lo que eres. Una vez que hayas puesto tu atención en vivir lo que eres, en verdad te perfeccionarás, porque por primera vez en tu vida estás escuchándote a ti mismo, y no a los demás. Una vez que empieces a escucharte a ti, solamente aceptarás la esencia perfecta de tu ser. Cuando veas tu verdad por primera vez y escuches por primera vez tus propias palabras, empezarás a corregirlas en tu ser hasta que cobren vida. Entonces te acercarás más a Dios, el pensamiento perfecto, el entendimiento perfecto, porque cuando eso se domine, todo lo demás vendrá por añadidura. Pero lo primero es vivirlo; vivirlo.

Ama lo que eres. Y si encuentras alguna cosa que no sea hermosa en tu ser, cámbiala. Esto no significa que vayas por ahí siendo restrictivo. No significa que vayas por ahí haciendo valer tu propia verdad a pesar de la de todos los demás, pues la verdad perfeccionada ve la belleza en todo. La verdad perfeccionada ve la verdad en todas las otras cosas, porque la verdad es todas las cosas. Cuando te des cuenta de que tú eres el dador de la verdad, entidad, te pondrá en todas las cosas del reino de Dios.

Tú no vives lo que sabes, porque lo que sabes es más grandioso que lo que vives. Si vivieras lo que sabes, estarías bajo el escrutinio de todos a tu alrededor, porque perderías la imagen que supuestamente has vivido durante tanto tiempo y que te da una identidad en el mundo consciente y social.

Lo maravilloso de envejecer lastimosamente, como tú dirías —yo a eso lo llamo realizarse—, es que eres capaz de perder las imágenes que te has esforzado por obtener para ser aceptado por una sociedad que percibe la belleza como el objeto supremo, y el oro como el sistema de sostén fundamental. Una vez que dejas ir esas cosas, obtienes un saber interior o una utopía que te permite ver quién y qué eres, porque es hora de hacerlo. Si no tienes la imagen o la apariencia apropiada, a nadie le importas. Así es.

De modo que cuando ya no tengas que ser ni luchar por ser esas cosas que te hacen ser aceptado, llegarás a un momento, a una maduración, en la que florecerás, serás libre. Entonces podrás experimentar tu saber interior sin ser ridiculizado ni criticado, y a ellos no les importará porque no eres lo que ellos quieren que seas, no estás a la moda, ni eres joven o físicamente hermoso. Maestro, ese es un reino miserable, y no se adhiere a la verdadera belleza de todo lo que existe, que es invisible. Pero ese es un aspecto afortunado de la vida que verdaderamente existe.

Tú no vives lo que sabes porque has elegido tener dos saberes en tu interior: uno para aquellos que cuentan, y otro para ti, cuando decides escuchar. Si vivieras lo que tú sabes que eres y lo hicieras de una manera magnífica, temerías el rechazo de la mayoría de los que están a tu alrededor. Si hicieras lo que sabes, tendrías miedo de perder algo, y lo único que obtendrías es lo desconocido, que es incierto. Vives la dualidad por la supervivencia, como lo hace la mayoría.

Maestro, te diré inmediatamente que el reino que estamos preparando aquí no tiene nada que ver con la moda ni con las ideas sociales de la aceptación. Tiene que ver con las cualidades internas de la entidad. Ese es un reino raro y hermoso.

Las entidades que viven en la dualidad no son felices, maestro. Viven una farsa. Viven con miedo. Son criaturas perseguidas. Tienen que vivir bajo tanto escrutinio, tanta miseria, tanta neurosis para ser de cierta manera ante el ojo crítico de la sociedad, que han obtenido muy poco valor de esta experiencia, salvo el ser incapaces de expresarla.

Yo te digo que eres amado por una Fuente invisible que te ama completamente y que avala y acredita tu ser en cada momento de tu existir. Aun si todo el mundo negara lo que eres y nadie te amara, maestro, esta esencia que es el todo sería tu reino.

Vive por ser quien eres y por lo que eres, lo que quiera que eso sea para ti, y ámalo. Habla firme y serenamente cuando la firmeza esté allí. Siente cuando el sentimiento esté allí. Cuando tengas ganas de llorar, deja que venga el llanto, porque esa es la voz del alma. Cuando la risa esté allí, ríe, sin importar quien ría a tu alrededor. No esperes a que estén de acuerdo contigo. ¿A quién le importa? Sé quién eres y aprécialo, ámalo y vívelo.

Y una última cosa. Cuando hayas vivido todo lo que eres, agotado de vivir por la sociedad, cuando caiga la noche y el sueño esté en el aire, y todo esté quieto y en silencio, con las estrellas titilando afablemente en su cielo, y la luna creciendo y menguando en su trayecto hasta el amanecer, y ya no haya nada más por lo que vivir o ser o hacer, en esos momentos de silencio, entidad, te cuestionarás tu propio honor, tu nobleza, tu verdad y la calidad de tu existencia. Y si tus noches no están llenas de sueños apacibles, quizás necesites recapacitar sobre la forma en que vives durante el día, cuando tienes que vivir por las perplejidades de todos los demás.

Vive con el honor y la nobleza que sean aceptables para ti sin importar lo que sea aceptable para los demás.

Si sientes que no eres igual a los demás, que no eres tan bueno como los demás es porque no sabes quién eres. Las únicas entidades que conoces son imágenes que caminan frente a ti y que proyectan una actitud idealizada que aparentemente es de perfección, belleza, bondad, o como quieras llamarla, pero solo están respondiendo a una consciencia colectiva que les dice que tienen que ser de esa manera. A su vez, ellos se preguntan quiénes son comparados con el resto del mundo.

La inseguridad surge de no saber. Cuando sepas quién eres momento a momento y vuelvas tu atención a ti mismo, poco a poco las piezas de tu hermosa vida se formularán ante tus propios ojos. Emergerá una exquisita criatura —afectuosa, sensible, compasiva, comprensiva y amorosa—, pero todas esas magníficas cualidades no son nada a menos que el yo individualizado las ponga en práctica. Solo entonces se convertirán en una realidad magnífica.

No te compares con nadie, porque no hay nadie con quien puedas compararte, nadie. Si lo haces, te quedarás completamente solo para descubrir quién eres, y será una aventura espléndida. ¿Sabes lo que sucede cuando descubres quién eres? Te conviertes en un mago. Te conviertes en un Dios. Tu confianza en ti mismo y tu autoestima permiten el perdón en el mundo, y ese es un gran regalo.

Cada quién determina la totalidad de su futuro. Nadie más lo hace. Cada quién determina la exactitud de lo que hace o lo que no hace. Nadie más lo hace. Cada quién, entidad, determina lo ilimitado o la limitación de lo que sabe y su comprensión de las cosas. Nadie más lo hace. Tener la libertad de ser explícito, multifacético, es dejar de decir negativamente «no puedo», ser un hacedor y hacerlo. Eso es todo. No tienes que hacer nada más.

Eres tu amante más grandioso. No hay nadie en este plano que te haya amado o que te ame de la manera en que necesitas ser amado más que tú. Has sobrevivido eones, diez millones y medio de años de lo que se llama la experiencia humana. No hay ninguna otra entidad en esta maravillosa estructura que haya resistido todas estas cosas a tu lado, excepto tú. Nunca te has fallado a ti mismo. Tú siempre eres tú, eres el principio divino del que hablo, para ser más exacto. Si dependes de otra persona aquí, te decepcionará, porque se está dando a sí misma, no te está dando a ti.

Darte a ti mismo, para ti mismo, maestro, es la máxima maestría, la más grandiosa de todas, porque tú eres tu mejor amigo, tu mayor benefactor, tu mejor amante, tu Dios más grandioso. Y eso se ha comprobado por el simple hecho de que estás aquí en este momento, diez millones y medio de años más tarde.

La libertad ilimitada es ser todo lo que eres. Así son los maestros, y se convirtieron en eso porque lo querían más que nada. Tuvieron que encontrar esa energía dentro de su ser, no fuera. No tengas miedo de ser tú mismo. Nunca te has defraudado. Solo has de encontrar la riqueza de lo que eres siendo tú mismo.

En tu sociedad todos se visten como todos los demás. Aquí todos se arreglan el cabello según lo que dicte el estilo de moda, esa es una limitación atroz. Aquí hay muy pocos que sean originales, en verdad. Aquel que es original es el Señor Dios de su totalidad. Es aquel que vive para sí mismo y nadie más, y avanzará más en su saber interior que aquellos que se someten a las exigencias de la sociedad.

Este mundo es un gran lugar en sí mismo. La bondad de la naturaleza es abundante; jamás ha juzgado a ningún ser humano ni sus actos. Lo nefasto de este lugar es que permite que un niño como tú sea intimidado, despojado de su inocencia y su virtud, apresurándote a convertirte en un adulto para poder ser visto, ser amado, para ser alguien en este plano.

Este plano ha trabajado muy arduamente para destruir el amor, la libertad y la divinidad dentro del alma de la humanidad. ¿Cómo lo han hecho? Mediante leyes que gobiernan y distinguen a unos de otros, leyes para elegir a alguien que tenga poder sobre los demás, o ídolos autosuficientes que tú mismo elegiste y que representan una perfección de la que tú obviamente careces, porque si la tuvieras, tú serías el ídolo. Y aquí la belleza es reconocida solamente por la piel y nunca por el yo. Eso es una atrocidad. Fuera de esta consciencia, la abundancia de la vida aquí es la esmeralda de este universo.

Los vientos de cambio soplan con fuerza en este plano, querida entidad, porque hay muchas cosas que se han puesto en marcha para la transformación de esta era por venir. Una de ellas es la capacidad de entidades tales como tú de ser niños pequeños por el tiempo que deseen, y no tener prisa por madurar para escapar de su juventud camino a la muerte y preguntarse dónde se fueron todos los días gozosos de su maravilloso y jubiloso ser cuando solo los rodea la solemnidad y la desesperación.

Eres hijo de tu sociedad y un producto de la misma. La única manera de elevarte por encima de ella es saber que mereces elevarte por encima de ella. Es hora de darte a ti mismo todos los elogios que prodigaste a las opiniones de los demás. Aunque no pronuncies una sola palabra más, si todos los pensamientos se vuelven hacia tu yo divino, hacia tu ser, para tu regocijo, habrás expresado la totalidad del *Ser* y la alegría del Padre.

Ya no vivas por nadie más, y no vayas por ahí mirando la vida de otras personas para descubrir la carencia en la tuya. Sé feliz. Sé como un niño otra vez. Sabe lo que es descubrir la alegría en las cosas más simples.

Ser como un niño significa que posees un ego que emite la verdad desde ti y que es incapaz de juzgar porque nunca se le ha enseñado el miedo, nunca se le ha enseñado la imperfección, nunca se le ha enseñado la violencia ni la fealdad. Simplemente es.

Contempla eso en los días por venir en tu tiempo. Vamos a hacer que surja el niño otra vez, entidad, y a comenzar de nuevo. Que así sea.

Simplemente sé, sé. ¿Qué cosas son más importantes que el estado de ser? Son solamente una conjetura. Sé, y entonces serás todas las cosas que necesitas ser en el momento en que las expreses.

Maravillosa mujer, escúchame. Asumimos que aquello que concebimos como una situación perfecta en la vida y que aparentemente funciona para los demás, debe funcionar también para nosotros. La obtenemos para nosotros mismos, tratamos de ponérnosla, y nuestro yo nos dice: «Esto no me queda bien porque esta no es mi manera de hacer las cosas. Yo tengo mi propia manera de hacerlo, y es única y diferente. Déjame ser lo que necesito ser. En mi máxima expresión yo soy Dios, y cuando finalmente me realice, poco a poco, sutileza tas sutileza, seré perfecto si me dejas ser».

Deseo decirte esto. Yo enseño lo que sé, lo que he sido y lo que soy. Yo sé una verdad, no una filosofía, que funciona para todas las personas de cualquier manera que quieran aplicarla a sí mismas. Ellas no quieren ser como yo, porque al ser como yo se perderían a sí mismas. Ellas desean ser como ellas mismas. La destrucción de uno mismo es tratar de ser la verdad de otras personas y vivir como ellas, en lugar de vivir como uno mismo.

Sé feliz. Ama al Dios que eres, bendícelo y encuentra el gozo de una manera fructífera. Nunca le niegues tu amor o tu felicidad a tu ser. Y, sobre todo, no lo critiques. Eso sería como tomar una gran espada y atravesarte con ella cada vez. A la larga, morirás debido a las heridas de tu inseguridad.

Darte a ti mismo, para ti mismo, maestro, es la máxima maestría,
la más grandiosa de todas,
porque tú eres tu mejor amigo,
tu mayor benefactor, tu mejor amante,
tu Dios más grandioso.
Sé feliz. Ama al Dios que eres,
bendícelo y encuentra el gozo de una manera fructífera.
Nunca le niegues tu amor o tu felicidad a tu ser.
Y, sobre todo, no lo critiques.
Eso sería como tomar una gran espada
y atravesarte con ella cada vez.
A la larga, morirás debido a las heridas de tu inseguridad.

— *Ramtha*

Considérate a ti mismo siempre primero,
por encima de todo y de todos los demás.
Las criaturas más devotas de este plano
dirán que eso se llama egoísmo.
En verdad, lo es, y que te dé gusto que lo sea,
porque cuando uno es lo suficientemente egoísta
para pedirse a uno mismo primero
y amarse a uno mismo primero,
entonces uno tiene la capacidad de ayudar
y amar a todos los demás,
pues sabe lo que es el amor.
Amar a Dios primero es amarse a sí mismo primero.
Sé amable contigo mismo, siempre.
Este es un ejemplo del que todos necesitan aprender.

— Ramtha

Capítulo Trece
Sé Egoísta:
Vive por el Amor y la Alegría del Yo

A los demás no les importa cómo vivas. Solo les importa cómo viven ellos. No les importa lo que tengas que decir, solo lo que necesitan oír o lo que necesitan decir para expresarse. Entonces, ¿por quién más tienes que vivir aparte del yo? Si no tienes que vivir por nadie más, nunca dudarás de ti mismo, jamás. Deja de vivir por los demás y por todos esos ideales ridículos, sin importar lo divinos que sean. Solo sé tú, eso es divino, significativo, intencional, eso es Dios. Cuando dejes de hacerlo, podrás amar a todas las entidades porque ya no estarás siendo un espectáculo para sus ojos críticos. Deja que te miren fijamente, que hablen o que sean lo que quieran ser, porque los amas lo suficiente para permitírselo. Ya no te importa lo que ellos piensen de ti, solo importas tú. Eso es elevarse por encima del fango y las tinieblas, y ver este plano por lo que ciertamente es.

Vive por ti y por nadie más —nadie más— y así ya no dudarás más de ti. Si quieres vivir según los demás, entonces prepárate para sentirte completamente confundido, malentendido, perdido, enfermo, infeliz y miserable hasta que te mueras. Y cuando mueras ellos llorarán por ti. Esa es la flagrante verdad.

Ámalos, pero su opinión es buena para ellos. Deja que tu opinión surja y se defina, porque eso es lo que te separará de las masas. Eso es lo que te hará diferente. Eso es lo que te ayudará a convertirte en Dios supremo, una entidad singular y activa. ¿De qué sirve tener libre albedrío si los demás creen que tu voluntad debería ser la de ellos?

Yo no me preocupo por lo que los demás piensen de mí, entidad, y si yo cambiara tan solo un ápice, como tú dices, para ser lo que ellos creen que debo ser, nadie volvería a escucharme nunca más, porque al convertirme en su actitud caería de la gracia en la desgracia.

Pon tu destino nuevamente en tus manos

Las limitaciones ocurren cuando vives según las opiniones de otras entidades, y ellas obtienen sus opiniones de la fuente de consciencia limitada con la que están alineadas. Cuando vives según lo que otra gente piensa que deberías vivir, te limitas en las esferas del entendimiento y nunca te conoces a ti mismo. Solo conoces las ilusiones que representas para poder satisfacer a la masa. Eso es lo que hacen los animales de rebaño para protegerse. En su ego, se brindan autoestima unos a otros, protección.

Cuando dejes de pedirles su opinión a los demás en cuanto a cómo se hace algo o lo que piensan de ti, y empieces a preguntártelo a ti mismo, vas a experimentar una vida ilimitada, pues ¿quién podría saber lo que es mejor para ti más que tú? Empieza a preguntarte lo que piensas y luego sigue tu propio consejo. Nunca te decepcionarás.

Los padres creen, de una manera maravillosa, que la felicidad de sus hijos depende de esclavizarlos conforme a sus propios conceptos de la sabiduría y la felicidad, cuando, en realidad, ellos mismos solamente han vivido una pequeña porción de la vida para poder ganarse lo que tienen.

Los padres son entidades maravillosas, porque, a pesar de todo lo demás, están haciendo lo que creen que es lo mejor. Todos tienen la razón y todos expresan una verdad. Pero, por otra parte, tu forma de vivir no tiene nada de malo, nada, y por amor debes elegir ser lo que ellos quieren que seas o lo que tú quieres ser.

Lo que debes definir es esto. Si su amor por ti está basado en lo que ellos quieren que hagas, y pierdes ese amor si haces algo fuera de esos parámetros, entonces no habrá ningún valor para ti mismo. Quizás en la travesía de tu vida encuentres un amor más grandioso y más profundo, y a aquellos con los que puedas expresarlo que sean más firmes en su libertad. Muy a menudo el amor se brinda bajo ciertos términos. Esos términos restringen su movimiento y su belleza.

Es cierto que los padres están anclados en su propia realidad. Están donde deben estar. Tú debes determinar lo que quieres hacer, y una vez que lo sepas, hazlo y proclámaselo a ellos. Pero también debes estar preparado para las consecuencias. Si deseas seguir viviendo como ellos quieren que vivas para estar poseído por ellos, entonces no deberías quejarte, porque esa es tu elección.

Cuando estableces metas basadas en la voluntad de otras entidades, pones tus logros en sus manos y, en verdad, si alguna vez los aceptan, no permanecerán allí mucho tiempo porque nunca te aceptarán por mucho tiempo según su punto de vista. Si el premio de tus logros está en manos de otros, cuando lo obtengas, no lo mantendrás por mucho tiempo. Siempre habrá alguien detrás de ti que estará más dispuesto a comprometerse hasta donde pueda para obtener aquello por lo que has luchado tanto tiempo. Esa también es una gran verdad.

Si eres tu yo soberano, y es el yo quien determina cuándo has logrado tu meta, entonces muy rara vez dejarás de lograrla. El yo es tu mayor crítico y, sin embargo, tu mejor amigo, tu mejor amante, el mejor ser que conocerás y poseerás alguna vez, y esa es la opinión que debes buscar, más que la de nadie más.

Vuelve a considerar tus metas y quién guarda sus tesoros, quién te dirá que ya lo has logrado, un término notable aquí en tu plano. Cuando lo hayas hecho, evalúa lo que determines que es tu logro. Vuelve a considerarlas de una manera clara y ecuánime, sin la opinión de nadie más. Y nunca le preguntes a nadie más si lo lograste. Ellos nunca lo sabrán. Solo tú lo sabes dentro de tu propio ser. Establece la meta para ti mismo y lógrala para ti.

Aprende a poner tu destino nuevamente en tus propias manos. Aprende a no pedirles su opinión acerca de ti a los demás. Pregúntatelo a ti mismo. Tú mismo puedes hacerte magnífico, si te lo permites. Tú mismo puedes darte paz, si tan solo lo permites. Y tú mismo, entidad, estarás contigo durante toda esta vida, mientras que los otros no lo harán.

Lógralo por ti. Si tu logro no es reconocido por aquellos a tu alrededor, que así sea. Nunca necesitó ser reconocido para llamarse un logro.

La felicidad es una realidad creada por uno mismo

Tienes que hacer aquello que te haga feliz en este plano. No hubo un gran aplauso cuando naciste, en verdad. Nadie en toda la humanidad presenció tu nacimiento, solo tú y tu madre. Entonces, entidad, ¿por qué te preocupas por vivir conforme a las expectativas y represalias de cosas que deberías hacer y que no harás, cuando podrías vivir feliz para tu propia satisfacción y, aunque te sorprenda, para la felicidad de todos los demás?

Las entidades más felices en este plano son aquellas que hacen precisamente lo que quieren hacer. Los miserables son aquellos que están muy ocupados tratando de hacer felices a todos los demás y haciendo lo que deben hacer para apaciguarlos, a cambio de atención, amor, compasión y bondad.

Vive por ti. Haz lo que quieras hacer. Mientras vivas por las expectativas de los demás, nunca serás feliz, nunca serás un líder, nunca lo lograrás, ni serás recordado jamás.

Dios no tiene ley. Él no ha dicho «haz esto o lo otro», o «no hagas esto o lo otro». El ser humano lo hace. Dios solo desea que seas feliz, como quiera que eso sea. Ese es el reino llamado cielo, y en esa consciencia todo se logra en un estado sublime de felicidad.

Cuando vayas más allá para encontrar aquello que se denomina la verdadera felicidad y la alegría, que no sea porque alguien te dijo que tienes que ser feliz. Que sea, entidad, porque tú mismo lo has razonado mediante tu individualidad.

Ser tú mismo no es algo que debas temer. Ser tú mismo es solamente algo nuevo, algo que no has sido en mucho tiempo según tu cómputo del tiempo. Ser lo que quieres ser no significa que le hagas la guerra a toda la sociedad. Eso es inútil. Solo significa que mires en tu interior y descubras la belleza que posees, dentro y fuera, y no la compares con nadie, porque no existe ninguna comparación. Ya que no hay comparación, eres en cambio original y único, y la belleza de lo que eres le suma a la belleza total de aquello que se denomina la totalidad definitiva.

Haz lo que quieras hacer. Cuando empieces a hacer lo que quieres hacer —una nueva aventura, eso sí— será diferente pero, no obstante, te hará feliz. Si otros no lo aprueban, evalúate a ti mismo y ve si todavía quieres hacerlo, y si todavía lo quieres, fluye a través de esto y conviértete en ello.

Si otros no aceptan lo que haces, ¿significa que están equivocados? No, entidad, están expresando su verdad. Permíteles tener su opinión individual. Dales la gracia de tener su propia verdad. Si lo haces, te vuelves noble y muy semejante a Dios en tu carácter original, que todavía puede amar a todos los demás, aunque no estén de acuerdo.

¿Se te enseña a ser algo? Ya eres algo. ¿Piensas que ser algo, ser admirado y amado por muchos equivale supuestamente a la felicidad? Bueno, pues no es así. Basar los propios pensamientos de felicidad sobre la premisa de otras entidades es inútil. Puede ser que el yo nunca logre ser nada ni construir nada ni convertirse en nada excepto en su propio yo íntimo e innato. Eso se llama felicidad.

La felicidad no es vivir de acuerdo con las estructuras sociales que se te imponen como expectativa, sino hacer lo que le plazca a tu corazón, a tu alma y a tu cuerpo. Ser feliz es ser tú mismo. ¿Quién podría ser feliz al ser el duplicado de alguien más? No hay nada de felicidad en eso, solo placer fingido.

Al mundo no le importa si fracasas, y tampoco a nadie más. Solo les importa si ellos mismos fracasan. Tus prioridades están un poco desubicadas, ya que tus prioridades en cuanto a la felicidad están puestas en lo que todos piensan de ti. Ojalá que sea para bien y que todos puedan ver claramente que eres exitoso, estimado y noble. Esas cualidades, entidad, cambiarán en aquellos a tu alrededor.

Has puesto toda tu felicidad en la opinión y en el juicio de los demás, y la has puesto en cosas en lugar de en las personas. Quizás debas aprender lo que es la felicidad. No tiene nada que ver con la opinión de nadie más o con una talega de oro o propiedades que has ganado o que posees. No tiene nada que ver con la sociedad porque esta te reprocha la felicidad. Tiene que ver, entidad, con la gratificación dentro del propio yo.

La felicidad reside dentro de ti mismo. Tú eres la riqueza. Cuando la pierdas, entidad, lo habrás perdido todo.

Maestro, hay muchas entidades que se ven obligadas a hacer ciertas cosas porque sus familias piensan que es una buena idea. Pero ¿qué saben de ti? Creen que debido a que tuvieron un espasmo y te crearon quizás tengan el control de todo tu destino, y Dios no quiera que vayas en contra de eso.

Ahora, lo que determina aquello que se llama el éxito y la aventura es si la entidad lo quiere. Querer, entidad, es la nota de aceptación más clara y brillante que te envías a ti mismo de que estás haciendo lo correcto.

Las entidades que son presionadas a hacer algo en contra de su voluntad son miserables e infelices toda su vida, porque su voluntad de hacer lo que quieran les ha sido arrebatada. No desean decepcionar a la familia ni a nadie más.

La clave aquí es hacer lo que te haga feliz, lo que te brinde aventuras y entusiasmo. La habilidad de crear desde tu perspectiva, entidad, en lugar de la de alguien más, te da una perspectiva y una actitud más elevadas con respecto a tu yo divino. Si deseas ser un vagabundo, entidad, si eso te place, deberías ir a su encuentro y hacerlo de buena gana a pesar de lo que digan los demás.

La clave es quererlo. No hay ninguna Fuente ni premisa divina que te puedan decir lo que debes hacer y que tú no sepas ya de por sí, pues ¿quiénes son ellos para decirte qué hacer a menos que tú, el creador, lo hayas pensado primero?

Lo que importa es recordar que nunca hay que hacer nada —sin importar qué tan lejos hayas llegado con eso— si pierdes el gozo y se vuelve monótono y mundano. Deshazte de ello y haz algo que te produzca felicidad, porque quizás ya has alcanzado lo que necesitabas aprender de eso. Ve a donde quieras ir. Haz lo que quieras hacer todo el tiempo que quieras.

Maestro, ¿qué es mejor, mantener felices a los demás y soportar tu propio dolor o ser feliz y dejar que sientan ellos el dolor hasta que suceda algo que los haga felices otra vez?

Maestro, deseo que sepas esto: nunca habrá otra entidad como tú. No hay ningún otro como tú en tu singularidad en todo este plano. Tú eres el único tú. Es cierto, eres único. Pero eso no significa que no seas reemplazable en los corazones de aquellos que te adoran, porque lo eres. Aunque estén presionados a creer, a entender y a aceptar, ese es el curso de la humanidad.

Deben seguir viviendo, entidad, a pesar de lo que hagas. En el vacío de su ser te reemplazarán rápidamente para no sufrir. Tú serás quien sufrirá al sentirte culpable por haber encontrado tu propia felicidad.

Te ruego, maestro, no vivas por los demás. Todos pueden decirte cómo quieren que seas, y eso los haría felices. Pero a la larga, eso no sirve de nada a menos que te haga feliz a ti. En este plano, la gente está acostumbrada a que se les diga qué hacer simplemente haciendo que sientan temor, que se sientan culpables.

Para poder ser firme, para entender que lo único que el Padre desea para ti es la alegría, debes servir al yo. Allí encuentras al Padre. Y si lo que debes hacer es lo que necesitas para ser feliz —si es lo que necesitas para dejar a un lado esas cosas a tu alrededor que te hacen infeliz—, entonces ese es tu destino, ciertamente. Si no participas, una vez que hayas vivido esta vida y la juventud se haya desvanecido de tu ser y seas un anciano, soñarás largos sueños y leerás escritos acerca de otros y te preguntarás adónde se fueron tus días.

La felicidad es una realidad creada por uno mismo. No es creada por un grupo; es creada por uno mismo. Si tu elección lastima a otros, maestro, es debido a su propia decisión de rehusarse a entender, y porque no tienen suficiente amor en su ser para permitirte ser lo que es enriquecedor para ti.

Yo te digo abiertamente que serás reemplazado, así como tú reemplazarás a aquellos que están a tu alrededor. Eso es hablar de una manera ecuánime. Pero para ser feliz, para obtener gozo en la satisfacción de tu propio ser, eso es lo que debes hacer.

La mayoría de las entidades cae en el abismo de la culpa, la infelicidad y la inseguridad, porque durante mucho tiempo ha hecho lo que querían los demás. Esperar que piensen por sí mismos, que sean activos por sí mismos, es mucho pedir.

Sé paciente contigo. Sé, ámate. Aliéntate a ser feliz. Lo serás cuando estés listo. Cuando el yo puede ser gratificado, y es sinceramente adorado y amado primero que nada, la entidad experimenta una gran humildad. Puede alcanzar a otros y sentir compasión por otras entidades sin sacrificar su propia felicidad. Esa compasión se llama misericordia y gracia, y un santo sabe cómo brindarla. Así, debes amar a las entidades a pesar de la manera en que actúen contigo. Ámalos lo suficiente como para permitirles expresarse como quieran, entidad, porque tú estás haciendo lo mismo. Esa gracia, ese amor y esa compasión son lo que toda la humanidad necesita para permitirse ser lo que necesita ser.

Ámalos. Dales la libertad de sentirse lastimados, si eso es lo que eligen. No trates de hacerlos cambiar de parecer. Solo ámalos.

Ahora, con respecto a que los hijos acepten a los amantes, eso es muy difícil para los hijos, a menos que ellos también sean amantes.

Mi amada mujer, escúchame claramente. Ama a tus hijos, porque del fruto de tu vientre ha nacido otra entidad, un Dios, una entidad eminente que puede expresar y crear su propio reino. Esta entidad no vino aquí a esta vida por ti. Vino aquí para tener su propia vida. Es muy arduo para los padres entenderlo, porque quieren creer lo contrario. Por eso se preparan tanto para criar a su hijo de modo que sea su propio ideal, en lugar de ser el ideal propio del hijo. Sabiendo que esto es una verdad, debes asegurar dentro de tu vida lo que te haga feliz. Tu hijo no te hará feliz. No es su responsabilidad hacerlo. Es la tuya. Desea aquello que te dé la felicidad. Si el mundo entero te dice que le desagrada mucho tu amante, no importa. Ámate a ti, y a las bendiciones y la virtud de lo que te da felicidad, porque el mundo entero no te hará feliz. No quiere hacerlo. Entiéndelo.

Lleva a tu cama a quien quieras por tu propia elección y para tu felicidad. Y cuando la felicidad ya no resida allí, no significa que hayas perdido algo. Significa que has ganado todo lo que se suponía que te tenía que dar. Es tiempo de tener otra aventura. Debes vivir por ti y crear tu propia felicidad. Yo te digo inmediatamente que, si no lo haces, nadie te la dará. No es responsabilidad de ellos hacerlo. Si a tus hijos no les gusta, ama a tus hijos y acepta su opinión.

Tú eres tu mejor amante

Ama lo que eres primero. ¿Y qué es el amor? Hacer contigo todo lo que harías con cualquier entidad que hayas amado, acariciado y con la que te hayas divertido. Entonces todo lo que resulte del amor será alegría, y el resultado de la alegría será la paz. En la paz puedes oír la voz de Dios. En la paz puedes encontrar la experiencia de tu ser. En la paz tus ojos dejan de ver la ilusión de las luces de colores y ven el púrpura y el índigo intenso que revela el cielo.

El exceso. ¿Qué es, en verdad, algo excesivo y qué es algo moderado? ¿Cuáles son sus límites? ¿Es ilimitado lo excesivo? Bueno, si es excesivo, eso significa que no tiene fin, porque si tuviera fin, sería solamente algo moderado.

¿Qué tiene de malo ser excesivo, si lo excesivo es solamente un estado de ser que significa que eres una entidad ilimitada? ¿Por qué hay que ser moderado con respecto a cualquier cosa? Yo no quiero enseñarte a ser moderado. Cualquiera puede enseñarte eso. Esa es la plaga de este plano.

Yo deseo enseñarte a volverte ilimitado. Ser ilimitado es ser excesivo en el pensamiento, excesivo al llevar la parte contemplativa de tu ser hasta lo más elevado de tu ser, para entender, entidad, que no eres simplemente un ser humano, sino que eres un Dios divino disfrazado de algo que se esfuerza por ser moderado. No, yo no te enseño a ser moderado. Yo te enseño a ser sabio.

Todas las cosas que son buenas deberían llevarse a una esfera ilimitada. Depende de ti determinar lo que es bueno en tu ser. Y eso lo determinas reconociendo que tú eres el único que te amará absolutamente. Solo tú puedes ser el mejor amante de tu ser. Solo tú, entidad, eres el mejor amigo de tu ser. Solo tú eres el mejor maestro y consejero de tu ser. La opinión de los demás siempre será menos que la tuya, porque ¿cómo podrían conocerte realmente? Ellos no son tú.

Entiende que deberías valorarte por encima de cualquiera y de todos los demás, que la opinión que tienes de ti es una verdad divina. La manera en que te ves a ti mismo en tu reflector es como verdaderamente te ves a ti mismo. Si descubres que todo lo que eres en tu maravillosa aventura es un misterio, entonces verás qué belleza tan profunda es eso. No hay nadie aquí, aunque diga que es tu hermano, que vaya a morir por ti. Ningún amante morirá por ti. Ningún amigo morirá por ti. Nadie lo hará, entidad. Eso lo tienes que hacer tú mismo.

¿A quién deberías amar, acariciar y cuidar, en definitiva? ¿Cómo cuida un señor majestuoso a una buena mujer? Tocar su piel es toda una aventura; es como la seda, del color de la crema, y exuda el perfume y el aroma de los lirios. Su cuerpo es firme y, sin embargo, suave. Su piel es tersa y resistente. Sus ojos, entidad... Nunca hubo un mar que tuviera la profundidad, la vastedad, el color, el matiz y la liquidez de los ojos de una buena mujer o cómo los usa. Y sus mejillas y su frente se ruborizan con naturalidad. Su cabello cepillado brilla exquisitamente y tiene el aroma del limón y de flores maravillosas, y al pasarle tus dedos, fluye en tu mano, y hace que una mano áspera se sienta tan suave como un almohadón. Y su boca es muy bella, con un aliento dulce y tierno.

Cuando te apartas y miras sus refinadas manos, sus hermosos pies y su porte perfecto, juras por tu alma que nunca has visto nada tan exquisito. Nunca ha existido un arte que haya captado tal belleza viviente y rebosante de vida. Eso es lo único que se puede ver en la totalidad de un ser perfecto.

Cuando un hombre ve eso en una mujer, está viendo su propia gran belleza en esa mujer. Nunca le hablará con palabras hirientes. Nunca abusará o desgarrará esa piel tan suave. Nunca despeinará su hermoso cabello, no sea que pierda su brillo. Nunca le hará daño, para que esos hermosos ojos no se enrojezcan ni derramen lágrimas sobre sus mejillas rosadas. La tratará prácticamente como a una diosa, porque ciertamente lo es.

Así es como deberías enseñar. Así es como deberías responder. Así es como deberías ser contigo mismo: amándote, viendo la grandeza de tu ser, considerándote divino, vistiéndote con las ropas que te parezcan más finas sobre tu piel, ungiéndote, perfumándote, alimentándote con lo que es bueno y liviano sobre tu lengua, y bebiendo por tu garganta lo que le da calidez a tu ser. Nunca le des nada a tu yo, o a la persona de tu ser que pueda hacerle daño, destruirlo, mutilarlo, o lisiarlo, porque eres grandioso. Aprenderás a vivir contigo mismo. Aprenderás a vivir por ti hasta la eternidad cuando nadie más pueda hacerlo.

El amor nace dentro de uno mismo, y de esta manera se da a los demás fuera de nosotros mismos. Cuando aprendes a verte a ti mismo de la manera que un hombre ve a una buena mujer, entonces lo excesivo, en tu infinita sabiduría, es Dios. No volverás a hacerte daño ni a lastimarte, herirte, perjudicarte, ultrajarte ni a deshonrarte nunca más, y eso hará que tengas la noble virtud de aceptarte a ti mismo. Entonces nuestro Dios estará completo.

A veces, lo excesivo está simplemente fuera de lugar, pues a menudo su beneficiario suele ser un incomprendido. Te ayudaré a entender la belleza que eres y haré que seas merecedor de tu aspecto ilimitado de una manera muy sabia. Cuídate. Te lo mereces. Tú por ti, querido maestro.

Te mandaré un mensajero con flores. Disfrútalas. Son la señal de una nueva vida llena de color y esperanza, y cuando se abran, serán como tú.

Al ser un ejemplo del amor por ti mismo, amas a los demás

Nadie necesita que interfieras en su vida, pero alégrate por eso, porque están viviendo su vida precisamente como quieren vivirla. Deberías hacer lo mismo.

Para ser más amoroso y generoso hay que empezar primero con uno mismo. Cuando lo hagas, maestro, aprenderás que no le puedes dar nada a nadie, porque lo único que quieren de ti es su propia satisfacción, y, muy a tu pesar, entidad, será el fin de tu felicidad.

No les des algo a las personas para hacerlas felices, maestro. Simplemente sé, y vive por lo que te hace feliz. Ese mismo acto, al vivirlo, se convierte en un ejemplo para que los demás hagan lo mismo. Nadie necesita que le des nada.

No es virtuoso hacer lo que no queremos en la vida, estar atrapados viviendo una vida restringida y esclavizada para complacer a los demás. Eso no te da ninguna recompensa al final de esta vida, porque al hacerlo te has convertido en un sirviente de los deseos de otras personas y te has permitido ser poseído a pesar de tu voluntad. Algún día, entidad, ellos verán esa misma actitud y se convertirán en sus propias víctimas, haciendo lo correcto, renunciando al premio que han encontrado y que los lleva a la cúspide de su gloria y a lo más profundo de su intimidad, éxtasis, placer, esperanza, belleza y vida. Y renunciarán a todo eso, porque es lo más noble que pueden hacer por quienes dependen de ellos.

Te diré que hagas lo que desees hacer. El ideal que lleves a cabo sentará un precedente para aquellos que amas y aprecias. Lo que estoy diciendo no se ha dicho aquí tan abiertamente. Aunque es lo deseable, no es algo aceptable. Si deseas ser aceptado, sigue las reglas de tu sociedad que esclaviza a los demás. Entonces aprenderás a morir como un hombre viejo, hambriento, solitario, miserable e impotente. Y esa es una verdad.

Haz lo que, en tu corazón, sientas que debes hacer, entonces vivirás una vida a la perfección.

Maestro, no debes rendirle cuentas a nadie. Solo debes rendirte cuentas a ti mismo.

Cuando haces lo que te hace feliz, eso es una enseñanza para aquellos que te observan. Si ellos hicieran las cosas que los hacen felices, no tendrían que esclavizarte para lograrlo. Esa es una verdad.

Lo que se debe aprender aquí, en verdad, es a amar a aquellos a tu alrededor — porque tú sí te amas a ti mismo— lo suficiente para dejarlos ser, para permitir que se expresen como quieran, ya sea si están decepcionados de ti, o si, por desgracia, se alejan de ti o si están tristes debido a ti, lo que sea. Si eso se demuestra abiertamente, maestro, descubrirás que la desilusión de los demás a tu alrededor disminuirá cada vez más, y una gran fuerza crecerá dentro de ellos, pues ¿de qué otra manera se logra un ideal más que viviéndolo? Las palabras están vacías. No significan nada, excepto para aquel que las creó. Debes practicar esto en tu propia vida.

Sigue haciendo aquello que te de felicidad. Entonces no tendrás enfermedades cancerosas, no tendrás enfermedades mentales, enfermedades de aquello que se denomina el cuerpo. Serás una entidad feliz, y habrás sido una maravilla para aquellos a tu alrededor. Así es.

¿Por qué crees que debes servir? ¿Quién dice que servir a los demás te hará feliz? Nunca podrás hacer feliz a nadie, y si sirves a este mundo tan voluble, te colgarán porque frecuentemente su felicidad no es la tuya. Es verdad. Tu idea de lo que debería ser el mundo en un estado de utopía no será la misma del mundo. La consciencia colectiva lo prohíbe. Esa no es la forma de ayudar a la humanidad.

La forma de mejorar a la humanidad es cuando una entidad florece y se convierte en un recipiente del amor del yo: una noble criatura de estima, conocimiento, virtud, compasión, sabiduría, que vive sin ser afectada por la sociedad, la moda y las tendencias; todo un héroe. Cualquiera que pueda sostenerse más allá de esa consciencia merece ser reconocido. Aquel que florece, se ama y se entiende completamente a sí mismo, se convierte en una luz para los demás.

Si observas una gran ciudad, verás que la consciencia es como un cuenco. El punto más profundo y elevado está en el vórtice de la ciudad, en el centro. En las afueras, la consciencia se debilita, se hace más delgada y palidece.

La consciencia se crea mediante la consciencia colectiva de todos los que habitan la ciudad. Por lo tanto, cuando un forastero —que no pensaba nada de las costumbres de la ciudad, de sus voluntades, del fango y las tinieblas— entra a la ciudad, empieza a alimentarse de la consciencia colectiva y se vuelve una entidad prácticamente diferente. Hay cierta clase de esclavitud, y a aquellos que viven en una estructura como esa nunca se les conoce por quienes son. Son solamente duplicados de la creación de alguien más.

Cuando un Dios entra en una situación como esa, levanta el cuenco de la consciencia social, lo expande e incrementa el amor, el saber interior, el *Ser*. Todos los que se alimentan de esa consciencia empezarán a mirar a su alrededor y se preguntarán de dónde viene ese sentimiento. La entidad pasa por el mercado sin pronunciar una sola palabra. Y simplemente a su paso, todos se detienen a verlo. Su Espíritu sabe que la grandeza está en medio de ellos. Y he aquí que las entidades lo siguen a las afueras de la ciudad preguntándole: «¿Quién eres? ¿Qué haces? ¿Qué sabes?». La entidad les habla y dice: «El Padre dentro de mí es el que has visto a través del Padre dentro de ti». No les predica. Simplemente va de un lado a otro y vive para sí mismo y, al hacerlo, se convierte en un ideal explícito —no en un ídolo— para los otros que lo observan.

Es algo muy noble —cuando no tienes otra cosa que hacer— querer servir al mundo, pero como nos dice la historia, todos aquellos que lo han intentado han sido quemados, despedazados, colgados, envenenados, asesinados hasta acabar con ellos. Sé lo que tú eres para ti. Al serlo, elevas a todos los demás.

Tú eres el ser humano, Cristo, Dios. Si el ser humano es exaltado hasta ser un Cristo, puede cambiar el universo entero con un pensamiento. Así de poderoso es.

185

Vive por ti.
Haz lo que quieras hacer.
Mientras vivas por las expectativas de los demás,
nunca serás feliz, nunca serás un líder,
nunca lo lograrás,
ni serás recordado jamás.

No hay nadie aquí,
aunque diga que es tu hermano,
que vaya a morir por ti.
Ningún amante morirá por ti.
Ningún amigo morirá por ti.
Nadie lo hará, entidad.
Eso lo tienes que hacer tú mismo.

Nadie puede dar amor incondicional;
debes convertirte en ello.
Vívelo en tu propia vida.
Sé incondicionalmente amoroso contigo mismo.
Deja que eso sea una luz que anime a los demás a ir hacia dentro,
a ser amables, a encontrar fácilmente la belleza que poseen.
El amor incondicional no se le da a toda la gente,
sino que surge del interior de toda la gente.
Así es.

— Ramtha

Cuando el Cristo trasciende hasta ser un Dios completo, ya no está limitado por las condiciones de la carne, y se convierte en una plataforma de la cual y hacia la cual toda la vida sigue emergiendo. Y eso se hace contigo.

Ama lo que eres —ama lo que eres— y vive por el resplandor que está dentro de ti, un poder impresionante. Ámalo, depúralo y exáltalo. Así le habrás hecho un gran bien al mundo.

El amor incondicional puede surgir de ti y ser practicado y vivido hasta que se convierta en un principio sustentable en tu fuerza de vida. Comprometerte a amar a los demás incondicionalmente, maestro, no es la forma de hacerlo. Primero debes comprometerte contigo mismo, y luego con los demás.

Nadie puede dar amor incondicional; debes convertirte en ello. Vívelo en tu propia vida. Sé incondicionalmente amoroso contigo mismo. Deja que eso sea una luz que anime a los demás a ir hacia dentro, a ser amables, a encontrar fácilmente la belleza que poseen. Una vez que hayan experimentado el amor y el sabor de la miel, querrán más de sí mismos y pedirán más de sí mismos, y ellos mismos darán más.

El amor incondicional no se le da a toda la gente, sino que surge del interior de toda la gente. Así es. No sirvas a la humanidad. Nunca te apreciará por eso. Ama a la humanidad. La luz que tú eres atraerá, en la oscuridad, a quienes buscan la luz, y ellos vendrán de todos lados, ya lo verás. Aquel que busca la luz desea convertirse en lo que es la luz. Eso se llama amor, no servir. No estás aquí para servir a nadie.

Si solo tú poseyeras, dentro de tu maravilloso ser, la capacidad de amar a cada entidad aquí —amarla y darle mucha importancia a su valor— se te haría muy difícil abrirte camino para llegar a tu cama, porque continuamente tendrías una horda frente a ti que necesita lo que solo tú le puedes dar. La capacidad de amar es un tesoro tan grande, que tu nombre y tu servicio para la humanidad serían simplemente la luz que tú eres sin tener que hacer nada.

Cultiva ese maravilloso ideal dentro de tu ser. Aquel que necesite el amor encontrará su camino hacia ti de la oscuridad a la luz. Y ámalo; ámalo. Mira dentro de su ser y ámalo, porque de esa manera tu vida se elevará y será enormemente gratificada.

Ya que la paz, la felicidad y la salud difieren según el punto de vista y la vida de diferentes personas, lo que es para ti la paz, la felicidad y la salud, maestro, puede que no lo sea para tu vecino, según su percepción de la paz, la salud y la vida. ¿Cómo puedes ser todo para toda la gente si no has sido todo para ti?

Encuentra la paz, la felicidad, la alegría y la tranquilidad de la vida, de modo que tu luz brillante y tu ejemplo al perfeccionarte sean una luz para los demás. Entonces les estarás dando permiso, con tu dulce semblante, para que expresen el llamado de sus ideales, independientemente de los tuyos. Ámalos siempre, y permíteles expresarse libremente de acuerdo con su voluntad.

Vive plenamente tu vida, y encuentra la paz y la felicidad en ella. Y si la buscas, maestro, la encontrarás. Cuando se establezca, entonces, serás ciertamente una luz para que los demás encuentren su propio camino, te lo aseguro.

¿Estar al servicio de los demás? La mayoría dice que ser aquello que se denomina un filósofo, un profesor, un rabino, o lo que sea, es la manera de ayudar a toda la humanidad. La verdad es que la humanidad recibirá ayuda cuando quiera recibir ayuda. Y la mayoría de las veces hará oídos sordos a cualquiera que esté luchando por hacerlo, y con toda razón, porque ¿quién puede decidir si alguien necesita ayuda? Solamente cuando la piden es que la necesitan. El resto de las ocasiones están haciendo precisamente lo que quieren hacer, y ese es su estado de felicidad.

Te voy a decir una gran verdad. Al servir a los demás, nunca los harás felices, no importa lo que hagas, no importa cómo vivas, porque su felicidad no está en ti. Está en ellos, y vivirán y harán lo que quieran hacer porque eso los hace felices, y eso es lo que deberían hacer.

Servir a los demás es vivir tu vida, amar lo que eres rotundamente, y vivirlo de manera que lo que eres sea una luz para el todo el mundo, si es que desean mirar, y dejarlos en paz para que puedan mirar. Esa es la forma de dar servicio, no siendo como ellos, sino siendo lo que tú eres.

Es algo muy noble —cuando no tienes otra cosa que hacer—
querer servir al mundo,
pero como nos dice la historia,
todos aquellos que lo han intentado han sido quemados, despedazados,
colgados, envenenados, asesinados hasta acabar con ellos.
Sé lo que tú eres para ti.
Al serlo, elevas a todos los demás.
Ama lo que eres —ama lo que eres—
y vive por el resplandor que está dentro de ti,
un poder impresionante.
Ámalo, depúralo y exáltalo.
Así le habrás hecho un gran bien al mundo.

¿Cómo puedes ser todo para toda la gente
si no has sido todo para ti?
Encuentra la paz, la felicidad, la alegría
y la tranquilidad de la vida, de modo que tu luz brillante
y tu ejemplo al perfeccionarte
sean una luz para los demás.
Entonces les estarás dando permiso,
con tu dulce semblante,
para que expresen el llamado de sus ideales,
independientemente de los tuyos.
Ámalos siempre, y permíteles expresarse libremente
de acuerdo con su voluntad.

— Ramtha

Muchos profesores han venido y se han ido de este plano, algunos han sido maravillosamente famosos, otros han sido olvidables y otros, inolvidables. Eso no ha marcado una gran diferencia realmente, porque todo el mundo ha vivido como ha querido desde el principio. La infinita sabiduría lo sabe, entidad.

Entonces, ¿qué haces? Los amas inmensamente por la libertad que expresan. No importa si te odian, ámalos por expresar la voluntad de hacerlo. Son Dioses que están haciendo eso. Mientras puedas amarlos en cada fase de su ser, eso te permitirá tener la fuerza para amarte a ti mismo en cada fase de tu ser. ¿Y qué tan grandioso eres tú al hacerlo? Solo basta con ser quien eres.

Considérate a ti mismo siempre primero, por encima de todo y de todos los demás. Las criaturas más devotas de este plano dirán que eso se llama egoísmo. En verdad, lo es, y que te dé gusto que lo sea, porque cuando uno es lo suficientemente egoísta para pedirse a uno mismo primero y amarse a uno mismo primero, entonces uno tiene la capacidad de ayudar y amar a todos los demás, pues sabe lo que es el amor.

Amar a Dios primero es amarse a sí mismo primero. Sé amable contigo mismo, siempre. Este es un ejemplo del que todos necesitan aprender.

Todos quieren hacer feliz al mundo, pero el mundo sería bastante feliz si lo dejaras en paz. La contribución más grandiosa que puedes hacer es ser esta maravillosa entidad que ama lo que eres. No hay mayor regalo que ver a una entidad singular en este lugar maravilloso llamado la humanidad expresándose como es. Se convierte en una luz y en un ejemplo para los demás, pero solo para aquellos que desean verlo.

Amar, maestro —y uso este término exaltado cuya base es lo que se llama el amor de Dios—, es amarse a uno mismo lo suficiente como para permitirse el privilegio de hacer lo que te hace feliz. Es lo que nutre al yo con la misma y maravillosa iluminación y sabiduría que le permite al mundo hacer lo que desee. Incluso si todos te despreciaran, ámalos lo suficiente como para darles la libertad de hacerlo, eso se llama amor. Eso se llama Dios.

Ámate a ti mismo hasta que seas un ejemplo. ¿Qué importa si alguien te observa? Esta es tu vida, entidad. Esta es tu virtud. No hay nadie aquí que vaya a renunciar a su vida por ti, así que ¿por qué tendrías que hacerlos felices? Hazte feliz a ti mismo, y en ese proceso tu luz será verdaderamente una luz para el resto del mundo. Todos quieren salvar este lugar, pero la gracia salvadora de este lugar es que todo el mundo lo deje en paz.

Maestro, el mundo no necesita ayuda. No la quiere. Eso es el libre albedrío que equivale a Dios activo. Están obteniendo todo lo que quieren precisamente al no querer más de lo que quieren. Nunca ayudes a nadie, maestro, porque nunca lo apreciarán. Realmente no les importa. Les enseñarás ahora y lo olvidarán mañana, y al que le va a doler es a ti. Ellos son Dioses. Así son.

Ahora, lo mejor es que tú aprendas. Luego lo enseñas al llevarlo a cabo en tu propia vida. Toda la humanidad aprende mediante la observación y su libre albedrío. Cuando te observan realizar esta notable hazaña —aunque realmente no lo es— ayudas al mundo sin esclavizarlo. Los profesores que desean ir tras la humanidad para ayudarla son los más grandes esclavizadores de todos.

Nunca le enseñes a nadie a menos que te lo pida. Pedirlo permite que la voluntad tenga el ánimo de saber. Si les enseñas sin que te lo pidan, no estás enseñando, estás esclavizando, y eso no te corresponde a ti. La gente hace lo que quiere hacer, sea lo que sea. La gente cree lo que quiere creer. Está bien. No hay nada malo en ello, pues ¿quién puede determinar que lo que creen no es verdad? La verdad es que todo es verdad.

¿Cómo puedes ayudar a alguien? Cuando te lo pida. Cuando te lo pida, entonces háblale desde el Señor Dios de tu ser. Dile que esto es únicamente lo que tú crees y que has descubierto que es la verdad dentro de tu propio ser. Y cuando termines, dile que haga lo que quiera con eso, que no está regulado por lo que te gusta y lo que no te gusta para adherirse a lo que le acabas de decir. Entonces lo amarás y le permitirás escoger.

Para expandirte, amable maestro, para que puedas amar, entender y ser una ayuda para los demás debes primero serlo para ti mismo, para que entiendas lo que significa amar y servir a los demás. Ámate y entiéndete a ti mismo, maestro, sin precio, sin regateos. Cuando lo hagas contigo mismo, entonces habrás expandido el entendimiento de ese esfuerzo y de ese pensamiento hacia un concepto más grandioso que se convierte en una realidad permanente dentro de tu ser. Y cuando se hace ahí, maestro, se entiende más perfectamente y puede entonces aplicarse a los demás.

Los demás se sienten atraídos hacia nosotros de acuerdo con nuestra luz. Nadie viene a nosotros al azar, como se dice. Todos vienen a nosotros por cierta razón. Cuando te hayas expandido, maestro, mediante la bondad y la comprensión —no mediante las complejidades del intelecto sino mediante la simplicidad de nuestra propia belleza— y te entregues a ti mismo continuamente, maestro, atraerás hacia ti a aquellos a los que se les puede enseñar con sencillez.

Comienza a escuchar tus pensamientos, entidad,
y cuando empieces a escucharlos,
creerás que no hay nada más grandioso que tú.
Entonces tú y tu vida empezarán a tener sentido,
y por primera vez en tu existencia
tendrás respuestas que significan algo
porque se dan de una entidad sincera a otra:
de ti para ti.

— *Ramtha*

Capítulo Catorce
Presta Atención A Tu Sabiduría

*L*a manera en que aprendes es prestándote atención y eliminando de tu lenguaje los pensamientos de fracaso, culpa, miedo, dolor, los pensamientos negativos que dicen «no puedo», «no lo haré» y «es imposible». Cuando eliminas todo eso, que es lo mundano de la humanidad, encontrarás a tu espléndido yo. Entonces, cuando te escuches a ti mismo en esa modalidad de claridad, conocerás al Dios dentro de ti.

Todos siguen los ideales de los demás, que es la consciencia colectiva que preside y que se cierne sobre tu plano como un aire viciado. Nadie ha ido hasta las profundidades de su ser para encontrar una nueva modalidad y, a través del entendimiento, una nueva verdad, una nuevo *Ser*. Por eso son un misterio.

Te dan tus pensamientos diariamente para que comas. Te dan tus pensamientos para que duermas por la noche. Te dan tus pensamientos para que te vistas, para que el ropaje de tus pensamientos sea aceptado por todos los demás. Eso carece de la creatividad del yo individual, que es Dios. Ve a lo más profundo de ti y pregúntatelo, detente y escúchate. Así es como aprendes del Padre y de su sublime esencia.

No puedes ver nada que no contemples primero como una realidad. Una vez que contemplas su realidad y si existe, desde ese momento en adelante existe realmente. Entonces habrás llegado a otro entendimiento, a otra aventura. ¿Cómo podías ir hacia tu Espíritu anteriormente, si no habías razonado que había un lugar al cual ir? Ahora que sabes que tu Espíritu está allí, comunícate con él de la misma manera que te comunicas conmigo, y luego escucha. Tienes que escuchar atentamente, porque tus oídos están sintonizados a sonidos raros que representan pensamientos sutiles. Los pensamientos sutiles son los que debes escuchar. Una vez que refines tu oído sagazmente como para poder oírlos, entonces serás tu Espíritu y, mientras más escuches, más te realizarás. Así se hace.

La atrocidad del pensamiento limitado y la mente cerrada es lo único que impide que obtengas tu reino perfecto, lo que te impide obtener la gloria de Dios Todopoderoso y de ti mismo, porque mientras tengas pensamientos limitados y una mente cerrada, nunca te aventurarás hacia lo desconocido, ni especularás o contemplarás tu existencia, por miedo a que eso signifique un cambio. Y, ciertamente, lo es, porque ahora hay más que contemplar, más que ver, más que entender, más de lo que ser parte, en vez de un mundo diminuto que vive y muere.

Simplemente contempla tu Espíritu y escúchalo. Cuando lo hagas, contemplarás a Dios. Él es sutil. Escucha la palabra que no es una palabra. Ve la realidad que no es una realidad. Conviértete en ello. Sé tu Espíritu. Allí no hay puertas ni paredes prohibidas. No hay un revoltijo de palabras que te indique cómo convertirte en eso. Simplemente es. Vive en un estado de *Ser*. Eso es todo.

Aquello que le brinda una dirección al alma, es lo que se denomina el ego alterado o la comprensión del ego colectivo del ser humano que vive en una esfera limitada. El ego alterado es Dios alterado, el Dios que juzga. Aquello que se denomina el Espíritu divino —y ese es el sentimiento, entidad—, el Espíritu divino es en realidad el Dios de nuestro ser significativo. Nunca te dirige erróneamente. Su mayor interés es tu propio interés. Por eso no tiene ninguna razón para disiparse, profanarse, estafarse o aplacarse a sí mismo por tu estupidez. Está allí, entidad, para guiarte, porque tú eres el resultado de su ser.

Tú eres el profesor más grandioso

Aprende a escuchar el sentimiento dentro de ti. Nunca te abandonará; nunca. Hazle caso al sentimiento que vive en lo más profundo de tu ser, entidad, y deja que sea una lámpara en tu noche. Siempre encontrará tu sendero, justo donde estés.

El Espíritu de tu ser, el Dios de tu ser, si lo escuchas, sabe infinitamente lo que necesitas y deseas. Si escuchas la voz silenciosa dentro de ti y empiezas a prestarle atención, nunca te llevará por mal camino porque solo le interesa lo mejor para ti, ya que eso es lo que a ti te interesa.

El intelecto, que sufre debido al ego alterado, que fue creado por el ego alterado, siempre tiene que encontrar la complejidad incluso en lo más simple. Él permite que la mente sienta la marea del éxtasis en la fantasía intelectual. Ha hecho de la simplicidad tal acertijo, entidad, que harán falta muchas vidas para resolver el misterio, y por eso le da credibilidad a nuestro propio ser y nos demuestra lo poderosos que somos y nuestro estado de pomposidad absoluta.

La vida no es ningún misterio. Si miras a tu alrededor, verás todas las respuestas. Si escuchas y haces lo que tu ser te dice que hagas, pronto encontrarás la manifestación de esa acción. El Padre es la simplicidad de la línea, es la totalidad de la vida. Lo único que tienes que hacer es contemplarlo. Y si deseas dar poca importancia a su ser, entonces hazlo. De eso se trata el intelecto. Que así sea.

No te bases en las cosas intelectualmente. Eso es lo que hacen los tontos. Básate en los sentimientos. Ese es el pensamiento que nace del Espíritu que causa cierto sentimiento dentro del cuerpo sin palabras. Eso es lo que siempre deberías escuchar. El Espíritu de tu ser siempre está comunicándose contigo, y lo que intelectualmente debería ser la respuesta obvia, no siempre lo es. Hazles caso a tus sentimientos. Hay muchas cosas que todo mundo sabe intelectualmente. Incluso hay sinvergüenzas que se enorgullecen de su estupidez intelectual, pero no saben cómo sentir. No te alinees con ellos. Permite que tu sentimiento se convierta tanto en sentimiento como en intelecto. En esencia, tú creas tu propia teoría, tu propia verdad, tu propio *Ser*.

Ya sabes todo lo que hay por saber. Ya lo sabes porque aquello que se denomina el saber interior está más cerca de ti que el cabello de tu cabeza y es más dulce que el latido de tu corazón. Está más cerca de ti que todas esas cosas y, sin embargo, solo te permites saber muy poco. A través de este entendimiento y esta iluminación serás capaz de saber todas las respuestas, en verdad.

Yo soy tu amado hermano y te amo inmensamente, y no me importa impartirte mi sabiduría, y estoy deseoso de que la apliques. Maestro, nunca ha habido nadie que haya vivido, o que vaya a vivir alguna vez, que sea un profesor, amante, amigo, confidente o rey más grandioso con tu ser que tú mismo. Allí tienes todas las respuestas. Y si allí no las encuentras, estás equipado, te lo aseguro, para obtener el saber interior adecuado para implementar las respuestas.

Tú eres un gran Dios. No busques a otros para obtener respuestas; búscate a ti. Solo tú conoces la respuesta a lo que necesitas, y sabes que lo que has elegido es la verdad. Lo es. Conforme lo hagas, tu Dios interior florecerá, tu unión contigo mismo será eminente, y las entidades te buscarán por tu sabiduría. Cuando lo hagan, impárteles lo que te acabo de impartir y pídeles que lo usen. Entonces, entidad, tu vida será feliz y, por supuesto, te pertenecerá a ti y a nadie más. Que así sea.

En este sueño, en este entendimiento, no existe tal cosa como «no existe tal cosa». Solo existe la verdad. El ego significa Dios. El ego alterado significa Dios limitado. La voz que oyes siempre es la verdad; siempre. La verdad representa sus visiones de una emoción específica para que la entidad la sienta y aprenda de ella. La manera en que las visiones se representan y las palabras que se dicen, entidad, es algo secundario. Es lo que se recopila de lo que se ha experimentado.

La voz interior, no es una voz. Es un sentimiento. Es una urgencia. Es emoción. El pensamiento no se convierte en realidad hasta que se acepta en aquello que se denomina el campo áurico a través del cuerpo inmortal, expresado a través del sistema nervioso central como un sentimiento. Entonces se convierte en realidad.

Aprende a escuchar el sentimiento dentro de ti.
Nunca te abandonará; nunca.
Hazle caso al sentimiento que vive en lo más profundo de tu ser, entidad,
y deja que sea una lámpara en tu noche.
Siempre encontrará tu sendero,
justo donde estés.

Maestro, nunca ha habido nadie
que haya vivido, o que vaya a vivir alguna vez, que sea un profesor,
amante, amigo, confidente o rey más grandioso
con tu ser que tú mismo.
Allí tienes todas las respuestas.
Y si allí no las encuentras,
estás equipado, te lo aseguro, para obtener
el saber interior adecuado para implementar las respuestas.

— Ramtha

Lo que oyes es el Dios de tu ser, y si el Dios del ser de tu vecino dice una verdad diferente a la de tu Dios, eso no significa que estés equivocado. Tu voz no se puede comparar con ninguna otra. Escucha lo que se dice dentro de ti mismo.

La mayor atrocidad que se haya cometido jamás en este plano fue cuando Dios fue separado de las masas y puesto como una entidad singular, y a todos se les impusieron reglas y regulaciones denominadas dogma. Eso significó que todos eran iguales y que no eran diferentes ni únicos.

Maestro, aunque todos son un solo Dios, tú eres diferente y único, y tu hermosa verdad necesita ser escuchada, ciertamente. El lugar al que vas a ir no es el lugar al que esta o aquella entidad van a ir. Es solo el lugar a donde tú vas. Cuando dejes de comparar tu voz con la de los demás es cuando realmente te realizarás.

Siéntela y escucha lo que dice y, por favor, no vayas en contra de su sabiduría. Es únicamente para ti. Cuando la voz es objetada —cuando la alteración o la limitación o el ser humano empiezan a interferir con ella— eso se llama confusión, un estado divino de emoción.

Maestro, la atrocidad de la meditación
es que uno nunca puede inmovilizar la mente,
pues jamás se puede inmovilizar a Dios.
El principio del pensamiento es continuo en cada momento.
Se expande en cada momento.
En el momento de su expansión,
recopila su saber interior de todas las entidades conscientes.
Nunca podrás inmovilizar la mente de Dios, no puedes hacerlo,
porque si pudieras, maestro, este sería el último instante
de todos los instantes y nunca volverían a existir,
ni tampoco la vida, la luz, el aliento, el viento,
las aguas, las estrellas, las lunas, los cielos
ni todo el entendimiento.

— *Ramtha*

La oración, la meditación y la contemplación

Tratas de quedarte quieto para orar y meditar, pero ¿qué crees que es esto? ¿De qué sirve tratar de pensar en una oración o quedarte quieto para la meditación, entidad? Si estás tratando de quedarte inmóvil para ser consciente de la presencia que vive dentro, fuera y en todos lados, te la perderás por completo porque no se queda quieta.

¿De qué tratas de ser consciente, entidad? Cuando tratas de quedarte quieto y escuchar, ¿qué es lo que crees que vas a escuchar? ¿Una trompeta, música suave, agua que corre, luces brillantes? ¿Qué van a hacer? Solo van a hacer que pienses en ellas. ¿De qué sirve la oración y la meditación si ignoras las respuestas que te llegan? Tus respuestas, entidad, son pensamientos.

¿Qué crees que es la voz de Dios? ¿Un extraterrestre? ¿Qué quieres escuchar? ¿Una frase completa? La voz de Dios, entidad, es el río de pensamiento, puramente eso. La presencia que estás tratando de escuchar, entidad, es tu propio proceso de pensamiento sin el juicio que se interpone en el camino.

La voz de Dios son los pensamientos que te llegan. ¿De dónde crees que vienen? Lo que estás tratando de escuchar son respuestas, pero las respuestas que buscas no provendrán de una entidad que aparezca fuera de ti y te las dé divinamente. Serás tú, en tu proceso de pensamiento diario, que es el valor más importante de la vida, y eso significa que te habla todos los días en tu idioma.

La voz de Dios no son arpas o la música de las nubes que pasan. Él es el pensamiento que hizo que estos ocurrieran. La voz de Dios es el río de pensamiento. El ego alterado es el dispensador, la alteración, el juzgador de los pensamientos puros. Todos los pensamientos que has calificado como mundanos y distorsionados es donde han estado todas tus respuestas.

Comienza a escuchar tus pensamientos, entidad, y cuando empieces a escucharlos, creerás que no hay nada más grandioso que tú. Entonces tú y tu vida empezarán a tener sentido, y por primera vez en tu existencia tendrás respuestas que significan algo porque se dan de una entidad sincera a otra: de ti para ti.

No hay ninguna presencia externa, ninguna, que se preocupe tanto por ti más que tú, el Espíritu de tu ser que ha permitido que surjan estos procesos de pensamiento. Ellos se pueden meter a la fuerza a pesar de tu actitud juzgadora. Le añaden un poco más de felicidad a tu vida.

Si te sientas y permites que todas estas distorsiones se presenten durante el tiempo que quieran, tendrás la respuesta para cada uno de los problemas que has tenido alguna vez. Tendrás una percepción de tus mañanas por venir y tendrás una razón de ser.

Ya basta. Me canso de mis propias palabras, pues no pueden ser más simples y atrevidas. ¿De dónde crees que obtengo mi información? Yo soy el río de pensamiento disfrazado de personalidad. Que así sea.

En un principio, cuando el ser humano creyó por primera vez que Dios ya no existía dentro de su ser, quedó en la posición más vulnerable y peligrosa, porque de ese modo, alguien que sí tenía la palabra de Dios podía dictarles a los demás cómo debían vivir, qué debían hacer, cómo debían hacerlo, cuándo debían hacerlo, todo.

Durante eones, el ser humano ha pasado por muchos rituales para encontrar la forma de alcanzar a Dios o el saber interior, el *Ser*, desde los sacrificios —de la vida humana, animal y vegetal— hasta renunciar a sus propiedades, su tierra, su casa o comprometer su vida eternamente a un convento, a un salón de estudios, a la oración o a la meditación. Mientras sepas que tienes que hacer algo para conectarte contigo mismo, siempre sabrás que nunca lo harás.

La meditación es recibir los procesos de pensamiento y escuchar cómo reaccionas a ellos. Es realmente escuchar al yo como si escucharas una melodía. Desafortunadamente —y afortunadamente—, la mayoría de las entidades se angustian mucho porque no lo hacen lo suficiente y se sienten sumamente culpables, de modo que la culpa los esclaviza porque no se conectan lo suficiente con Dios. Entonces empiezan a sentirse totalmente faltos de mérito, una y otra vez, y así regresamos nuevamente al principio: el ser humano sin Dios.

Donde quiera que estés, hermosa entidad, recibes el pensamiento, que es Dios, y responder a él de acuerdo con tus sentimientos. Eso es la oración diaria, la meditación diaria, la existencia diaria. Ese es tu saber interior inalterable. Estar en silencio permite verdaderamente la quietud del ser y le permite al yo ser uno con el yo, pero no para alcanzarlo, solo para serlo.

Si nunca meditaras en ninguna existencia de tu vida, aun así lo habrías hecho todo correctamente. Lo que uno necesita saber es que uno ya es Dios y no tiene que seguir buscándolo o quemarse o sacrificarse de ninguna manera para alcanzarlo. Solo sé quien tú eres. No imites a nadie más que a ese ser infinito: tú mismo.

Si dedicas más tiempo a permanecer sentado en silencio y a contemplar tu hermoso yo, entidad, eso abrirá aún más áreas de aventuras para ti, eso es seguro, sin servir a nadie más que a tu propio ingenio. Si lo haces, serás una entidad más feliz porque eso significa que te estás dando a ti mismo una oportunidad para experimentarte a ti, de lo cual todos aquí necesitan un poco más.

Si tuvieras un momento para alejarte del fango y las tinieblas y de las manos como garras de la plaza del mercado el tiempo suficiente para contemplar tu propia paz interior, descubrirías un valor interior, una verdad interior, una guía interna, que nunca supiste que existía. Eso te permitirá rejuvenecer, te permitirá serenarte, ser más expansivo, inteligente, brillante. Cuando te eleves por encima de eso, entidad, harás tu tarea desde un punto de vista diferente, un objetivo diferente que, ciertamente, te permita ser más tú mismo en lugar de ser solamente un número, un jornalero o un esclavo en la plaza del mercado según el valor y el punto de vista de los demás.

Lo que le da estima a un ser humano es su propia idea. Si necesitas confianza en ti mismo, deja de hacer lo que estás haciendo y piensa en lo que te gustaría hacer en un estado de ser. Es allí donde nacen las ideas, donde se crean los inventos, donde se entiende la filosofía, donde se crea la magia. Contémplate a ti. Obtén tu propia autoestima al darte a ti mismo la oportunidad de que el Dios en tu interior escuche a la Fuente. Eso incrementa el conocimiento, incrementa la consciencia, el saber interior, y valora el hecho de que puedas implementarlo justo donde estás.

Maestro, la atrocidad de la meditación es que uno nunca puede inmovilizar la mente, pues jamás se puede inmovilizar a Dios. El principio del pensamiento es continuo en cada momento. Se expande en cada momento. En el momento de su expansión, recopila su saber interior de todas las entidades conscientes. Por eso ser parte del saber interior, entidad, es ser una parte de todo lo que existe. La meditación es la hora en que permites que todo eso fluya a través de ti para evaluarlo.

Nunca podrás inmovilizar la mente de Dios, no puedes hacerlo, porque si pudieras, este sería el último instante de todos los instantes y nunca volverían a existir, ni tampoco la vida, la luz, el aliento, el viento, las aguas, las estrellas, las lunas, los cielos ni todo el entendimiento.

La mente de Dios es el río de pensamiento. Tú no controlas tus pensamientos; los evalúas. En un estado de contemplación o meditación, como lo denominarías, uno contempla los valores de pensamiento que fluyen a través de este magnífico receptor. Los contempla y los evalúa. Los pensamientos nunca se vuelven realidad para su propio ser a menos que los sienta a través de la emoción. Es a través del sentimiento de la emoción que aparecen en la realidad manifestada.

La meditación es más bien como sentarte en una audiencia y escuchar el punto de vista de todos, incluyendo el de toda la vida. De modo que cuando estás quieto y prestas atención, estás escuchando a Dios en todo lo que es, en cada cosa que él es. ¿Con qué propósito? Te lleva más allá de las restricciones. Hace que contemples cosas que nunca hubieras contemplado y, quizás al contemplarlas, abunden las respuestas en el alma que las está buscando. Y las respuestas se manifiestan en el mundo tridimensional, después de sentirlas, para aquello que se llama la experiencia.

Estás escuchando a Dios. ¿Y quién es él? Entidad, él eres tú; tú. Así que nunca controlas tus pensamientos; solo los evalúas. Oirás el más vil y el más hermoso de todos los pensamientos porque el que determina la vileza y la belleza es solo el que los ve, y ese eres tú.

¿Cómo escuchas? Busca un lugar y ama el lugar que busques. Encuentra la quietud.

Pon tu cabeza hacia el norte y tus pies al sur, de esta manera estarás polarizado, tal como se ve. Una vez que los campos magnéticos estén en paz el uno con el otro, expresa lo que deseas desde el Señor Dios de tu ser. Y permanece quieto y expectante; siempre expectante.

Si no oyes ni siquiera una voz o un susurro en tu oído, no te decepciones, porque quizás la mayor revelación esté en la materialización de tu respuesta en tu actitud, o quizás en la emoción, o en el aspecto tridimensional de su realidad.

Y siempre llegará. Cuando buscas la respuesta, maestro, significa que la esperas. Por lo tanto, así será

CAPÍTULO QUINCE
PERMÍTETE SER

No hay ningún ritual, ningún cántico, ningún dogma,
ningún mago, ningún sacerdote, en verdad, ningún oráculo,
que te permita ser quien eres.
Todo eso no significa nada. Lo único que te permite ser
es eliminar el juicio en contra de ti mismo.
Es así de simple.
Es muy simple amarte a ti mismo.
Eso significa que no hay nada que considerar, excepto el amor.
Así es el amor.
Dios está en un estado de Ser continuo, la totalidad.
Ser equivale a la esencia del Ser, la cual equivale a Dios.
Cuando no tienes que detenerte y juzgar tu actitud,
entonces eres Dios.

— *Ramtha*

Elimina el juicio de ti mismo

Contempla esto un instante. En tus momentos más difíciles, ¿has pensado alguna vez por qué Dios no te ha preguntado por qué estás haciendo esto, por qué eres de esta manera, por qué no eres de otra manera? Bueno, él nunca lo ha hecho porque de cualquier manera que seas, eres hermoso para él, porque la vida no termina en este momento, con esta inquietud, con esta depresión. Va a continuar, y será más sublimemente hermosa que su ayer.

Si el Padre te permite tener la libertad de expresarte en todos tus colores, entonces no seas tan duro con tu ser por no encajar en las modalidades aburridas que la sociedad te indica para ser piadoso, santo y divino.

Todos quieren que todos los demás se comporten según cierto patrón, pero nunca lo aplican a sí mismos. Es una pequeña hipocresía que también es colorida. Un día, cuando todo este plano ya no tenga que sentir que vivir esta vida es una supervivencia básica, tal y como los instintos de sus genes les han enseñado a hacerlo, dejarán de vivir en esta locura, y empezarán a descubrir la verdadera alegría de esta sublime existencia.

Todo tu comercio, entidad, toda tu educación no están basados en la felicidad; están basados en la supervivencia. Y con eso purgas todo lo frívolo de tu vida para ser significativo y obediente con aquello que se denomina la plaza del mercado. Esa es una vida aburrida.

Algún día llegará el momento en el que superes estas dificultades emocionales que hacen que seas de esa manera y entiendas lo que significa vivir en libertad y ser feliz con ese entendimiento. Que así sea.

Todos poseen un ego, y todos deberían poseer un ego y siempre lo poseerán, porque el ego significa Dios. Eso es lo que significa ese término. El ego alterado simplemente significa Dios alterado. Lo que equivale a Dios es lo ilimitado. Lo que equivale a la alteración es la limitación.

Si eliminas de tu ser el juicio con el que te juzgas ti mismo, permitirás que surja una virtud ilimitada, y tu ego será el Dios que es. No hay ningún ritual, ningún cántico, ningún dogma, ningún mago, ningún sacerdote, en verdad, ningún oráculo, que te permita ser quien eres. Todo eso no significa nada. Lo único que te permite ser es eliminar el juicio en contra de ti mismo.
Es así de simple.

¿Cómo lo haces? Cuando te despiertes por la mañana, quédate allí acostado y contémplate a ti mismo en silencio. Piensa en ti. Piensa en ti. Piensa en lo hermoso que eres y en los pensamientos que yacen en las cavidades profundas y secretas de tu ser. Piensa, entidad, en lo bella que es esa imagen, y luego ve esa imagen en todos los demás. Cuando lo hagas, habrás eliminado los juicios, y el ego alterado se convertirá en el ego; ilimitado. Y eso, entidad, equivale a ser un maestro. Si lo haces, crecerás, lo sabrás, te realizarás y ascenderás en esta vida.

La mayor alineación ocurre cuando eliminas de tu ser lo bueno y lo malo, lo que te hace decir que un sentimiento es mejor que otro. Cuando eliminas lo bueno y lo malo y dices: «Yo soy lo que soy, y aquello que soy es el Dios expresivo que vive en el momento», descubrirás que el gozo ocupará tu ser en todo momento. Así es como uno permanece alineado.

El alma no juzga al pensamiento. Solamente lo alinea. Si aparece un pensamiento que te entristece, tu ser estará sumido en la tristeza, pero eso no es malo. ¿Quién dice que es malo? ¿Quién dice que existe una realidad que sea mala? ¿Quién dice que si el gozo surge en el alma es mejor que la tristeza? Para muchos, el gozo se encuentra en la tristeza.

Sé, no te condenes a ti mismo y, sobre todo, no seas cruel contigo mismo —un buen término que usan aquí es ser negativo contigo mismo— y si estás triste, entristécete. Y si deseas ser un amargado, amárgate. Pero, sobre todo, sé.

Si te permites la emoción para experimentarla sin determinarla como buena o mala, te mantendrás alineado en todo momento y siempre te sentirás maravillosamente bien. No sopeses los principios de perfección e imperfección. Sopésalos como el *Ser*, yo soy lo que soy. Mientras menos te juzgues a ti mismo de cualquier manera, mayores serán los beneficios que recibirás porque crecerás y manifestarás mejor con tu *Yo soy* y con tu *Ser*. Permítete ser en cualquier medida en la que ocurra tu estado de ser. Eso es todo. ¿Lo entiendes?

No quieras tener una buena actitud, porque eso equivale a que su contrapartida será una mala actitud. La actitud es el punto de referencia para tu creatividad única. Lo más grandioso que puedes poseer es simplemente convertirte en la actitud del *Ser*, lo cual significa que no contemplas si tu actitud es buena o mala, sino que es. Y la manera de hacerlo es amándote a ti mismo, para poner tu atención en el yo. Entonces, cuando el amor por ti mismo empiece su camino hacia el éxtasis, no será cuestión de que tu actitud sea suficiente. La cuestión será que te ames a ti mismo lo suficiente como para que tu actitud sea el *Ser*, la representación del yo que amas. Sé, ama lo que eres, honra lo que eres fervientemente. Entonces estarás sumamente contento de tener una actitud para apreciar aquello que eres y que siempre serás.

Es muy simple amarte a ti mismo. Eso significa que no hay nada que considerar, excepto el amor. Así es el amor. Dios está en un estado de *Ser* continuo, la totalidad. Ser equivale a la esencia del *Ser*, la cual equivale a Dios. Cuando no tienes que detenerte y juzgar tu actitud, entonces eres Dios.

La definición de la paz no es estar satisfecho y contento. Es permitir al yo, es decir, aceptar lo que eres, amar lo que eres y estar en paz con eso. La mayoría en este plano no lo está. Luchan por convertirse en un ideal de lo que la sociedad les dice que deben ser. De modo que se matan de hambre para ser delgaduchos y miserables, y hacen cosas con su semblante para parecerse a cierto ideal. Es muy difícil encontrar la felicidad en una entidad muerta de hambre que continuamente hace que su semblante se vea como el de otro.

Amarte a ti mismo es estar en paz, y eso es una bendición, maestro. ¿Alguna vez has comparado tu maravilloso cuerpo con el de otra persona y te ha parecido insuficiente? Eso no es amar tu cuerpo. ¿Has imitado a otros, pensando que son más hermosos o mejores que tú? Eso no es amar al cuerpo. ¿Desprecias lo que eres? ¿Has odiado tu apariencia? ¿Alguna vez te has sentido inseguro y avergonzado de ser tú?

¿Sabes que cada vez que condenas a tu cuerpo, la hormona de la muerte entra en erupción dentro de él y el cuerpo empieza a degradarse a sí mismo para consternación de aquel que lo habita? El cuerpo es una maravillosa y bella carroza, pero si no se lo ama, debe obedecer aquello que se le ofrece y se aniquilará a sí mismo.

La moda es muy limitada. Es una atrocidad porque considera que todos deben verse como un individuo o un grupo de individuos. Todos luchan arduamente para verse de esa manera y caen en una gran neurosis porque son infelices consigo mismos. Sin embargo, la belleza es una esencia invisible. Es una esencia invisible que nadie aquí posee en partes externas.

No hay nadie como tú. Hay entidades por todos lados, pero no hay nadie como tú. Eres único. Nadie más tiene aquello que ofreces en tu espléndido ser. Cuando consideras ese valor y te tratas a ti mismo como la entidad maravillosa y singular que eres, y dejas de modificarte y de cambiar para verte como alguien más, tu cuerpo nunca morirá de ninguna enfermedad ni tampoco envejecerá. El cuerpo estará en un estado de júbilo y seguirá viviendo y sustentado al mecanismo que le da vida. Cuando otros batallen con su neurosis, enfurecidos con su locura, tratando de matarse de hambre para ser aceptados, para ser intelectuales, y muriendo por ello, tú continuarás viviendo y verás a las generaciones ir y venir.

Mantener un cuerpo perfecto es evitar hacerle daño mediante los pensamientos de rechazo, odio, amargura, imitación, infelicidad, insatisfacción, y amarlo por lo que es. Mientras lo hagas, nunca le pasará nada malo. Ámate a ti mismo. Siéntete satisfecho con lo que eres, con tu apariencia, y ten por seguro que eres original. Y esa es una palabra maravillosa.

Ama las emociones que sientes

El estado de *Ser* no proclama la separación. En otras palabras, el *Ser* no es bueno, porque si fuera bueno, en virtud del equilibrio, se equipararía con lo llamado malo o malvado. No es perfecto, porque entonces se equipararía con la imperfección. Así que no es la perfección, ni es bueno, ni malvado, ni es la imperfección. Simplemente es un valor expresivo. El *Ser* es ser lo que eres, y sentir y vivir la emoción de cualquier cosa que sientas. La emoción es el Dios de tu ser que te permite participar en una aventura que quizás sea inaudita en esta sociedad, pero cuando lo haces, te superas y te expandes como resultado.

El *Ser* no juzga. El *Ser* es amarte a ti mismo sin juzgarte, es hacer las cosas que sientes sin juzgarlas, no porque sean buenas o malas, sino porque simplemente son. Vivir en el *Ser* es vivir en el momento. Es vivir la aventura. Es vivir el sentimiento y amar a aquel que lo está viviendo. Ese es un estado de *Ser*. Eso es Dios, un *Ser* que no te juzga a ti ni a nada, porque todo lo que eres es él en su *Ser*.

Vivir en un estado de *Ser* es ser lo que eres sin desesperarte por lo que eres, ni juzgarte por lo que eres, ni menospreciar lo que eres, sino amarlo. Hay una razón por la cual eres como eres, y se debe a la hermosa experiencia del valor que estás aprendiendo.

El alma tiene hambre de aquello que nunca ha experimentado anteriormente. La razón por la que tienes un alma es para ocupar el pensamiento, para que el pensamiento pueda tener una base de realidad mediante los sentimientos o la emoción. Cuando el alma tiene hambre de una experiencia, significa que carece de la información de esa experiencia, de modo que provoca un sentimiento que cautiva a toda la entidad para que emerja en la aventura y así obtener la sabiduría para sí misma.

Cuando la experiencia del *Ser* termina y la tormenta emocional se aquieta, la aventura y todo aquello que valía la pena obtuvieron algo que supera al oro, el tiempo y la belleza. Se convirtieron en sabiduría, lo cual es una indicación del alma que te dice que nunca tendrás que hacer esto otra vez porque ya lo has experimentado. Entonces el alma sentirá hambre, y la entidad se sentirá atraída a hacer otras cosas porque lo necesita.

El *Ser* es ser lo que eres y amar lo que eres incluso si nadie te ama debido a eso. No te preocupes si te aman o no. Solo preocúpate por ti mismo. Entonces estarás viviendo en la totalidad que Dios quiere para ti. Lo que tú eres va más allá de la belleza, más allá de la perfección, y más allá de aquello que se denomina lo bueno y lo malo. Conduce al destino, a la realización del yo. Eso es lo único que importa.

Eres amado inmensamente por una Fuente invisible que es incluso más grandiosa que la Fuente visible. Todos tus secretos son conocidos, y todas las cosas que has hecho son conocidas, pero ¿se pesan en tu contra? No. Y se comprende lo que sientes que debes hacer. No se te juzga menos por eso. No se te juzga. Se te ama, porque tú enriqueces esta totalidad eminente. Recuérdalo.

No podrás entender a las grandes estrellas que están más allá del sistema solar, ni ver las cosas que el ojo no puede ver, hasta que te hayas amado a ti mismo lo suficiente para poder verte a ti mismo sin criticarte. Para extenderte en el pensamiento, para captar el conocimiento que este mundo todavía no posee, tienes que amarte a ti mismo. Y, en esencia, esa es la mayor recompensa que existe.

Si el yo es extraño y raro o fascinante, está bien. El yo necesita ser de esa manera. Si hay ojos críticos que lo inspeccionan, y te vuelves vulnerable a las críticas de los demás, siempre negarás la naturaleza más verdadera del yo porque no es aceptada por otros. Entonces, a la hora de tu muerte, partirás de este plano y regresarás una y otra vez, solamente para perderte en ideales futuros porque nunca estableciste la premisa de amarte a ti mismo.

Sea lo que seas, ámate a ti mismo por ser de esa manera. No te vuelvas vulnerable a la crítica de los demás y no dejes que nadie te separe de tu Dios, porque eso es lo que significa. Pronto la maravilla que es amarte a ti mismo se abrirá en una magnífica flor, y vendrán entidades de todos lados para oler su perfume y su fragancia. Y te pondrán a prueba, porque serás único y diferente, y la verdadera felicidad vivirá dentro de tu ser naturalmente.

«Soy feliz cuando estoy oprimido porque simplemente me expreso de esa manera. Soy feliz cuando estoy deprimido porque simplemente estoy expresando eso. Soy feliz cuando me enojo, de otro modo no lo haría. Y soy feliz cuando me río. Todo mi ser se desternilla con fervoroso entusiasmo, y me permite librarme un poco de mis cargas». Eso es ser gozoso con el yo.

Cuando llegues al punto en que ames a tu hermoso ser, te irás de este plano en un rayo de luz porque ya no habrá nada que te pese, y ya no habrá nada a lo cual te aferres. Serás todas las estrellas y los cielos por venir. Serás parte de su actividad. Es sencillo alcanzar a Dios: alcánzate a ti mismo. Es ahí donde lo encuentras.

Nunca descubrirás quién eres porque lo que eres es la continuidad del pensamiento al cual yo me refiero como Dios. ¿Y cómo conoces a Dios? Solo cuando te has convertido en todo en el momento que se expresa a sí mismo, y eso es la eternidad.

Conocerte a ti mismo es la búsqueda continua de la existencia porque te hará falta todo ese tiempo para saber quién eres. Nunca llegarás a un punto de entendimiento en el que puedas decir: «Este soy yo» porque en el siguiente momento de consciencia, de ser Dios, todo habrá cambiado con la voluntad en el siguiente momento del futuro. Cuando se identifica al yo conforme a las voluntades frívolas y a un tiempo que avanza, uno nunca sabe quién es.

Asimilar que eres Dios es asimilar que eres todas las cosas y, debido a que eres todas las cosas, estás abierto a la naturaleza de cambiar dentro de tu ser. Qué maravilloso. ¿Por qué alguien querría quedarse estancado, atrapado en un momento del tiempo, mientras toda la eternidad pasa de largo? Eso no serviría para nada y, afortunadamente, eso no existe.

Saber quién eres es entender tus sentimientos en el presente, pero aún más grandioso es aceptar el flujo del cambio dentro de ti mismo. Cuando aceptas que eres vulnerable al tiempo futuro y que eres vulnerable a las voluntades, entonces eres Dios.

De modo que no quiero que te pongas ninguna etiqueta. Deseo que te conviertas en un maestro, el señor de tu ser, que tengas dominio sobre los aspectos más débiles de la vida que tendrían dominio sobre ti dándoles la prioridad adecuada para que tengas una perspectiva más amplia de ti mismo, para que puedas avanzar en este maravilloso enigma llamado el tiempo, para que entiendas todo lo que el Padre tiene para dar sin que nada te pueda frenar.

Lo que esto significa, en términos simples, es quién eres tú. Eres una entidad, una energía que se ha consumado en la masa, en la materia. Lo que sientes en este momento puede cambiar al siguiente. Cuando entiendes que eres Dios y que tienes esas opciones te puedes amar a ti mismo en libertad para ejercitar esas opciones.

Sé quien eres ahora. Si este Ahora cambia en los Ahoras que todavía están por nacer, que así sea, porque eso constituye al yo fundamental que se llama Dios. Y ámate a ti mismo por todo lo que eres, por encima de todas las cosas.

Estás compuesto de la única realidad que existe: tú. No puedes entender a otras personas. Ni siquiera puedes dar crédito a otras personas porque no puedes sentir por nadie más. Ellos permanecen siendo un enigma o espejos que reflejan las acciones que tú ya identificas dentro de tu propio yo divino.

Cuando les digo a todos que la vida es la única realidad que hay y que todo esto es una ilusión, estoy expresando una verdad muy profunda. La única realidad son los sentimientos, y eso es lo que uno posee en las partes más profundas de su ser. Es la realidad.

Conocerse a uno mismo es saber cómo uno se siente. Siempre conoce quién eres. Nunca te des por vencido si te resulta totalmente imposible entender a las masas a tu alrededor. Dios no espera que lo hagas. Solo sé lo que eres, esa es la única realidad más importante de todas.

Si no te tuvieras a ti mismo, no serías capaz de ver el color en este plano o el viento en tu pelo como una caricia. Si no te abrieras a los sentimientos, el mundo sería una ilusión y un sueño porque sin ti no es nada. Así que el valor del yo es de suma importancia porque sin él no existe nada.

Al estar en esta forma simple, al permitir que las emociones emerjan en esta forma simple y al permitirte el aprecio por ti mismo, como quiera que seas, estás amando a Dios en su forma más elevada y estás apreciando la vida de la manera más grandiosa. Yo deseo que tú, maestro, te ames a ti mismo infinitamente y te aprecies a ti mismo infinitamente. Y sin importar lo que te aflija, apréciate a ti mismo por sentirlo. Dale valor a tu vida, entidad, porque estás aquí para darle crédito.

Siempre pon al yo por encima de todas las cosas, pon su alegría y su felicidad en primer lugar, porque si alguna vez te traicionas a ti mismo, entidad, habrás traicionado la justicia de Dios y la vida eterna. Rehusarse a reconocer eso es ser un tonto.

Puedes regodearte en la melancolía y la autocompasión todo lo que quieras. No tiene nada de malo. Cuando sea un principio permitido, muy pronto te cansarás de él y seguirás adelante hacia algo más emocionante porque puede volverse tedioso y aburrido. Descartarlo y obligarte a hacer otra cosa no lo reduce. Saber que todo está bien es lo único que lo reduce.

Sentir melancolía en tus diversos estados de ánimo es realmente una exploración del yo. Cuando estés en esos estados sombríos, aprenderás más acerca de ti mismo, y allí irás verdaderamente a donde nunca te hubieras aventurado. Irás a lugares oscuros y allí te quedarás desahuciado hasta que fluya una respuesta que te ilumine. Así es como uno se sana.

Está bien ser melancólico; es muy productivo. Sirve un propósito, y te hace feliz cuando lo eres porque, de otra manera, no lo harías.

Este plano es el más restrictivo y es sumamente limitado porque es la frecuencia más baja de todas las existencias. Lo hemos llamado, y mucho, el plano de la demostración, porque cuando un pensamiento puro y un Espíritu puro entran en la materia de la carne se vuelven vulnerables al dolor, al hambre, a los efectos transitorios del pensamiento sobre el cuerpo. Entonces el cuerpo se somete al escrutinio de otros cuerpos, y muy pronto el ser humano establece un ideal restringido en cuanto a cómo deberían ser todos, quitándole su individualidad a cada entidad al hacerlo. Y, entonces, no solamente tienes que lidiar con el cuerpo, sino que también tienes que lidiar con el ideal y vivir de acuerdo con el ideal, así que un pensamiento puro y un Espíritu puro, al recibir tanto escrutinio, ya no son tan puros.

Cuando luchas con semejantes obstáculos desde la pureza del pensamiento y eres influenciado por una consciencia envenenada por la limitación, es muy difícil, entidad. Los santos han tenido momentos así. Su desesperación fue tan grande que hubieran querido rendirse y morir en un momento, en lugar de sentir el dolor miserable y la agonía de tal adversidad en este plano.

No estás solo. Muchos sienten esto intensamente, en verdad, porque son sensibles a los pensamientos a su alrededor, que son mucho peores que las palabras. La mayoría de la gente de este plano, y aquellos de mi amada familia y la tuya, han sentido la depresión.

La época más dulce de la vida es cuando eres una niña pequeña o una anciana. Cuando eres una niña pequeña, juegas y pasas horas interminables divirtiéndote, con pocas responsabilidades, excepto la escuela. Cuando eres mayor, has dejado atrás aquello que se denomina el punto de enfoque de la belleza aquí, de modo que ya no tienes que batallar para impresionar a nadie. Puedes relajarte, ser quien eres, ser feliz contigo misma, y observar al mundo con todas sus ilusiones frenéticas tratando de cumplir algún sueño insignificante. Pero el período intermedio es una situación muy difícil.

Yo he tenido días como esos, pero te diré lo siguiente: permítete la depresión. Cuando tengas suficiente, emergerás de ella, serás más sabia debido a ella, y cada vez que te sientas oprimida otra vez, no será tan devastador como solía serlo.

¿Sabes que cada vez que condenas a tu cuerpo,
la hormona de la muerte entra en erupción dentro de él
y el cuerpo empieza a degradarse a sí mismo
para consternación de aquel que lo habita?
El cuerpo es una maravillosa y bella carroza,
pero si no se lo ama,
debe obedecer aquello que se le ofrece
y se aniquilará a sí mismo.

Siempre pon al yo por encima de todas las cosas,
pon su alegría y su felicidad en primer lugar,
porque si alguna vez te traicionas a ti mismo, entidad,
habrás traicionado la justicia de Dios y la vida eterna.
Rehusarse a reconocer eso es ser un tonto.
Está bien ser infeliz.
En mi vida, yo fui infeliz durante mucho tiempo,
según tu forma de considerar el tiempo, momento a momento.
Pero de esa infelicidad, de la ignorancia,
de la pestilencia y de un bárbaro, nació una gran verdad inmaculada,
una frontera para la aventura para toda la humanidad.
Solamente tuve que sentirme infeliz conmigo mismo
para darme cuenta de esa verdad.

— Ramtha

Evitar la depresión es lo peor que puedes hacer. Permítete a ti misma juguetear en ella hasta que sepas lo que es, y luego sal de ahí. Eso te fortalece y también te da la sabiduría para entenderla.

En la depresión se elimina toda la frivolidad y se dejan a la vista las realidades flagrantes del sentimiento. Y con esa comprensión, entidad, uno empieza a conocerse a sí mismo mucho más.

Este plano es una prueba de fuego, te lo aseguro. Si al morir te vas de este plano con todas las cosas intactas y con la sabiduría obtenida sin jamás haber sido brutal con tu hermoso ser, entonces te conviertes en un Dios del séptimo nivel, y así es. Es muy fácil vivir solamente una vida aquí y nunca atreverse a regresar, y yo diría que, en general, eso es lo más sabio que alguien puede hacer.

Mi dulce muchachita, la realidad es que existes y sientes todas estas cosas. Aprende la lección del juicio y no le impartas cosas blasfemas a tu hermoso ser, para que cuando caigas en el enigma de las realidades de la opresión, puedas entender precisamente que de eso se trata. No esperes que los demás te desprecien o te hagan sentir menos de lo que eres, porque tú misma lo haces.

Conquista el amor propio amándote a ti misma sin que nada más importe. Si ciertos individuos te preguntan si eres feliz, puedes decirles que, de hecho, eres feliz cuando estás oprimida y deprimida. Esa es una buena manera de decirlo.

La confusión es una emoción que verdaderamente equivale a la palabra *opciones*. Cuando tienes muchas opciones por considerar, a menudo tu ser se quedará atrapado en un estado de confusión. Este estado es un estado emocional producido por el alma. Es un acto divino y apropiado estar confundida, no es nada por lo cual sentirte avergonzada o equivocada.

Cuando decidas qué es lo que quieres hacer, será muy claro dentro de tu hermoso ser. Pero hasta que llegue ese momento, sé paciente y permítete a ti misma contemplarlo y estar confundida. La confusión es una emoción necesaria y científica. Y otra cosa, nunca te apresures a tomar una decisión. Permite que te llegue directamente de tu saber interior. Eso es vivir al Dios dentro de ti.

No hay grados que describan cómo le va a uno en este reino. Simplemente no los hay. Lo que hay, sin embargo, son niveles de sentimientos que describen lo que uno es en este reino.

Siempre eres Dios. Incluso en tu infelicidad, en tu estado vulnerable, en tu yo descontento sigues siendo Dios. ¿Y cómo puede uno calificar aquello que se llama la omnipresencia, en verdad, la divinidad? No puedes. Por eso se crearon palabras inapropiadas e inadecuadas como estas para describir y comunicar algo que está más allá de las palabras. Siempre *eres*, incluso cuando eres infeliz.

Cuando eres infeliz, está bien ser de esa manera. Todos creen que es malo ser infeliz. No lo es. La infelicidad son los dolores de parto de la revelación de otra

212

revelación, lo cual significa otro sentimiento que viene sumamente impregnado de sabiduría, otro pináculo de la vida.

Debería ser un placer ser infeliz. Cuando una persona se siente así está lista para aquello que se llama los cambios. Está lista. El durazno está listo para caer del árbol. Es un placer ser así. Es la única forma en que el cambio puede llegar o ser aceptado.

De modo que para recordar aquello que se llama tu yo divino, nunca tienes que recordarlo. Simplemente tienes que conocerlo. Conocerlo es vivirlo y entender que está bien ser infeliz.

En mi vida, yo fui infeliz durante mucho tiempo, según tu forma de considerar el tiempo, momento a momento. Pero de esa infelicidad, de la ignorancia, de la pestilencia y de un bárbaro, nació una gran verdad inmaculada, una frontera para la aventura para toda la humanidad. Solamente tuve que sentirme infeliz conmigo mismo para darme cuenta de esa verdad.

CAPÍTULO DIECISÉIS
VIVE EN LA ETERNIDAD DEL AHORA

Si no sabes cómo hacer realidad este momento, entidad,
nunca será realidad en el futuro por venir.
La vida debe experimentarse ahora
y solo en este momento.
A medida que progresa el siguiente momento,
te trasladas al siguiente momento de la progresión
y al siguiente y al siguiente.
Si tratas de adelantarte,
nunca sabrás lo que es la vida
porque habrás escapado de los instantes mismos
que te han permitido experimentarla.

— Ramtha

Vive por el ahora

Vive por el Ahora, porque el futuro todavía no ha sido diseñado. Al vivir en el momento del Ahora, nunca te restringes ni te limitas a ti mismo. Simplemente te permites ser. Cuando vives en el tiempo futuro, te privas de tu capacidad de ser libre porque te afanas por algo que es una conjetura en el futuro, esperando que al llegar ese tiempo se haga realidad, pero es en el Ahora cuando se hace realidad.

Si no sabes cómo hacer realidad este momento, entidad, nunca será realidad en el futuro por venir. La vida debe experimentarse ahora y solo en este momento. A medida que progresa el siguiente momento, te trasladas al siguiente momento de la progresión, y al siguiente y al siguiente. Si tratas de adelantarte, nunca sabrás lo que es la vida porque habrás escapado de los instantes mismos que te han permitido experimentarla.

Vive por el Ahora. Este Ahora significativo hará que los Ahoras por venir sean más grandiosos y valiosos. El río de pensamiento, o el río de Dios, es eterno en los ideales que se pueden llevar a cabo e implementarse en tu sociedad, en tu vibración. Pero solo le llega a aquel que vive en el Ahora y no piensa en el futuro. ¿Qué es el futuro? ¿Cómo se lo puede ver? Solo se lo ve a través de una película llamada el Ahora.

Cuando vives por el futuro, no has vivido este momento. Has vivido una expectativa, y eso es una conjetura. Si vives Ahora y expresas lo que necesitas ahora, lo que quieres ahora en el Ahora, aparecerá el ideal, la puerta, el mensajero, pero solamente cuando aprendas a vivir la vida adecuadamente, y eso significa vivir este momento.

No existe el pasado y no existe el futuro. Solo existe la continuidad de este Ahora. No hay nada más. Este Ahora permite que la eternidad prosiga. Un futuro no permite nada. Todo lo que se vive en el Ahora y que es una preocupación sobre el futuro nunca te permite ser. Así es como las entidades mueren.

El tiempo: el esclavizador abominable

Este plano es el único con oscuridad —el único plano con oscuridad—, por lo tanto, tienes un día lleno de luz maravillosa, y una noche, cuando la Hechicera está de humor, con algo de luz. Si observas tu cielo azul, mi querido maestro, verás que no hay ningún calendario, y si observas tu agua, verás que no hay ningún reloj, y si observas al viento para que te diga qué año es, se llevará tu sombrero con una ráfaga.

Ahora, debemos suponer que si el tiempo no es un conocimiento fundamental de lo que es la naturaleza, la vida es simplemente una existencia continua en los ciclos de la naturaleza, y debemos suponer que fue el ser humano quien inventó y desarrolló el tiempo para poder comprenderlo, en verdad.

Mientras todos mis amados hermanos vivan por el futuro, habrán perdido el Ahora. ¿Sabes por qué viven por el futuro? Trabajan para que en un tiempo futuro les paguen centavos, y los centavos se cuentan por el trabajo, medido por el tiempo, eso determina su valor. Por eso viven en el futuro.

Quema tu calendario. Vive tus momentos a medida que se presenten. Cuando tus proyecciones se aplican en el ahora, se cumplen en el Ahora; el Ahora, el Ahora, el Ahora.

Vive por el momento. La vida existe en el momento; no en el tiempo.

El tiempo es el destructor de la vida. El tiempo es lo que hace que envejezcas. El tiempo es lo que te quita la juventud. El tiempo es lo que convierte en polvo tus huesos.

Comprendo la dificultad que esto supone cuando la vida aquí, en su totalidad, se basa en el tiempo. El tiempo solamente será eliminado cuando surja la gran luz a medida que tu siglo termine, porque las entidades iluminadas no estarán esclavizadas por la ilusión, el enigma; el tiempo.

El tiempo es una realidad tan importante aquí y, sin embargo, no es una realidad. ¿Puedes extender la mano y tocar una hora? Y algunos se preguntan si yo soy real.

El tiempo debe ser considerado individualmente por cada ser humano, con su propio entendimiento de lo que es un momento individualmente y a su manera, adecuándolo a su actitud y a su propio reino. Depende de ti decidir cómo deseas vivir y cómo contar tus momentos.

Si te colocara en un lugar maravilloso, sin ventanas, y te quitara el molino de agua y el reloj de agua, y pusiera allí entidades que se asemejan entre sí, si te pusiera allí durante dos días sin ningún cambio de luz, no te dormirías a la hora de irte a dormir. Descubrirías que tu barriga está vacía mucho más tarde que en tu hora de cenar o de desayunar. Quizás tu merienda sería a medianoche y tu cena a mediodía.

Si hiciera eso contigo, entonces tú, mi amado maestro, vivirías de acuerdo con tus necesidades, no de acuerdo con un reloj que dice que ya es hora de que comas, o que ya es hora de que duermas, o que ya es hora de que te preocupes, o que ya es hora de que te apresures. Entonces, ¿cómo es que uno lo hace posible? Con su actitud.

Este reino se esclaviza a sí mismo por las cosas, y la mayoría de las cosas, desafortunadamente, son invisibles, así como el futuro. En este reino llegará el día en que nadie tenga que trabajar para nadie más. Cuando un maestro se convierte en un maestro, ¿sabías que no trabaja arduamente en el campo? El pan se manifiesta ante él. ¿Sabías que él no necesita ir al mercado a comprar por unos centavos una delgada y humilde prenda de lana para cubrir sus hombros? La manifiesta por sí mismo. Ese es el privilegio de ser un maestro. Por eso vale la pena convertirse en un maestro. Por eso ellos invierten todo lo que tienen en volverse grandiosos, y todos se ponen en un lugar tal que esa grandeza vendrá con seguridad sin las interacciones e interrupciones de aquellos que te limitarían o te esclavizarían.

Lo ideal sería que Dios no tuviera que trabajar para nadie. Lo ideal sería que las prendas de Dios sean Dios. ¿De dónde las obtendría? Tú sigues atascado en este plano preguntándote cómo puedes lidiar con el tiempo. Mientras yo te siga llamando maestro, con lo que deberías lidiar no es con el tiempo, sino contigo mismo, el maestro, volviéndote más grande que él.

El tiempo es un esclavizador abominable. El enigma más grande en el que creen ustedes, los incrédulos. Ni siquiera puedes ver un momento o una hora y, sin embargo, solo crees en cosas que se pueden ver. Bueno, creer solamente en lo que se puede ver es un esclavizador invisible.

No se puede lidiar con el tiempo en el *Ser* continuo porque tal cosa no existe. El tiempo solo te apresura hacia la hora de tu muerte. Envejece tu hermoso ser. El tiempo oprime, deprime y te produce una neurosis. ¿Por qué adoras a este terrible esclavizador?

Yo no doy crédito al tiempo. Doy crédito a las estaciones. Ciertamente, todo tiene su época y lo que se denomina su cambio. Cuando camino contigo y me muevo contigo, no me muevo contigo en tu tiempo —y nunca lo haré—, pero te moveré cuando el alma esté más sensible, cuando esté lista para la experiencia. Y si eso sucede dentro de cien años a partir de este momento, aun así sucederá. O un día, u otro momento, o un año, aun así sucederá. Eres muy impaciente. Cuando empieces a vivir por tus sentimientos y no por tus tiempos, todo lo que hayas deseado alguna vez aparecerá y nacerá dentro del espectro de tu alcance, si simplemente lo permites.

El tiempo aquí es una poderosa ilusión. Has aprendido a medir la distancia lateralmente, por lo tanto, el tiempo es el que rige la ilusión de los instantes medidos por la distancia y su medida. El Ahora no te proporciona tiempo ni medida. Por lo tanto, el Ahora sucedió hace un millón de años. Conforme hablo contigo en este momento, en un millón de años a partir de este momento, me verás hablando contigo otra vez en el mismo momento, porque todo está en el Ahora y no se mide con el tiempo ni el movimiento lateral. Así es mi alcance hasta la eternidad. Donde estoy ahora contigo, en este momento, estaré contigo en este mismo momento dentro de diez años a partir de Ahora, pero Ahora. Yo tengo la capacidad de hacerlo porque yo no amo, ni adoro, ni me adhiero al tiempo, ni tampoco me adhiero a la medida. Yo me adhiero al pensamiento, la magia sublime que creó toda esta ilusión.

¿Cómo te conozco? Yo me convierto en ti en el momento en que hablo contigo, y en el momento en que me convierto en ti, le abro la puerta a lo que necesitarás este año, en dos años, en cuatrocientos años por venir. En el mismo momento ya lo he llevado a cabo. Pero tú debes vivir en el tiempo para poder aceptarlo. Yo soy el mensajero del futuro. Yo soy el Dios que manifiesta este Ahora. Ya se ha llevado a cabo para todos aquí.

El alma no puede evitar vivir en el tiempo porque está encapsulada dentro de una entidad que continuamente se produce a sí misma vida tras vida, tras vida, cuyo fin y principio de la vida son dictados por el tiempo, la ilusión. El alma nunca cambia su continuidad, denominada eternidad. El tiempo equivale a la continuidad que se mide y se pesa, pero la eternidad es el Ahora. Es el continuo. El alma también es el continuo.

Cuando ceses en el tiempo y empieces el inicio del Ahora como la eternidad —este Ahora es lo único que importa—, el alma registrará el Ahora continuamente en lugar de las horas, que son una indicación de lo que tú llamas tus cumpleaños y que hacen que avances hacia tu muerte.

Vive ahora, entidad, y el alma regulará la actividad hormonal dentro del cuerpo que permite que el cuerpo se sustente a sí mismo en un equilibrio llamado el Ahora. La única razón de que las personas envejezcan es porque así lo esperan. Piensan en lo viejo. Tienen días para celebrar su cumpleaños, con muchos invitados y toda clase de frivolidades, entidades traicioneras que celebran su envejecimiento, apresurándose a morir con grandes risas y jolgorio. Cuando te deshagas de tus cosas, de la edad y del concepto de la eternidad y la astrología, te desharás del envejecimiento y la muerte.

Al principio de la acometida del ser humano, incluso tan recientemente como tres mil años atrás en tu tiempo, las entidades vivían hasta que cumplían quinientos años. Fue solo cuando el ser humano se convirtió en lo que tú llamas civilizado y limitado que su longevidad se hizo más breve. Cuando se creó el calendario, ese fue el fin de la longevidad del ser humano; es verdad. Es una ilusión, ciertamente, pero es la más impresionante que rige este plano. A ti se te permite actuar solamente dentro del ámbito de tiempo que justifica y limita la actividad de una entidad sobre el plano de la demostración.

Tu alma no tiene arrugas. El Espíritu que a menudo camina frente a ti, esa luz brillante, siempre ha sido una luz brillante. La inmortalidad del alma que tú tienes —sin la cual no podrías ocupar el pensamiento— nunca cambia. Solo dota de la sabiduría de la experiencia y la virtud de la aventura que permite que la parte que razona —el Espíritu, el alma y el ego— se una y sea significativa en sus decisiones y actitudes.

No existe el pasado y no existe el futuro.
Solo existe la continuidad de este Ahora.
No hay nada más.
Este Ahora permite que la eternidad prosiga.
Un futuro no permite nada.
Todo lo que se vive en el Ahora
y que es una preocupación sobre el futuro
nunca te permite ser.
Así es como las entidades mueren.

El tiempo es el destructor de la vida.
El tiempo es lo que hace que envejezcas.
El tiempo es lo que te quita la juventud.
El tiempo es lo que convierte en polvo tus huesos.
El tiempo es una realidad tan importante aquí y,
sin embargo, no es una realidad.
¿Puedes extender la mano y tocar una hora?
Y algunos se preguntan si yo soy real.
Cuando empieces a vivir por tus sentimientos y no por tus tiempos,
todo lo que hayas deseado alguna vez aparecerá
y nacerá dentro del espectro de tu alcance,
si simplemente lo permites.

— Ramtha

La paciencia: la maestra del tiempo y la muerte

La paciencia no significa que te quedes allí sentado esperando a que el mundo se dé la vuelta hacia un costado y eructe. Significa que estás en un estado de ser. La paciencia es simplemente ser; ser. Tu estado de ser será diferente al estado de ser de cualquier otro, porque entonces no tienes presión, no tienes exigencias, y se te permite crear. Ser es lo más mágico que alguien puede hacer por su ilustre yo, porque entonces elimina todos los «tengo que» y se dedica de lleno a vivir como realmente es. Es un arte.

Ser impaciente es reconocer el tiempo, y reconocer el tiempo en busca de ser impaciente significa que te estás apresurando hacia tu muerte. Cada momento en el que no vives en paz y no reconoces que el Ahora es el Ahora por siempre, cada momento que no lo haces, eso se denomina ser impaciente. El momento pasará inadvertido y se irá a la eternidad, y el final de tu vida llegará en solo unos instantes. Eso es lo que la impaciencia le trae a la entidad. Eso es aceptar el tiempo y aceptar la muerte.

La paciencia es una virtud sumamente admirable, ya que con ella la entidad aprende a vivir ahora y ve que su reino se ha manifestado ahora. Y cualquier cosa que desee que el futuro le traiga, solo tiene que sentirla en este Ahora, porque en el mañana por venir, que será otro Ahora, aquello que ha sentido se manifestará.

La paciencia es la maestra del tiempo; la impaciencia es su víctima. Ser impaciente, entidad, es nunca conocer el amor, porque el amor está fuera de la providencia del tiempo. Está fuera de la providencia de la medida, el grado, el cálculo. Cuando te vuelves paciente, te vuelves no solamente el maestro del tiempo y la ilusión, sino que permites que el amor ocurra. Esto te da paz, alegría, felicidad y comprensión, y yo haré que la encuentres. Si hace falta un eón para que eso ocurra, valdrá la pena. Entonces podrás experimentar el amor y no ser víctima de tu muerte prematura.

Si pudieras ir más rápido que el Padre, entidad, o ir hacia aquello que ha producido con la alineación de sí mismo, aquello que se llama el infinito, entonces tendrías derecho a ser impaciente. Si pudieras hacerlo, no serías la estructura molecular que eres. Serías pensamiento puro porque solo el pensamiento contempla el infinito y su final. Solo el pensamiento es lo suficientemente diligente para alcanzar al infinito que nunca termina. El pensamiento es aquello que convierte al infinito en el espacio.

La impaciencia significa que estás tratando de convertirte en algo, pero no has llegado a la comprensión de lo que es ese algo en tu ser. Esa es la impaciencia, entidad. ¿Cómo la superas? Convirtiéndote en el saber de lo que es ese ideal en el cual estás impaciente por convertirte. Una vez que lo sabes, ya no necesitas ser impaciente otra vez porque lo habrás proclamado tú mismo.

La mayor invitación a la muerte en esta experiencia y en este cuerpo surge del estrés. Debido al estrés, el cuerpo se acelera, se desgasta y reducirá a la mitad su ciclo vital. La entidad impaciente, aquella que se da prisa de momento a momento, se apresura hacia su muerte.

Cada momento que ves tu reloj o cuentas las horas en el reloj de arena, u observas cómo el sol sale y se pone, y sientes que todo ese tiempo ha transcurrido inútilmente, ese día lo has perdido de tu vida para siempre. Estás corriendo a toda prisa hacia tu muerte. Si continúas viviendo con este tipo de ansiedad debido a tu impaciencia, un día todo acabará y tu deseo de ser impaciente se te concederá, porque así es como funciona el alma.

El alma, entidad, es el ser subconsciente que controla el flujo de la vida dentro del cuerpo. También controla la hormona de la muerte dentro del cuerpo. Cuando las entidades viven con impaciencia o viven de acuerdo con aquello que se denomina un tiempo fijo, viven a un ritmo más acelerado que aquel que está muy relajado, aquel que disfruta el momento y no vive por el mañana, sino por el Ahora, como deberían vivir todos. Te sobrevivirán, cada uno de ellos, porque tu alma está preparándote para morir.

Si para ti vale la pena tener una muerte temprana a cambio de la impaciencia, entonces desde ya ve y hazlo. No hay ninguna persona, ninguna cosa, ningún ideal ni ninguna experiencia que valga la pena tu ira o tu impaciencia, entidad, porque ninguna de esas cosas morirá por ti; ninguna.

No hay ninguna ilusión en el Ahora. El Ahora es el mejor lugar en el cual estar. Cuando uno tiene toda su aura intacta, la vida es el tesoro más expresivo y exquisito que existe. De esta manera, uno puede descubrir el amor, la aventura, la autoestima y la gratificación personal. Nunca te escapes del Ahora. No hay ningún otro lugar como ese. Vive este Ahora como si fuera para siempre. Ama este Ahora como si fuera para siempre. No vale la pena ser cruel y falto de compasión con nadie, porque eso sólo produce desarmonía dentro del ser y destruye el Ahora. Ama a todos. Permíteles ser quienes son, porque están expresando a Dios de la misma manera que tú. Y cuando los amas, tus preocupaciones disminuyen porque les permites ser. Entonces te permites a ti mismo ser. Entonces la vida florece.

Ahora, un pequeño consejo. Date a ti mismo los actos de humildad y no esperes más de ti mismo que lo que estás listo para comprender. Y aquello que comprendes que puedes ser, selo en la máxima grandeza de todo lo que eres. Cuando llenes ese espacio y empieces a crecer, y quede un pequeño vacío allí, espera ser aún más grandioso, y lo serás. Sé amable contigo y permítete expresarte por un rato. Sé misericordioso con tu ser. Si lo eres, este crecerá.

La búsqueda ilusoria de la plenitud

No, entidad, no hay ninguna búsqueda. Si crees que hay una búsqueda, y que tienes que buscar continuamente, sabe que nunca encontrarás nada, porque tus prioridades con respecto a lo que te traerá la búsqueda cambiarán a cada momento.

No existe ninguna búsqueda. Solo existe el Ahora, vivir en este Ahora y ser quien eres. Esa es la totalidad de la única realidad que haya existido y que existirá alguna vez. Si buscas algo, sea lo que sea, nunca lo encontrarás. Nunca lo harás. Si vives en este momento y amas al Dios que eres y a la hermosa entidad que eres, y sabes que puedes crear cualquier cosa que desees a partir de tu mente, esa es la plenitud. Eso es expresión. Eso no es buscar. Después de todo, ¿no es la plenitud el fin de lo que todos consideran una búsqueda? La plenitud ya está aquí. Simplemente sé.

Mi verdad ha diferido de la tuya, porque la tuya dice que tienes que buscar fuera de tu cuerpo para encontrar a Cristo, salir de tu cuerpo para encontrar a Dios, vivir arduamente buscando la plenitud que siempre estará fuera de ti. Entonces, ¿de qué sirve ser quien eres si todo está fuera de ti? Mi verdad dice que ya está dentro de ti, que eres todo lo que necesites, entidad, y que no hay nadie más grandioso que tú, nadie. Si te das cuenta de eso, entonces tendrás todo lo que creías que existía fuera de ti. Surgirá como un gran manantial desde tu propio ser.

Tu verdad ha dicho, entidad, que para poder aprender en esta vida armoniosa e inarmónica hay que buscar o igualar o equilibrar. Cuando digo que todos esos pensamientos son ciertamente verdad, significa que mientras uno sepa que son una realidad mediante el proceso llamado creencia, entonces lo serán. Por eso uno nunca se siente pleno, ni tampoco feliz, porque ha puesto en marcha un precedente para sí mismo que nunca obtendrá. Qué triste es no obtenerlo jamás.

El mismo pensamiento se puede revertir y que todo esté en el Ahora, el Ahora explícitamente completo. Entonces te sentirás pleno en cada momento; serás todo lo que siempre has querido ser en cada momento. Entonces no dejas esta vida sintiendo que perdiste algo. Dejas esta vida por una aventura más grandiosa.

Cambia tu manera de pensar y hablar, y toda tu vida cambiará, entidad. Todos tus sueños se manifestarán a pesar de ti, pero quiero que sepas que nadie los hizo realidad excepto tú.

Maestro, ¿sabes cuántas veces el flujo del genio ha tratado de conectarse con los receptores que luchan contra él y lo descartan como si fuera su imaginación o lo descartan como algo ininteligible o lo descartan porque no se aplica a la teoría? Todo el tiempo. En esta vida que estás tratando de lograr aquí, has descartado la respuesta

—y al portador que te llevaría a ella— porque era demasiado simple.

Al permitirte fluir y ser, no fracasarás. No te perderás de vista a ti mismo ni a aquellos que están tratando de cambiarte. Al ser, entidad, eso significa que no puedes venir del punto central del ser. Simplemente estás allí. No hay grados. Sé quien eres.

La búsqueda tiene su mérito porque, verdaderamente, cuando busques vas a encontrar algo. Desafortunadamente, no siempre es lo que necesitamos, porque nos pone de vuelta en la búsqueda. Si simplemente eres y te permites vivir completamente en un momento, sin oscurecerlo mediante pensamientos contemplativos de un futuro inalcanzable que ni siquiera se puede imaginar porque ni siquiera ha sido concebido —y si dejas de luchar contra un viento inclemente—, las respuestas y lo que buscas surgirán primero en el pensamiento. Entonces no tendrás que buscar. No tendrás que pasar por un arduo entrenamiento, por una filosofía, un aprendizaje, como así fuere. Al ser, te dirigirás a ti mismo hacia lo que necesitas saber porque el alma reconoce lo que le hace falta. Ella, entidad, te mostrará lo que necesita, pero solamente en un estado de ser.

No batalles. No vas a llegar a ningún lado. Si buscas respuestas, entidad, no las vas a encontrar en los lugares obvios. Deseo que lo sepas.

Las metas: las precursoras del fracaso

Cuando te pones muchas metas que lograr en esta vida —algunas para tu enseñanza, otras para tu aprendizaje, algunas para el amor y algunas para tu ser—, entonces renuncias al regalo de la vida. No te pongas tantas metas. De esta manera puedes empezar a vivir, y cuando eso ocurre el momento es espléndido. Tú puedes decir: «Maestro, no puedo hacer eso. No es práctico en nuestra sociedad». Bueno, la sociedad ni siquiera es práctica.

Está bien tener metas, pero también son una indicación del fracaso, y eso hace que muchas entidades crezcan en esta vida siendo muy conscientes del fracaso. Aprende a vivir en este Ahora y en este momento. Permítete fluir.

Las rutinas que puedas establecer son comprensibles, pero nunca vas a lograr lo que quieres con la rutina. Simplemente deja que los días lleguen, y cualquier cosa que traigan esos días, déjala que suceda. Vas a descubrir que toda tu vida habrá cambiado y se habrá enriquecido.

Después de todo, tú que has estado buscando tanta iluminación, tanto conocimiento —lo has buscado por todas partes—, nunca lo obtendrás ni entenderás lo que estás buscando hasta que te permitas a ti mismo vivir tu vida para descubrirlo.

La única razón de que las personas envejezcan
es porque así lo esperan.
Piensan en lo viejo.
Tienen días para celebrar su cumpleaños,
con muchos invitados y toda clase de frivolidades,
entidades traicioneras que celebran su envejecimiento,
apresurándose a morir con grandes risas y jolgorio.
Cuando te deshagas de tus cosas, de la edad,
y del concepto de la eternidad y la astrología,
te desharás del envejecimiento y la muerte.

Ser impaciente es reconocer el tiempo,
y reconocer el tiempo en busca de ser impaciente
significa que te estás apresurando hacia tu muerte.
Cada momento en el que no vives en paz
y no reconoces que el Ahora es el Ahora para siempre,
cada momento que no lo haces, eso se denomina ser impaciente.
El momento pasará inadvertido y se irá a la eternidad,
y el final de tu vida llegará en solo unos instantes.
Eso es lo que la impaciencia le trae a la entidad.
Eso es la aceptar el tiempo
y la aceptar la muerte.

Cuando las entidades buscan respuestas en su pasado,
nunca encuentran respuestas para su futuro.
Están demasiado ocupadas, con sus cabezas mirando hacia atrás,
para ver el Ahora cuando llegue.

— Ramtha

Las vidas pasadas: buscar y vivir en el pasado

Cada persona que has sido fue diferente a lo que eres ahora. Lo que eres hoy en día es el resultado directo de todo lo que has sido. Lo que eres ahora es lo más grandioso que has sido nunca. Ni siquiera sabrías quién fuiste una vez ni lo reconocerías porque has refinado el elemento denominado el yo más allá del reconocimiento de lo que una vez fue. Aquello que fuiste alguna vez, si pudiera verse a sí mismo hoy en día, diría que eres gallardo, un genio, un hereje. Diría que estás poseído. Te llamaría de muchas maneras porque estás más allá de su comprensión, incluso en aquellos días. Cuando las entidades buscan respuestas en su pasado, nunca encuentran las respuestas para su futuro. Están demasiado ocupadas, con sus cabezas mirando hacia atrás, para ver el Ahora cuando llegue.

También he descubierto que las entidades fantasean acerca de su pasado de la manera más romántica y heroica, porque cuando la vida es muy simple, insípida y aburrida, siempre pueden llegar a la conclusión de que fueron muy heroicos en la batalla, que dejaron a muchas mujeres atrás llorando por ellos y, cuando regresaron, todo el pueblo tuvo una celebración que duró eones. O eran más hermosas que ninguna otra mujer en el mundo en ese tiempo en particular, y tuvieron a muchos hombres como amantes en aquellos días. Pero yo te digo que el presente es mucho más grandioso que cualquiera de las cosas que acabo de mencionar en el pasado, porque el conocimiento es más grandioso.

Has vivido muchas vidas. Tus vidas han sido ilustres, románticas, bárbaras, infames, famosas, no han sido nada, han sido algo, parte de algo, todas las cosas. Lo han sido todo. Pero te voy a decir una verdad. Todo lo que fuiste no es tan grandioso como lo que eres ahora. Eres más grandioso que nunca, entidad, porque eres la suma del conocimiento y la experiencia de todas las vidas que has vivido alguna vez hasta este Ahora. Nunca has estado mejor que ahora, sin importar el disfraz, la ilusión o la experiencia. Aquellos que continuamente miran a su pasado para descubrir quiénes eran, nunca encuentran un futuro y nunca conocen el Ahora porque todos sus ayeres forman sus Ahoras, lo cual hace que la entidad sea menos creativa, menos próspera, menos amorosa consigo misma y más insegura.

Aprende a vivir en el Ahora: la vida más maravillosa que existe, el ser más grandioso que existe, la belleza más grande que existe. Sé grandioso en esta vida y experiméntate a ti. Viaja con el viento, entidad. Haz que tu pensamiento navegue hasta la luna. Coloca un espléndido pensamiento en el sol para que sepa quién eres. Siéntate en una estrella. Háblale al agua. Todo esto eres tú. Todo es Dios. Es toda la vida, la realidad más grandiosa y significativa que hay, mientras que todo lo demás es ilusión.

CAPÍTULO DIECISIETE
REALÍZATE, CAMBIA, SIGUE ADELANTE

Estoy hablando de que reafirmes lo que eres,
no para ser una imagen ante la humanidad,
sino para ser la imagen que buscas de ti mismo,
simplemente siendo lo que eres,
con todas las cosas maravillosas que eres.
Y quizás —Dios lo sabe— seas la siguiente luz brillante
que el mundo ha estado esperando.
Pero nunca lo sabrás, entidad,
hasta que lo persigas
y lo descubras.

— Ramtha

*E*l cambio nunca es un retraso, porque si el Padre es el movimiento continuo, evolutivo y expansivo, entonces el Padre tendría que dejar de ir hacia delante y regresar por donde vino. Eso es lo que la gente teme; al cambio. Pero el pensamiento no lo hace. Es continuo. El cambio te eleva por encima de la continuidad hacia otro nivel, otra actitud, otra percepción, pero nunca te retrasa ni te lleva hacia atrás.

Ve y busca tus aventuras. La vida abunda por todos lados. Desafortunadamente, debido a que el ser humano es tan inseguro y tan parecido a un animal de rebaño, siente que si deja la manada y se lanza a la aventura, algo lo va a atrapar. No es así. Solo va a encontrar cosas mejores que las que dejó atrás.

El ser humano es una Fuente creativa continua. El siguiente momento es mucho más majestuoso que el momento que ahora se ha convertido en el pasado. Solo puedes mejorarte a ti mismo; nunca te degradas. El yo no puede degradarse, y tú no puedes ir hacia atrás en la vida. La vida siempre sigue adelante.

El tesoro más grandioso de la vida no es aquello en lo que uno se convirtió en la capacidad de su trabajo, o cuánto oro ganó, o cuánta tierra tenga, o cuántos viñedos posea, o qué tan famoso sea. Eso es muy efímero. Lo que uno sí llega a entender en su vida es que la ha vivido de manera que todo lo que hizo le produjo alegría y, en verdad, debido a eso, su reino se ha cumplido.

¿Sabías que en un estado de felicidad, la manifestación de Dios de la Fuente y la fuerza que fluye a través de ti, si lo pusieras en términos matemáticos, es catorce miles de millones de veces más grandiosa que estar triste.

Con la felicidad nace el genio. Con la felicidad, en verdad, se crea la gloria del yo. Con la alegría y la felicidad, la paz se convierte en un estado tranquilo. Con la felicidad, uno se siente satisfecho, uno conoce el reino de los cielos. Entonces, ¿de qué sirve hacer algo o trabajar en algo que no te hace feliz? Te animo a que extiendas la mano, entidad, porque si lo haces encontrarás algo a lo cual asirte.

La libertad significa tener la aventura de crear tu propia seguridad. Cuando te sientes seguro, eso significa que estás a salvo, pero también significa que alguien más se está haciendo cargo de ti y viviendo las aventuras. Tú aprovechas los beneficios, pero si no lo haces por ti mismo, si no te conviertes en ello, o si no permites que ocurra tu propia brillantez creativa, eres un seguidor.

Aquellas entidades que viven seguras nunca llegan a ver una tierra diferente. No conocen las aventuras que les esperan momento a momento, y todas esas aventuras son creativas. Liberarse es ir más allá, hacia lo desconocido, que es una especulación, una conjetura, una incertidumbre. Y allá fuera, entidad, tienes toda la libertad para tomar, por primera vez en tu existencia, la brillantez que Dios te ha dado y que ciertamente eres, y aplicarla de manera que te liberes a ti mismo de la esclavitud de los ideales de alguien más para crear los tuyos propios. Eso le da propósito a la entidad.

Las entidades que viven seguras están a salvo de aquello que se denomina los depredadores y, sin embargo, viven con miedo. Las entidades que se libran del temor establecen sus propios límites y viven en un estado de felicidad perpetua porque crean cada momento continuamente. No dependen de nadie.

No puedes realizarte si estás bajo la sombra del ideal de otro. Debes convertirte en tu propio ideal. Debes proyectar tu propia sombra para convertirte en lo que solo tú sabes que deseas. Tu destino es cumplir con eso en el momento que sientas que es necesario. Esa es la verdadera seguridad, pero también es la medida auténtica de la libertad.

Los verdaderos guerreros, los verdaderos maestros, los Dioses rebeldes aborrecen que otro cuide de ellos. Un verdadero maestro, un Dios creativo, irá a los pantanos o a las llanuras elevadas en medio de una gran tormenta y soportará toda clase de cosas por su libertad porque es su propia entidad, su propio individuo, y no tiene nada que perder. Ellos son los héroes. Son los pioneros.

Para liberarte y realizarte debes preguntarte a ti mismo lo que quieres, lo que necesitas, adónde te gustaría ir, y luego hacerlo poco a poco. Así creas a una entidad feliz.

Muchos se quedan en la esclavitud debido a sus contratos —matrimonios, relaciones, negocios— porque todos dependen de ellos. Nunca han pensado siquiera que la mayor dependencia de todas es hacia sí mismos, y lo niegan a cada momento, hasta que, finalmente, cuando todo está dicho y hecho, no saben quiénes son porque se han negado a sí mismos durante demasiado tiempo.

Sé. Pide lo que deseas. Se manifestará. Ve hacia la dirección que quieras. Siéntelo. Todas las cosas se manifestarán para la mayor gloria del Dios que está dentro de ti. Y ciertamente tus límites cambiarán. La aventura siempre los cambia. Y quién sabe qué es lo que yace más allá del siguiente paisaje, lo que se puede conquistar allí, lo que se puede ganar, lo que se puede medir desde allí. No es ningún riesgo. Es la vida. Nunca morirás de hambre ni te quedarás sin ropa, y los elementos no harán mella en ti. Eres un alma libre. Esa clase de entidad controla los elementos. Eso es lo único que tienes que hacer.

La razón por la que todos se sienten tan inseguros, la razón por la que no saben quiénes son es que han sido educados en un espectro de reglamentos en cuanto a cómo deben vivir, qué deben hacer, qué deben decir, cómo deben actuar. No es de extrañar que se perciban a sí mismos como seres totalmente indeseables o bastardos del universo.

Estoy hablando de que reafirmes lo que eres, no para ser una imagen ante la humanidad, sino para ser la imagen que buscas de ti mismo, simplemente siendo lo que eres, con todas las cosas maravillosas que eres. Y quizás —Dios lo sabe— seas la siguiente luz brillante que el mundo ha estado esperando. Pero nunca lo sabrás, entidad, hasta que lo persigas y lo descubras.

No existe tal cosa como un cambio malo. Si el cambio fuera malo, entonces no cambiarías en primer lugar. Te quedarías donde estás. Es lo lógico.

Ahora, todos los cambios son buenos porque crean una esfera diferente de existencia. Crean, por así decirlo, nuevas entidades, nuevas empresas, nuevas aventuras, y una mejor manera de conocernos a nosotros mismos. Todo cambio es bueno; todo.

Siempre deberías desear el cambio porque permite que las aguas corran libres dentro de tu ser y que no ocurra el estancamiento. El cambio ofrece aventuras, y con las aventuras surge el entusiasmo, la desilusión y todas esas cosas maravillosas que te ayudan a evolucionar hacia un estado más grandioso de apreciación por ti mismo y quizás por los demás.

La mayoría de la gente se queda inmensamente desilusionada cuando sufre un cambio porque no es en absoluto lo que esperaba. Esperan ser recibidos con brazos abiertos y que todo esté preparado para su debut y que todo el mundo lo note, aunque la mayoría nunca lo hace. Pero cuando todo pasó y se ve la realidad de la belleza, el valor de lo que le ha sucedido al yo es más grandioso que cualquier expectativa que se haya tenido.

La mejor manera de adquirir aquello que se llama el crecimiento es no compararte con nadie. No puedes decir que eres inferior a nadie o mejor que nadie o igual a nadie, entidad, porque todavía no entiendes lo que eres. Por lo tanto, compararte con otro para ver qué tan lejos has llegado es muy injusto para ti mismo.

Debes determinar qué es lo que amas, lo que te gusta y lo que no te gusta de tu ser. Y en un momento, maestro, puedes conquistar el cambio de aquello que te hace infeliz o que no te gusta. Deshazte de las realidades de las que te has rodeado, que observas todos los días en tu tiempo, donde la relación de ese objeto con tu alma te hace sentir infeliz. Ya sea ropa, joyas, una casa o ciertas entidades, sea lo que sea, cualquier cosa que mires y que su asociación te provoque recuerdos de infelicidad u opresión, deshazte de ello, entidad.

Hace falta una gran fortaleza y sustancia para que cualquier entidad se deshaga de las cosas que lo hacen infeliz, porque es tirar por la borda su identidad. Has mantenido estas cosas, tus estados de ánimo y tus temperamentos, porque de esa manera puedes identificarte con ellos, que son lo que te hace real. Si en un momento apartas de tu ser todos los objetos, los recuerdos, los personajes, las casas, ¿cómo te identificas a ti mismo? Te quedas bastante desnudo, entidad, pero también estás más en paz porque ya no hay infelicidad ni nada que te la recuerde. Lo que ocurre en ese vacío, entidad, es una aventura.

Todo lo que ha creado infelicidad empezó como una aventura. Si uno ha aprendido a descifrar la diferencia entre la alegría y la infelicidad, va a tener mucho cuidado con la aventura en la que elija participar y con las cosas que traiga a su presencia.

Decora tus paredes con cosas alegres. Pon sobre tu ser esas cosas que te hacen feliz, sin importar lo que el mundo piense de tu forma de vestir. Y sé todas las cosas para ti mismo, prestando atención a cultivar aquello que se llama la alegría. Si lo haces, te elevarás a ti mismo hacia un nivel llamado la paz, y allí puedes manifestar en tu puerta todo el reino de los cielos, porque tienes espacio para disfrutarlo.

Ahora, ¿cómo se llama eso? Amarse a uno mismo. Hace falta mucha fortaleza para dar este primer paso, pero debe llevarse a cabo. Es necesario. Una vez que lo hagas, maestro, te sentirás satisfecho y tendrás felicidad dentro de tu ser. Y una vez que hayas obtenido esto comprenderás con compasión a otras personas. Permitirás que hagan lo que quieran porque te darás cuenta de que para ellos es necesario aprender las cosas que están aprendiendo. Y así, cuando quites las restricciones, podrás amar a otro fácilmente. Entonces amarás como Dios ama, y estarás completo en esta vida, habrás llevado a cabo lo que a otras entidades les toma eones lograr.

¿Qué es un futuro? ¿Mañana? ¿El próximo momento? ¿Cien años? ¿Qué es eso para ti que te aferras al ayer? Nunca tendrás un mañana, entidad, si estás enterrado en el ayer. Y si para ti vale la pena sacrificar el mañana por todos tus ayeres, entonces que así sea. Esa es tu verdad. Nunca los sueltes. Pero te digo esto: aférrate, pero cuando estés listo para soltarte, no reconocerás a nadie a tu alrededor ni sabrás dónde estás porque habrán transcurrido generaciones, y serás un hombre viejo que llora en su dolor.

No puedes deshacer el ayer. Esa realidad del pensamiento manifestado ya ha sido coagulada y pertenece a las eras. El mañana es como un niño. Está listo para nacer en un rayo de luminosidad, de frescura, de vitalidad, y todo lo que hay por aprender de un día espectacular que está a punto de encontrarse consigo mismo. El mañana sostiene lo infinito de la virtud, conquista tras conquista, y aventura tras aventura.

Las entidades que se aferran al pasado nunca son recordadas. Pero aquello que vive en el mañana, entidad, y quienes por sus aventuras son llamados héroes, aparentemente se convierten en el enigmático ideal de toda la sociedad.

Maestro, todos aquí extienden sus maravillosos brazos para recibir una lluvia de bendiciones —como he oído que dicen—, y todos la reciben. Lo verdaderamente difícil de dejarlas venir y hacer algo con ellas es que, frecuentemente, las lluvias de bendiciones significan un cambio. La humanidad en su naturaleza es muy parecida a los animales que los Dioses crearon para vivir en rebaños. El ser humano es muy inseguro, y siempre será de esa manera con aquellos que lo necesitan.

Sin embargo, los problemas proporcionan seguridad, y las entidades se aferran a ellos porque es algo a lo cual asirse y en lo cual reflexionar que le da carácter e imaginación al ser. Así que, cuando se te brinda la utopía de la felicidad, y las bendiciones están aquí, depende de ti, que eres Dios, que posees aquello que se denomina la voluntad divina, permitir que ocurran los cambios para que lo bueno, en verdad, las bendiciones, se puedan manifestar para completar la existencia que tienes.

El Padre, la Fuente, te impulsa continuamente hacia tu alegría y tu reino. Si te aferras al ayer y a la confusión, los problemas, el dolor, y todas las cosas que le dan credibilidad al valor llamado tú, nunca te darás cuenta del placer que provocan las aventuras de las bendiciones.

La confusión en sí misma es cuando uno llega a un punto en el que casi ha completado su travesía, pero aún no ha aceptado su culminación, y hay una nueva aventura en puerta que lo está presionando fuertemente. La confusión es, de hecho, un estado en el que muchos permanecen, pues les da miedo dejar ir lo viejo y, sin embargo, lo viejo es aburrido y ha concluido porque es familiar para ellos. Están temerosamente ansiosos de abrir la puerta a lo nuevo porque es lo desconocido. No tienen dominio sobre esto y temen no poder determinar lo que está por venir. Debido a eso, la emoción llamada confusión domina la existencia de la entidad.

Maestro, no hay nada en lo desconocido que pueda hacerte algo, excepto hacerte más grandioso. Lo desconocido es la gran aventura. Es la conquista, es la aceptación, es formar parte de una vida majestuosa, dondequiera que esté. Pero debido a que no es vieja e infalible, te da miedo porque tu vida está gobernada por el miedo.

Cuando te des cuenta de que nada que haya sido creado puede apagar tu luz, jamás, cuando te des cuenta de que lo desconocido equivale a lo ilimitado, lo cual equivale a Dios manifestado, nunca volverás a estar confundido. Solo querrás más. Es entonces que el fuego se vuelve inextinguible. Es entonces que la realización se convierte en un rápido movimiento, y en una sola vida ocurren muchas vidas. Eso se debe a que la entidad está lista para la vida y todo lo que esta le ofrece.

El fuego divino:
El nacimiento del amor por uno mismo

Si quieres paz y felicidad, el Cristo de tu ser se deshace de aquellas cosas que han causado infelicidad, de lo aburrido, lo mundano, y busca esas cosas que le garanticen paz y felicidad. Es una transición dolorosa. Es el nacimiento del cambio. En la lengua antigua se llama el fuego divino, pero el resultado será la paz y la felicidad.

A los dolores de parto del yo los llamamos, según nuestro entendimiento, el fuego divino. Eso es quemar las ilusiones que realmente atrapan la espléndida luz que está dentro de ti. Es desprenderse de las ilusiones, darse cuenta de que no significan nada, de que la verdadera identidad es la chispa de la esencia divina que emerge hacia el exterior y se regocija ante el mundo porque ve al mundo como un espejo de su propia belleza espectacular.

Cuando el dolor se vuelve más agudo y llega más rápido, significa que estás pasando como un bebé por el canal de parto: su cabeza se alarga, su cuerpo se estira y una gran presión muscular lo comprime para que pueda aferrarse a la vida.

Cuando nace el yo, el dolor disminuye lentamente y el amor del yo —una entidad que representa la esencia espectacular llamada la vida— emerge. Entonces ya no tienes que vivir por ninguna imagen, ni por ningún ideal, ni por nadie, excepto por tu propio punto de referencia en tu mundo.

Un día te levantarás de tu maravillosa cama temprano por la mañana, cuando el rocío se pose dulcemente sobre la hierba, y dirás: «Ya no me duele. Yo soy lo que soy y esto es hermoso para mi ser». Es entonces que Dios se despliega y camina sobre la Tierra.

Maestro, cuando una mujer da a luz el fruto de su vientre, expulsa un bebé delicado y, sin embargo, pesado. Es muy arduo y doloroso, pero se lleva a cabo en un estado de gracia y un estado de amor.

He aquí que el bebé es expulsado, y la madre, ansiosa de ver que aquello que ha albergado y nutrido por tanto tiempo llora y se mueve por primera vez, se olvida del dolor inmediatamente, abraza al niño, y comienza la maravillosa interacción entre madre e hijo.

Cuando quieres más, cuando quieres volverte más grandioso, cuando esto se vuelve necesario, entidad, con simplemente desearlo vas a provocar esos dolores. Esto se llama el fuego del nacimiento del cambio. Cuando el bebé es expulsado, cuando los cambios se producen, las aventuras y el nuevo principio son muy gratos y el dolor se olvida.

Quieres volverte más grandioso, quieres entender mejor tus obstáculos, las limitaciones con las que todavía vives dentro de tu pequeño caparazón para romperlo y apartarte de tu seguridad. Has estado seguro bajo la premisa de lo que has sido capaz de establecer. Eso denota al yo, una especie de reflector. Si el cambio está en camino, el reflector ya no servirá. Tiene que retirarse para que algo más grandioso pueda tener lugar. Eso es lo que ocurre, y tú lo creaste.

En medio del parto, es muy difícil decir: «¡Ay!, ojalá esto pudiera regresar nuevamente a mi útero». Quieres acabar con eso de una vez. Ahora bien, esto pasará, y esas identidades seguras se harán pedazos y aparecerán nuevos reflectores brillantes que te ampliarán un poco más.

Aquellas entidades que viven seguras
nunca llegan a ver una tierra diferente.
No conocen las aventuras
que les esperan momento a momento,
y todas esas aventuras son creativas.
Liberarse es ir más allá, hacia lo desconocido,
que es una especulación, una conjetura, una incertidumbre.
Y allá fuera, entidad,
tienes toda la libertad para tomar, por primera vez en tu existencia,
la brillantez que Dios te ha dado y que ciertamente eres,
y aplicarla de manera que te liberes a ti mismo
de la esclavitud de los ideales de alguien más
para crear los tuyos propios.
Eso le da propósito a la entidad.

A los dolores de parto del yo los llamamos,
según nuestro entendimiento, el fuego divino.
Eso es quemar las ilusiones que realmente atrapan la espléndida luz
que está dentro de ti.
Es desprenderse de las ilusiones,
darse cuenta de que no significan nada,
de que la verdadera identidad es la chispa de la esencia divina
que emerge hacia el exterior y se regocija ante el mundo,
porque ve al mundo como un espejo
de su propia belleza espectacular.

Te diré abierta y enfáticamente
que convertirte en Dios
no es convertirte en la imagen de otra entidad,
incluyéndome a mí,
porque entonces te niegas a ti mismo la verdad
que va más allá del profesor.

— Ramtha

Capítulo Dieciocho
Sé Tu Propio Seguidor Para Llegar A Dios

Tener a otra persona como ideal es limitar la estructura de tu tranquilidad, tu propósito, tu dignidad, tu destino, y aclamar solamente a aquel que no lo merece. Si llevaras tu propia imagen alrededor del cuello, el conocimiento y la realización se intensificarían cien veces más porque entonces la Fuente estaría en la dirección apropiada.

El ser humano solo puede realizar aquello que se llama su divinidad, su iluminación y su despliegue a través de sí mismo y el amor proclamado a sí mismo. El ser humano no puede seguir a otro ni convertirse en el otro, jamás. Debe seguirse a sí mismo para convertirse en eso.

Tú eres Dios. Síguete a ti. Ámate a ti. Recita para ti mismo «yo soy, yo soy», porque no hay nada más. Entonces te convertirás en el viento, en verdad, te convertirás en el pensamiento, te convertirás en la eternidad. Pon en ti todo aquello que has querido que fuera otra persona, y simplemente sé. Solo conviértete en ti, que eres tan hermoso como el sol matutino, y tan místico y mágico como una noche estrellada en tu tiempo. Identifica al yo con el yo. Eso es lo que deseo que hagas. Entonces te convertirás en una persona santa, divina, en verdad, porque esa es la única forma de llegar allí.

Te diré abierta y enfáticamente que convertirte en Dios no es convertirte en la imagen de otra entidad, incluyéndome a mí, porque entonces te niegas a ti mismo la verdad que va más allá del profesor.

Aquello que está en la carne, entidad, y es vulnerable a la muerte no ha conocido aquello que se llama la vida ilimitada. Para que puedas convertirte en el *Yo Soy*, debes convertirte en un individuo, y no en un grupo pequeño y complejo que vive según las enseñanzas de una sola persona, porque esa persona no eres tú ni nadie más.

La realización es un proceso solitario, es reconocerte a ti mismo; un principio divino que puede levantarse a sí mismo y ser fértil y florecer en su propio espacio. Para ser aquello que es, para llegar a un mayor entendimiento, maestro, debes estar solo con tu propia verdad.

Yo soy enfático en esto, en verdad, porque si preguntas, se te dirá la verdad y cómo se ve y se entiende aquí, porque tu vida es lo suficientemente importante como para merecer eso. Maestro, yo soy enfático con respecto a todo. Eso es lo que yo soy, pero soy un profesor ecuánime, y enseño lo que es ecuánime y la manera de verlo y entenderlo. Y si alguien pregunta, le daré la respuesta. Si no quieres saber, no preguntes. Pero yo seré ecuánime en esto y en todas las cosas. Así es.

A mí no me importa lo que pienses de mí y de lo que digo porque lo que siento por ti nunca cambiará, entidad, nunca. Y eso solo se hizo posible al buscar a Dios sin dogma ni limitaciones, y sin la expectativa de nadie más, excepto la mía. De modo que si vienes a esta audiencia, te diré que te sueltes y que seas para ti aquello que pueda sustentar la vida, y que aprendas y que florezcas. Yo te aliento a ser quien eres. Así es.

Yo te digo que no tengo que convertirte en lo que yo soy, ni que vistas de cierta manera, ni que te pongas mi imagen alrededor del cuello o en tu castillo para que yo te ame. Es a ti a quien amo, y tu belleza, y la individualidad que seleccionaste.

Los días de los seguidores y los profesores autoproclamados están llegando a su fin porque la consciencia está empezando a cambiar mediante cosas que llegan mucho más lejos, que son inexplicables, que contienen una verdadera ciencia y una verdadera relación con la vida que es tangible. Eso está por venir. La mente del ser humano está llegando a comprender mejor aquello que no es necesario, y así es.

Te amo inmensamente. Expándete a ti mismo para entender lo que te acabo de decir.

Si estudiaras con diez profesores estarías aún más confundido porque el concepto de lo que es diferirá. Te daré una pista de lo que es bueno para tu ser. Si resuena como una verdad en tu alma, lo es. Y la verdad más grande es esta: cualquiera que enseñe una limitación acerca de cualquier cosa, no es tan avanzado como lo son algunos.

Hay grandes profesores en este plano que son magos y hacen cosas maravillosas, pero siguen creyendo en la muerte y morirán. A pesar de ser grandiosos en lo que han aprendido, no se han superado más allá de eso para desarrollarlo, y para llevar aquello en lo que creen hacia una continuidad, en lugar de llevarlo a la muerte para morir, y al nacimiento y la vida.

¿Acaso Dios es limitado? Si lo fuera, entidad, la vida no sería continua y ni siquiera tendrías la capacidad ni la opción de estar confundido. Observa la simplicidad de la vida, sus principios. Es continua e ilimitada. Eso te dará una pista para saber si lo que estás leyendo es bueno para ti o no. Si lees acerca del éxtasis intelectual que no significa nada y solo te deja confundido y desconcertado, el que escribe eso es un imbécil. Esa es una verdad. ¿Quién escribiría algo que una mente simple no pudiera leer? Escucha lo que dice y cómo lo dice, entidad. Si limita, separa y divide, entonces tiene que desarrollar su vida un poco más.

Te diré esto. Puedes estar todo lo confundido que quieras, pero mi sabiduría solo te confundirá aún más porque vas a ir con otro y la compararás. Y yo te daré la opción de que lo hagas. Yo soy un Dios ilimitado que cree y que es un Dios ilimitado, y yo veo el progreso del ser humano no en jerarquías, sino en la igualdad y la continuidad. Por lo menos le doy una oportunidad.

La igualdad del ser humano es la igualdad de Dios. Limitar al ser humano es limitar a Dios. No hay nada que pueda limitar a Dios. Separar al ser humano de su divinidad es separar la divinidad de Dios. Si aquello que crees limita el proceso de pensamiento, entonces limita, en verdad, el proceso de pensamiento del Padre.

Todas las cosas son Dios. Incluso el papiro en el que escriben es Dios. Y te diré esto acerca de filosofar y hacer conjeturas sobre qué es una enseñanza correcta: tú eres la enseñanza y el aprendizaje correctos. Si dentro de tu ser crees en la forma limitada, entonces esa es tu verdad y es lo correcto y preciso. Si crees en una forma ilimitada, esa es tu verdad, correcta y precisa. Y si estás buscando algo en lo cual creer, no creas en eso tampoco; cree en ti. Por lo menos tú tienes cierta validez.

Nunca batalles con eso. Nunca seas trabajoso con la simplicidad. Así la complicas como lo hacen todos los demás. Cree en ti. Escribe tu propio libro y luego confúndete con eso.

Ama lo que eres. No hay ninguna entidad ni nada más grandioso que lo que tú eres. Es verdad. Tú eres el dador de tu propia verdad, el dispensador de tu propia ley. Eres soberano. ¿Sabías que cualquier cosa que quieras creer será? Por lo tanto, todas las cosas son verdad. Así que ahora escoge lo que es apropiado para ti, lo que deseas creer. Ninguna parte de mi ser dirá que estás equivocado.

Hay aquellos que creen firmemente que el mundo se abrirá y descenderá sobre la humanidad con gran violencia, y borrará a todos de la faz de su existencia, y toda clase de cosas abominables. Si esa es su verdad, deja que crean en eso. Si tenemos la opción de creer en lo positivo o lo negativo, ¿por qué no creer en lo bueno? ¿Por qué no creer en una modalidad positiva? Una vez que sabes que eso existe, ¿por qué no lo llevas un paso más adelante y crees que todo existe y siempre existirá? Eso más bien te libra de la confusión porque has establecido tu propia creencia, que lo es todo. Eso es todo. Que así sea.

Lo que oyes de un profesor es una verdad percibida y su manera de verla, cómo la ha aprendido. Y otra persona te enseñará incluso un conocimiento diferente. Lo que no entiendes es que aunque tengan razón, tú también la tienes.

Lo que inevitablemente aprendes de todos estos profesores es que tú eres el profesor más grandioso porque solo tú y nadie más sabe lo que es mejor para ti. ¿Cómo podrían saberlo? Están ocupados viviendo sus propias vidas y evaluándolas desde su punto de vista. Solo tú sabes lo que es bueno para ti. El Dios dentro de ti habla en un tono muy sutil. Se llama *sentimientos*. Los sentimientos manifiestan el sendero de la iluminación, si los sigues. Entonces, maestro, habrás evaluado, vivido y entendido desde tu punto de vista, y eso estará bien.

Vive por lo que sientes en tu interior. Allí dentro está la verdad. Vívela y manifiéstala hasta que sea tu gloria. Sé tu propio profesor, tu propio salvador, tu propio maestro, tu propio señor, tu propio Dios. Así vive un verdadero maestro.

Con respecto a tener un guía, te voy a decir una gran verdad. Hay quienes oyen diferentes ondas de pensamiento o sienten la presencia de otra entidad a su alrededor y creen que esa presencia le pertenece a otra entidad, cuando, de hecho, la presencia es su propio yo divino llamado el Espíritu de su ser, que es el campo de luz que rodea al cuerpo. Cuando falleces y te vas de este plano, entidad, esa es la esencia divina que te guía durante tu deceso.

No es que tengas un guía, entidad. Te tienes a ti mismo. Lo que ellos llaman profesores, guías, gurús y cosas por el estilo es, esencialmente, su propio yo que les está enseñando. Nunca se deben atribuir explicaciones significativas a una fuente externa. El crédito debe darse a quien lo tiene.

Tu gran profesor es la luz de tu ser llamada tu Espíritu. Este, entidad, es el guardián del alma. Este, al igual que el ego alterado, le enseña al alma. Es Dios en directo, es decir, es el saber interior puro, el entendimiento puro, el ser puro. Puede que no sea un guía tan glamoroso como lo sería otra entidad, pero te aseguro que no hay ninguna otra entidad que pueda consolarte y ayudarte mejor que el Espíritu de tu ser una vez que se lo habilita.

Entonces, ¿cómo llamarías apropiadamente a la voz que oyes? Dios, y ese eres tú. Y si le hablas, oirás todas las respuestas muy claramente dentro de tu ser. Tú sí posees todo el conocimiento. Sábelo, y permite que te ocurra.

¿Cuál es el gran error de esta audiencia? Que todos creen que es prestigioso tener muchos guías. Pero si son tan arrogantes como para creer que las entidades que fallecen y pasan a otra existencia no tienen nada mejor que hacer que quedarse parados observándote todo el día, si eso es lo que te espera, quizás deberías reconsiderar pasar a otra existencia.

He conocido entidades que tienen treinta guías, toda una multitud que está a su alrededor observando cada movimiento que la entidad hace. Qué aburrido.

Los guías… Quiero decirte esto. Cuando dejes este plano, ¿cómo crees que es la vida después de estar aquí? ¿Crees que es el servicio continuo de todos los criminales de este plano? No, entidad. ¿Quién querría irse de este plano solo para ser tu guía por el resto de tu vida? ¿Acaso no crees que hay mejores cosas que hacer?

Los guías no existen, entidad. Solo existe la vida. Este es un solo nivel de siete niveles de muchas dimensiones, y quienquiera que se vaya de aquí se va a la dimensión más adecuada para él.

Cuidar de este plano y ser un guía para los demás sería como estar en una colonia penal, y no hay ninguna. No tienes ningún guía, excepto aquello que se llama el Dios dentro de ti y el Espíritu que camina frente a ti, que es tu propio Espíritu. Este es el yo eterno que siempre ha estado contigo desde el momento de tu concepción del pensamiento a la luz. Tu Espíritu camina ante ti, y frecuentemente se lo confunde con otra entidad, pero en realidad eres tú; tu grandioso, maravilloso y hermoso tú.

Tú eres tu guardián, y el más grande de todos. Aquello que se llama nuestros hermanos más elevados, guías espirituales o profesores no te sirven de nada hasta que te conviertas en ti mismo. No existen guías espirituales ni profesores que sean más grandiosos que el Espíritu de tu ser, el Dios de tu ser. Si estás dispuesto a pensar que otros tienen más sabiduría, mejores fuentes de diversión o una guía mejor que la tuya, entonces no sabes cuál es el significado de tu vida.

Tú eres la totalidad de tu ser. Es mejor alinearte contigo mismo, con el Espíritu de tu ser. Tiene más poder y conocimiento que cualquiera de aquellos a quienes das crédito. Por lo tanto, al darte crédito a ti mismo, te encuentras a ti.

¿Quién eres tú? Tú eres tu mejor amante. Tú eres tu mejor amigo. Tú eres la vida personificada en la belleza que tú eres. Tú eres tu voz más grandiosa. Tú eres la persona más sabia.

Si dentro de tu ser
crees en la forma limitada,
entonces esa es tu verdad
y es lo correcto y preciso.
Si crees en una forma ilimitada,
esa es tu verdad, correcta y precisa.
Y si estás buscando algo en lo cual creer,
no creas en eso tampoco; cree en ti.
Por lo menos tú tienes cierta validez.
El Dios dentro de ti habla en un tono muy sutil.
Se llama sentimientos.
Los sentimientos manifiestan el sendero de la iluminación,
si los sigues.

¿Quién eres tú?
Tú eres tu mejor amante.
Tú eres tu mejor amigo.
Tú eres la vida personificada en la belleza que tú eres.
Tú eres tu voz más grandiosa. Tú eres la persona más sabia.
Nadie que pretenda ser más sabio que tú
o mucho más grandioso que tú
puede darte la verdad de tu propio ser perfecto
porque nadie la ha encontrado en sí mismo.

— Ramtha

Nadie que pretenda ser más sabio que tú o mucho más grandioso que tú puede darte la verdad de tu propio ser perfecto porque nadie la ha encontrado en sí mismo. No importa la vibración, tú eres una entidad todopoderosa porque eres un Dios. Y Dios no te liberó de su ser sin protección, sin una guía. ¿Cuál fue la guía? El libre albedrío, maestro. ¿Cuál es la protección? El Espíritu de tu ser.

Habla desde el Espíritu de tu ser. Es hermoso porque es la Fuente. Y a partir de allí, todo lo que se necesita para ti y para tu hermosa expresión se manifestará.

Cuando dejas que otros guíen tu vida, no tienes una vida para ser guiado, sino solamente las esperanzas y aspiraciones de los demás. Sé tu propio guía, tu propio profesor, y entonces aquellos que se llaman tus amigos espirituales serán eso mismo, tus amigos. Y se beneficiarán y te amarán por aquello que eres porque tú eres una fuente de iluminación para lo visible y lo invisible.

Yo soy un mago en cierta manera, por eso te ofrezco estas palabras mágicas. Ellas son:

Desde el Señor Dios de mi ser,
yo invoco al Dios de mi ser
para que entre en acción,
para que venga Ahora.
Ven.
Dame la vida.

Y cualquiera que sea su propósito o dirección, deja que llegue. Es magia, porque funciona.

No importa la vibración,
tú eres una entidad todopoderosa
porque eres un Dios.
Y Dios no te liberó de su ser
sin protección, sin una guía.
¿Cuál fue la guía?
El libre albedrío, maestro.
¿Cuál es la protección?
El Espíritu de tu ser.

— Ramtha

La soberanía del ser humano significa la completa libertad para expresarse, no como un movimiento radical, sino como un ser humano expresando el Dios individual del ser, que estará en consonancia con el reino soberano del ser humano, que es su vida.

Hay grandes maestros en la tierra, y son una suerte de magos que hacen cosas maravillosas, excepto por un gran error. Creen en la muerte, por así decirlo, y mueren. Otra gran falla es que creen en la humanidad como si esta fuera la gentuza del universo, y se ven a sí mismos como sus salvadores. Aunque son muy buenos en lo que hacen, el propósito explícito del ser humano es convertirse en Dios en su silencioso despertar y vivir siendo él mismo; Dios ilimitado cocreando su propio designio.

Otros nos pueden dar consejos y siempre les haremos caso, pero también debemos aprender a evaluarlos en nuestro propio reino. Si alguien te reemplaza de acuerdo con sus planes y designios y te dice que debes ser esto y hacer aquello, que debes seguir esta ley, regulación y escrito, entonces no eres un Dios soberano ni un ser humano soberano. Eres una persona, la gentuza, un hombre, una mujer; eres la oveja en el matadero, no el pastor.

Aprende a ser tú mismo, según tu propia voluntad, y gobierna tu vida conforme a ti. En lo que se denomina el análisis final, cada quién es responsable de sus propias acciones. Y te libras de la culpa, la responsabilidad y la esclavitud de la trampa de los sentimientos emocionales de aquellos que se preocupan por ti. Que así sea.

A quienquiera que te pregunte
qué vas a ser cuando crezcas, dile:
«Voy a ser todo lo que siempre he querido ser,
siempre y cuando me haga feliz».
Esa es la respuesta de una persona sabia.
Es la mejor manera
de experimentar lo ilimitado.

— *Ramtha*

Capítulo Diecinueve
Trabaja Por La Alegría De La Experiencia

Cuando todos buscan aquello que se llama un trabajo, lo buscan para toda una vida. Qué aburrido. Tú mismo has manifestado que has aprendido a hacer un solo trabajo. Esto no es solamente limitante y aburrido, entidad, sino que también te hará infeliz, errático y te enloquecerá dentro de tu ser en tiempos venideros porque entonces te habrás metido en aprietos para poder sobrevivir.

Cuando tu trabajo ya no te trae aventuras, es tiempo de convertirte en algo más. El destino más grandioso que tienes es la habilidad de aprender muchas cosas.

Lo que he descubierto de aquellos que han estudiado arduamente en escuelas de un conocimiento erudito limitado —que siempre se basa en la teoría, en el punto de vista de otro— es que han dedicado mucho tiempo para conseguir un documento que puede ser quemado en un instante y aprender aquello que se llama una profesión reconocida. Si eso es lo único que hacen, entonces son muy limitados. No son más inteligentes que la entidad que ha experimentado cincuenta trabajos en su vida, pues ha adquirido conocimiento de todos ellos, mientras que aquel con un solo trabajo solo ha obtenido frustración del mismo.

A quienquiera que te pregunte qué vas a ser cuando crezcas, dile: «Voy a ser todo lo que siempre he querido ser, siempre y cuando me haga feliz». Esa es la respuesta de una persona sabia. Es la mejor manera de experimentar lo ilimitado.

Ser un legislador está muy bien, en verdad. Ser un tejedor también lo está. El legislador no es diferente al tejedor. El tejedor trabaja con las manos, y si se le proporciona un lino fino de la mejor calidad, teje la sustancia hilada, rociada con agua, y sus manos están en carne viva, pero su producto es precioso.

Un legislador en verdad representa la justicia o la injusticia de quienquiera que acuda a él. Si le gusta lo que hace, entonces su estatus no es diferente al del tejedor, porque el tejedor está contento con su lino húmedo, y el legislador está contento con su representación de la justicia o injusticia.

Maestro, es una ilusión. No importa. Lo que importa es la actitud con que se persigue, se aprende y se gana. Si deseas ser un legislador, lo harás sumamente bien, como lo harías si fueras un tejedor. Es tu forma de pensar lo que determina tu genialidad o tu ingenio, en verdad. No es el trabajo lo que te respalda, eres tú quien

245

respalda al trabajo. Es tu actitud. Podrías ser un mendigo y aun así hacerlo muy bien. No importa. Es la manera en que lo haces.

Hay tejedores infelices que no usarán el lino húmedo porque no quieren que sus manos estén en carne viva, ni enrojecidas, ni llenas de callos. Por lo tanto, utilizan lana áspera mal teñida. Y hay legisladores que no representan a esas personas que vienen a verlos, y comercian por su libertad. Eso se le llama venderse. Un buen abogado nunca lo hace. Aquellos que son infelices con lo que hacen, se venden.

Cualquier cosa que persigas, persíguela desde el Señor Dios de tu ser, en verdad, desde la dirección de tu ser. Al hacer eso, dominarás cualquier cosa que elijas ser, ya sea un mendigo, un tejedor o un legislador.

No hay cantidad de oro que valga la pena si pasas tu vida trabajando en el campo agachado bajo el sol sin querer estar allí. Trabaja en aquello que quieras hacer. Encuentra lo que elijas hacer, lo que disfrutes, lo que te encante hacer.

El ser humano es un creador compulsivo. Si no puede crear y solo trabaja bajo la conjetura de otra persona y su ideal, nunca tendrá éxito. Nunca será feliz. El ser humano debe ser su propio creador autoimpuesto.

No trabajes por el oro. Trabaja porque lo que estás haciendo es crear. Estás aprendiendo de eso. El oro es solamente un efecto secundario, el resultado. Entonces vives por ti y creas para ti. Ya no hagas aquello que tienes que hacer. Hazlo a un lado. Permite que el pensamiento entre y conviértete en un creador compulsivo. El oro vendrá a ti simplemente porque estás viviendo en una alineación perfecta. Así es como funciona.

De todas las profesiones, ¿sabes quién es el más sabio en este plano?, ¿quién tiene la profesión más estimada de todas?, ¿quién aprende más de su profesión que nadie más? El vagabundo. ¿Por qué? Porque vive en el momento y hace solo aquello que necesita para vivir, para llegar al siguiente lugar, de modo que ha hecho un poco de todo. En otras palabras, tiene una comprensión de todas las labores, de la ley, porque la elude constantemente. Siempre está tratando de comprender la vida, y va en búsqueda de la felicidad, deshaciéndose de todas las cosas que la eliminan de su ser. Ellos son los profesores más sabios de este plano y tienen mucho que enseñarte a ti, que te esfuerzas tanto en construir una escalera dorada para llegar a las estrellas.

Ser una entidad profesional es aburrido, te estanca, es una atrocidad para el yo creativo. Tú crees que debes hacer una sola cosa, ¿piensas que es ese el ideal aquí? No, no es el ideal.

Cuando hagas lo que quieras hacer, vas a ser de lo más feliz en esta vida. Si vives la vida con el objetivo de ser feliz, en lugar de que tu objetivo sea hacer dinero para poder vivirla, serás la persona más feliz del mundo porque solo trabajarás por poco tiempo. Cuando te aburras, descubrirás otra puerta que se abrirá para ti, y pasarás por ella para hacer algo distinto que te hará muy feliz. Entonces, cuando te aburras un poco, lo habrás ganado todo y otra puerta se abrirá para ti. Y así sucesivamente.

Tendrás éxito con lo que quieras hacer porque amas lo que haces. ¿Cómo puedes fracasar en algo que te gusta tanto? ¿Cómo no puedes evitar experimentarlo y convertirte en un experto y expandir tu verdad con respecto a lo que amas?

Logras hacer fácilmente solo aquello en lo que está tu corazón. La gente fracasa cuando persigue cosas que no ama y trabaja haciendo cosas que no ama porque espera el fracaso y la mediocridad. De este modo aprenderás, crecerás y serás mejor en aquello que desees hacer.

Todo trabajo te ayuda a conocerte a ti mismo, pues ¿cómo sabes que puedes hacer cualquier trabajo hasta que lo hagas y luego te sorprendas a ti mismo en el proceso? Es aprender cuál es la habilidad de uno y ciertamente la creatividad de uno. Todo te enseñará, maestro. Si eres un trabajador en el campo o un rey que se sienta en el trono, ambos te enseñarán acerca de ti mismo.

Con respecto a cuál fue el designio intencionado y cuál tuvo una mayor importancia en tu ser, el oro nunca lo determinó, entidad. Lo que hace feliz a alguien es cómo se siente con respecto a lo que hace. El trabajador en el campo, con sus manos en la tierra, puede ser feliz en lo que hace, y no así el rey que se sienta en el trono. Por lo tanto, se beneficiará de su experiencia porque ha aprendido de la felicidad y la alegría. El rey pudo haber aprendido de la miseria.

Hagas lo que hagas, siempre te conocerás a ti, no puedes evitar conocerte porque tú eres quien posee el pensamiento contemplativo que contempla el momento en el que estás.

Lo que necesitas hacer es dejar de pensar que necesitas hacer algo. Y si estás en un estado de confusión con respecto a lo que quieres ser, eso significa que estás tratando de decidir ser algo diferente a lo que eres.

Estás aquí para ser nada más que tú mismo, espléndida entidad; tú. Tienes una imaginación maravillosamente dotada, que es realmente el centro creativo de tu ser y, a partir de allí, de vez en cuando se te antojará hacer algo que le de felicidad a tu ser. Es muy difícil decirle al yo soberano que va a hacer este trabajo o aquel otro por el resto de su vida, porque eso es restrictivo, esclavizante y aburrido.

Hagas lo que hagas, hazlo desde el yo soberano para que te haga feliz. A menudo, las cosas más humildes te producen la mayor alegría, principalmente porque todos los demás están buscando la gloria y la fama en algún otro lugar, dejando atrás todos los pequeños tesoros para las entidades que solo buscan la felicidad.

Busca las cosas que te hagan feliz, sin importar lo que te paguen, porque cuando seas feliz atraerás la riqueza a tu alrededor. Esa es una verdad. Pero primero encuentra la felicidad. Si solo te pagan una moneda por un día de trabajo arduo —y la moneda solo puede comprarte una copa de vino avinagrado, tu alimento al final del día—, y ha sido gratificante para ti, entonces ha valido la pena.

Muy pronto tendrás éxito en aquello que hagas al punto en que te volverás muy valioso, ya que muy poca gente está feliz con su éxito, muy poca gente está feliz con su trabajo. Aquellos que lo están, son muy valiosos, y se les paga muchas monedas por su tiempo y su esfuerzo que compran no solo un vino más dulce, sino maravillosas golosinas, un maravilloso pescado curtido en ajo y aceite, vegetales hervidos a fuego lento en crema dulce, y el pan más blanco de todos, un buen queso y después de eso, frutas. Y eso también te hace feliz.

¿Por qué tantos en las muchedumbres son infelices? No se sienten plenos con su trabajo. Una vez despojamos a un hombre de sus ilusiones, de todas las cosas que lo habían esclavizado una y otra vez, se las quitamos todas, y ya no le quedó nada más que el pensamiento contemplativo, entonces le pregunté: «¿Qué puedes hacer que te haga más feliz?». Él lo contempló e inmediatamente me dio una respuesta. Yo no hice nada con esa respuesta, porque lo dejé pensar en ella. Luego él me pidió una repuesta, y yo lo hice pensar más en su pregunta.

Muy pronto vería por sí mismo que todo lo que había dicho en un principio que lo haría feliz, ya no lo hacía feliz. Había visualizado dentro de sí mismo algo más enriquecido, más profundo, más maravilloso. Tuvo que estar consigo mismo sin estar desilusionado, sin poner su atención en mujeres danzantes y en hombres temibles, o en las joyas, las sedas, los linos, las perlas, la madera de limonero o el mármol. Empezó a pensar en el premio que él mismo es. Entonces, mediante el colectivo de esa emoción, su deseo llega rápidamente porque está perfectamente alineado. No era lo que yo deseaba para él, o lo que yo creía que él debía hacer, sino lo que él deseaba hacer por sí mismo. Y sucede en el momento.

Entonces me dijo: «Oh, maestro, he descubierto qué es lo que más quiero hacer». Y yo lo miré diciéndole: «No me digas lo que es, porque no te interesa mi opinión al respecto. Lo que te interesa es hacerlo solo para ser feliz, porque eso es lo más importante aquí».

Salió corriendo y descubrió que la luz del día era robusta y maravillosa. Se quitó las sandalias, puso los dedos de los pies sobre el polvo azafrán, y encontró una dulce y maravillosa fuente que todos los hombres, tan meditabundos y ocupados, solían pasar por alto sin siquiera ver su belleza. Corrió, se arrodilló ante ella, y sumergió su cabeza y sus manos en el agua. Abrió los ojos, miró alrededor, bebió de ella y remojó su cara y su cuerpo, mientras personas más correctas lo miraban indignadas. Saboreó el agua y llenó con ella su pequeño odre, porque era mejor que el vino.

Se fue a trabajar y realizó su labor con un destello en su mirada, con virilidad en su cuerpo, con vigor y entusiasmo. Todos los que estaban allí le decían: «¿Cómo puedes estar tan contento con algo tan apestoso, tan insignificante?». Ellos odiaban su trabajo. «No, me encanta. Me hace feliz».

Los demás lo miraron y le dijeron: «No se te paga nada por esto». Y él dijo: «Pero no necesito el pago para nada. Soy feliz».

El jefe para el cual trabajaba ve su entusiasmo, su vitalidad y energía, porque podía hacer el trabajo de seis hombres perezosos y tres buenos, y despide a los que se han quejado. ¿Y dónde están ahora? Se están quejando porque los han despedido.

Cuando el jefe le da una bolsa de oro por su trabajo, él toma la bolsa en sus manos, asiéndola fuertemente, luego la abre y mira en el interior. Ve el oro brillar oscuro y bronceado, dependiendo de dónde le dé la luz, y oye cómo tintinea. La bolsa huele a humedad. La cierra, la guarda entre sus ropas, se pone su manto y su capucha, y se va de su trabajo en el crepúsculo.

Corre por el camino que desciende por la colina hasta el patio donde está la maravillosa fuente. Allí encuentra a unas cuantas mujeres simples que han recogido agua en sus urnas para llevarla a sus casas, algunas alegremente, y otras con dificultad.

Ve la fuente, se quita el manto, se arrodilla y sumerge la cabeza en el agua otra vez, y al abrir los ojos ve que la luz del sol ha desparecido. Ahora el agua está llena de sombras y es maravillosa. Se refresca y llena un poco su odre, se levanta, se pone el manto, asegura su bolsa, mira alrededor, y se va a su morada solitaria, donde no habita nada más que su propia alegría.

Eso es la felicidad. Cuesta mucho llegar a reconocerla, porque cuando los demás tienen un oficio más importante y están rodeados de tanta miseria y esclavitud en la que deben trabajar arduamente, nunca la conocerán porque no renuncian a sus ilusiones para obtener la libertad. Esa es la verdad de cómo es la mayoría de la humanidad y, desafortunadamente, siempre ha sido así.

El entendimiento puede encontrarse en la canción y la danza. Puede estar en la cítara, la flauta, la lira, el arpa. Puede estar en un discurso o ser escrito por un maravilloso escriba. Puede ser la comedia de la risa, los bufones de la corte. Puede ser la guerra, la batalla. Pueden ser los políticos, las democracias, las repúblicas y demás. Todos estos son talentos porque todos son formas creativas del genio colectivo de alguien. La suma total de lo que son ha hecho su contribución a la humanidad y sus fluctuaciones en el tiempo.

Todos esos son talentos. La belleza básica y subyacente de todos ellos, entidad, es que son solamente formas diferentes de expresar la verdad propia. Una vez que uno sabe cuál es su verdad, la mejor audiencia de sus propios talentos es uno mismo, no el mundo.

Tu contribución eres tú, entidad. Cualquier cosa que hagas con eso después solo va a realzar tu belleza y tu ser para ti mismo. No importa que el mundo se burle de ti si amas lo que eres. Esa es una verdad. Sé eso por ti. Haz tu contribución por ti. Entonces el mundo podrá verla.

El margen de éxito más grande lo logra aquel que hace lo que quiere hacer más que cualquier otra cosa. Desafortunadamente, ese elemento es el menos considerado porque nunca piensan en hacer lo que los hace felices. Solo piensan en lo que les da más oro.

Si hicieras aquello que te hace más feliz, sea lo que sea, serías más exitoso, no solo monetariamente hablando —una nueva palabra que he aprendido—, sino felizmente hablando. Cuando estás lleno de gozo, eso crea un aura de abundancia desde la Fuente divina. Cuando eres feliz, Dios, el Padre, te da todo lo que quieres.

Considera lo que más quieres hacer, sea lo que sea. Eso te traerá el mayor éxito. El oro, entidad, debe ser lo menos importante. Es allí donde todos creen que fallan. Solo hacen cierta cantidad de oro y, desafortunadamente, aunque se les diera un poco más, nunca sería suficiente porque solo querrían más. Su felicidad está enlazada a lo que quieren, en lugar de a su autoestima, su gratificación personal y la felicidad de sus logros.

Lo que necesitas hacer
es dejar de pensar que necesitas hacer algo.
Y si estás en un estado de confusión
con respecto a lo que quieres ser,
eso significa que estás tratando de decidir
ser algo diferente a lo que eres.

— Ramtha

Cuando sabes que eres Dios,
la felicidad infinita ocurre dentro de tu ser
porque Dios es la felicidad infinita.
Entonces el reino de los cielos
que se ha profetizado te pertenece
porque el reino de los cielos es la plenitud ilimitada.
Es lo que es, y cualquiera puede tenerlo
si simplemente sabe que puede.

— Ramtha

Capítulo Veinte
Haz Que Este Reino Sea Tu Servidor

*E*ste plano ha establecido una visión muy limitada de lo que es aceptable. Los valores materiales pesan mucho más que los valores personales. En este plano, mis hermanos son masacrados todo el tiempo por poco dinero. Se los condena, se los juzga, se los esclaviza por el dinero, que también es Dios, pero la prioridad de esa cuestión no es la prioridad del Dios que lo tiene.

Tú eres el creador de todo esto. No hay nada en este plano más grandioso que tú. Los valores van a empezar a cambiar y están empezando a cambiar porque el ser humano está cansado de sufrir, de empujar arduamente la rueda del molino para obtener el pan de cada día. No es así como se suponía que vivieran los Dioses aquí.

Todo lo que está en este reino hasta donde llega tu vista, toda la sustancia que existe puede ser tuya, entidad, y puede ser tuya si así lo deseas. Pero solo llegará si primero te conviertes en el soberano que eres, el Dios de tu ser, un librepensador —no un radical, un librepensador—, al amarte a ti mismo, al encontrar tu propia felicidad sin imponérsela a los demás, creyendo en ti y sabiendo que Dios, el Padre, la eminencia por encima de toda eminencia, eres tú en la totalidad de tu ser. Entonces, entidad, todo lo que hay en este reino estará a tu servicio, en lugar de que tú seas su servidor.

Las entidades que escribieron que la pobreza es una virtud despreciaban a los ricos. No es un pecado, no es una falta tener todo lo que existe en valores materiales, siempre y cuando no tengan prioridad sobre tu propio valor. Están aquí para servir y nada más. Tu reino puede ser vasto, como un reflejo de tu belleza, pero si el reino te es arrebatado, entidad, no sufrirás por ello porque sabes de una manera innata dentro de tu ser que puedes construir otro. Eso es libertad absoluta.

Todos los que están en este plano pueden tener cualquier cosa que deseen, si primero se dan cuenta del secreto para obtenerla, recibirla, tenerla, serla, y así ser la supremacía, y luego la sostienen firmemente diciéndole que ha venido a servirte, entonces así lo hará. Entonces no necesitan trabajar para la creatividad de otra persona. Pueden trabajar para su propia creatividad, para la expresión, sin revolcarse ni arrastrarse.

Sabe que Dios es la totalidad de todas las cosas, es la esencia de todas las cosas, está por encima de todas las cosas, y cualquier cosa que él sea, tú lo eres. Por eso tú eres, entidad, la vastedad de la eternidad. Simplemente sábelo, conviértete en ello. Cuando sabes que eres Dios, la felicidad infinita ocurre dentro de tu ser porque Dios es la felicidad infinita. Entonces el reino de los cielos que se ha profetizado te pertenece porque el reino de los cielos es la plenitud ilimitada. Es lo que es, y cualquiera puede tenerlo si simplemente sabe que puede. Qué así sea.

Todos creen que para volverse rico hay que trabajar muy arduamente. Eso solo te convierte en un esclavo. No te hace rico.

El oro nace del pensamiento. Si permites que tu mente cree y deje que los pensamientos te lleguen, la riqueza nacerá con un pensamiento. Hay quienes vendrán a ti, y tú puedes implementar tu pensamiento con creatividad para ayudar a toda la gente. Entonces la mayor alegría no es el oro que se deriva de eso, sino la realización de tus propios pensamientos creativos que están directamente frente a ti.

La mayoría no entiende lo que es la prosperidad. Siempre la colocan por encima de ellos. La falta de autoestima, la falta de amor propio equivale a la pobreza, equivale a la falta de prosperidad. La prosperidad es solamente el efecto secundario de una entidad feliz que permite que nazca una mente creativa. Una dulce mañana te levantarás y te darás cuenta, entidad, de que puedes tener cualquier cosa que desees. Todo te pertenece a ti.

Te voy a enseñar a pensar como un rey y, al pensar de esa manera, a crear como uno. Y a partir de eso, entidad, te elevarás por encima de tu condición empobrecida y tu baja autoestima y te convertirás en el señor de lo que realmente eres.

No está mal tener todas las cosas en este espléndido plano porque todas las cosas son Dios. Dios es el oro que todos anhelan. Dios es el pan del cual se nutren todos. Dios es la estructura que protege a su hijo, y Dios es el camastro en el que yace su hijo.

En este reino todas las cosas te pertenecen a ti. Estás aquí para tener el dominio sobre todas las cosas, si así lo deseas. Los deseos satisfacen la necesidad, y cada deseo, a medida que se concede, eleva nuestra comprensión de nosotros mismos hacia una esfera aún más elevada en la que quizás nuestra importancia y nuestro valor merecen la pena.

Está bien satisfacer todos tus deseos. Yo quiero que todos se cumplan para ti. Yo no quiero que carezcas de nada porque tú eres la gloria y eres divino y mereces todas las cosas, mi amado hermano. ¿Un hombre rico no puede entrar por las puertas del cielo? El que escribió eso, entidad, era pobre. Esa es una verdad. Un hombre rico hizo el cielo, entidad. ¿Acaso no tiene la tranquilidad suficiente de haber comprado su libertad para serlo y para que no lo fastidien los acreedores en la plaza del mercado, para que su familia no pase hambre y pueda proveer oro para muchos otros que trabajen para él?

Si una persona ve que su iluminación solo podría ocurrir al abstenerse del valor material, pues temería ser esclavizada por este, entonces debería abstenerse. Hay un sentido divino en poseer todo lo que existe. ¿Qué sentido tiene ser un Dios y sufrir debido a los elementos que tú mismo creaste? Eso es ser un tonto.

¿Acaso lo material no es espiritual? No puede ser material a menos que sea concebido por el Espíritu. Todas las cosas son Dios; todas las cosas. El oro es Dios, entidad. Dios está en todas las cosas. El valor material no tiene nada de malo, y cualquiera que diga que está mal es un esclavizador y un juzgador que generalmente está celoso porque no lo tiene. Una gran libertad en este plano es estar libre de todas las cosas que inhiben, para que la mente pueda estar en paz.

Frecuentemente la atrocidad sucede cuando aquellos que quieren oro, tesoros y valor material hacen cosas despreciables para poder obtenerlos, no solamente a los demás, sino principalmente a sí mismos. Todos deberían tener todo lo que quieran. Cuando se conviertan en el Señor Dios de su ser y se conviertan en un maestro, podrán formular cualquier cosa que deseen.

Primero domina al ser para que el ser se vuelva soberano, para que el ser sea amado en su totalidad, para que nada sea más grande que tú; nada. Cuando creas y sepas como una verdad que no hay nada más grandioso que tú, entonces todo lo que pertenece a este reino y que pueda servirte será tuyo.

Maestro, no hay ni una sola cosa que no sea espiritual, sea un automóvil o una casa o un lino fino, porque todo proviene del mismo reino. Es una manifestación más baja de un pensamiento más grandioso. Todo es el Espíritu. Todo lo es.

Desear las cosas de la mente puede ser gratificante para una entidad; para alcanzar una mayor gratificación tienes que ir a una forma más baja, lo cual haces cuando deseas cosas de la materia. El auto, la casa e incluso el oro no significan nada a menos que aquel que lo ha deseado lo haya hecho para hacerlo feliz, y así sucede en el proceso. Ellos son solamente catalizadores de las emociones. Aquel que desea la satisfacción dentro de sí mismo ignora la materia y va directamente a la emoción. De esta forma logra y obtiene aquello que tú debes buscar por otros medios. Si para ti es tan importante tener oro, entonces puedes tener oro y lo adquirirás. ¿Pero de qué te sirve si no es para intercambiarlo para obtener las cosas que te hacen feliz? No te puedes comer el oro. No es bueno para la digestión. Y la ropa es muy pesada para el ser y, aunque sea brillante, puede volverse muy aburrida. Y con respecto a una casa, entidad, no vivirías en ella mucho tiempo porque la vandalizarían.

Las entidades que escribieron que la pobreza
es una virtud despreciaban a los ricos.
No es un pecado, no es una falta
tener todo lo que existe en valores materiales,
siempre y cuando no tengan prioridad sobre tu propio valor.
Están aquí para servir y nada más.
Tu reino puede ser vasto,
como un reflejo de tu belleza,
pero si el reino te es arrebatado, entidad,
no sufrirás por ello
porque sabes de una manera innata dentro de tu ser
que puedes construir otro.
Eso es libertad absoluta.

La mayoría no entiende lo que es la prosperidad.
Siempre la colocan por encima de ellos.
La falta de autoestima,
la falta de amor propio equivale a la pobreza,
equivale a la falta de prosperidad.
La prosperidad es solamente el efecto secundario de una entidad feliz
que permite que nazca una mente creativa.
Una dulce mañana te levantarás y te darás cuenta, entidad,
de que puedes tener cualquier cosa que desees.
Todo te pertenece a ti.

— *Ramtha*

El oro es solamente un catalizador para obtener otras cosas que te hagan feliz, y son solamente catalizadores para hacerte feliz. Todo es espiritual. Si debes encontrar la felicidad mediante el vestigio de otras cosas, entonces que así sea. Eso no tiene nada de malo. Puedes tener todo aquello que deseas, pero debes desearlo y manifestarlo a través de tu propia emoción porque solo tú puedes alcanzar la felicidad mediante la creación.

En este reino, todo lo que existe tiene una base fundamental para su existencia. Todo tiene la chispa de la vida, de otra manera no existiría. Por lo tanto, en este reino, la chispa de vida que da crédito al valor de todo lo que existe, es Dios, ¿no es así? Si no lo fuera, tú dirías: «Deseo conocer aquello que no es Dios porque debe ser lo más grandioso». Lo sería, si así lo fuera. El Padre es el pensamiento, el gran pensamiento, en verdad, el pináculo más elevado de la verdad. Por eso aquello que se llama el oro también es Dios, ¿no es así? Y los árboles que crean la pulpa con la que se hace el papiro que se convierte en lo que tú denominas tus dólares es Dios, ¿no es así? De modo que al aplicar la razón pura, ¿por qué sería malo tener a Dios y tenerlo en gran cantidad?

Ahora, esto es muy difícil porque ha mantenido a mucha gente reprimida a lo largo de los siglos y los eones. Te voy a decir una verdad. La Iglesia, en su dogma religioso, es una forma de tiranía muy grande porque ha reprimido y mantenido a la gente en la ignorancia. Ha sacado a Dios fuera de ellos y lo ha puesto en algún lugar más allá de la inmensidad del espacio, y ha convertido al ser humano en un bastardo que, haga lo que haga, nunca lo hará lo suficientemente bien o perfecto. También decretó que, a fin de encontrar a Dios, no puedes ser una persona rica, para que todo el poder se le entregara a la Iglesia. Cuando la persona no tiene oro, no puede comprar su poder o aquello que se denomina votos, opiniones y demás, o siquiera construir otra iglesia contraria a la establecida. Debes saber que todas estas cosas han sido tomadas en cuenta de una manera muy astuta.

Si mantienes reprimida a una persona al eliminar a Dios y su tesoro, y dándole poca tierra para trabajar y luego la obligas a entregar la mayor parte de su cosecha a la Iglesia, siempre la tendrás bajo tu dominio. Entonces la persona es la que será esclavizada. Ese es un gran y maravilloso plan que ha funcionado, pero también es una gran atrocidad porque se ha inculcado y transmitido de generación en generación.

No tiene nada de malo tener oro. El oro es Dios. No puedes separar el dinero de Dios. La separación no existe. Es solamente un medio de intercambio para adquirir esas cosas que nunca tuviste y que deseas tener. ¿Y acaso esas cosas que deseas no son el reino de Dios?

Cuando te libras del miedo de no tener suficiente pan, cuando te libras del miedo de no tener un refugio, cuando te sientes aliviado por no carecer de transporte, eso se llama vivir en libertad porque entonces la mente no está ocupada con el instinto de supervivencia. Está ocupada porque es feliz y no le tiene miedo a nada, y está en un estado de recepción en el que nacen la genialidad y la brillantez. Entonces, ¿qué le das a la gran Fuente que te ha proporcionado todas estas cosas? Ser feliz para convertirte en la gran Fuente.

Cuando estás en un estado de libertad, puedes crear en este plano mejores medios para obtener placer y libertad para todos aquellos que deseen participar, para elevar su consciencia. Digamos, «Esto es lo que soy, un hombre rico, pero puedo pasar por el ojo de una aguja». Eso demuestra que Dios no solamente ama al pobre indigente, sino que también ama al hombre rico porque el hombre rico se adorna a sí mismo y al Padre.

No hay grados del amor de Dios. No hay grados de ser espiritual porque al estar aquí estás siendo espiritual. Al respirar eres espiritual porque el Espíritu es lo invisible, que es el Padre.

Te diré otra gran verdad. La razón de que eso se convirtiera en parte de la religión es que la gente pobre despreciaba a la gente rica que había decidido quitarles a Dios. Fue una maldición. Eso es todo.

Lo que tú quieres, lo tendrás, y las puertas se abrirán para que construyas tu reino sobre grandes y maravillosos cimientos. Entonces un día, cuando todos tus majestuosos sueños se hayan cumplido, te volverás más infinito porque habrás logrado todo lo demás.

El valor material no tiene nada de malo,
y cualquiera que diga que está mal
es un esclavizador y un juzgador
que generalmente está celoso porque no lo tiene.
Una gran libertad en este plano
es estar libre de todas las cosas que inhiben,
para que la mente pueda estar en paz.
Cuando se conviertan en el Señor Dios de su ser
y se conviertan en un maestro,
podrán formular cualquier cosa que deseen.
Todos aquí necesitan dejar de preocuparse por el oro,
y todos aquí pueden tenerlo,
siempre y cuando su mayor prioridad no sea el oro,
sino la felicidad.

— *Ramtha*

No sirve de nada que yo ni nadie te diga que te conviertas en un soberano si niegas esas cosas que quieres, porque hasta que estés alimentado, entidad, nunca te convertirás en ello, y así es.

Traza tus planes y crea, y cuando se abran las puertas, atraviésalas. Al principio serán puertas pequeñas, pero te conducirán a puertas cada vez más grandes. Y cuando hayas logrado todas estas cosas, siendo rico, dale gracias al Padre dentro de ti, bendice toda tu abundancia y nunca te sientas culpable por ser abundante. Que así sea.

¿Qué crees que es la seguridad financiera? Cuando les das dinero a otras entidades, ellas solo compran más cosas para tener más. Esa es una gran verdad. La seguridad financiera, ¿entidad? En lugar de seguridad financiera, uno debería pedir todo lo que necesita para que la libertad ocurra. Las finanzas no siempre logran eso, solo ocasionan más gastos.

Si haces aquello que te hace feliz, entidad, nunca tendrás problemas con la seguridad financiera, jamás. Todos aquí necesitan dejar de preocuparse por el oro, y todos aquí pueden tenerlo, siempre y cuando su mayor prioridad no sea el oro, sino la felicidad. Entonces tendremos maestros que serán gozosamente libres porque su trabajo no es para ganar centavos, rubíes o dracmas, sino para obtener aquello que se llama la felicidad. Están haciendo aquello que los hace felices. Entonces se sienten seguros.

Hay grandes reyes que vienen a esta audiencia, cuya riqueza ni siquiera puedes imaginar, y que están en búsqueda de la felicidad. Quieren aquello que el vagabundo posee en su vagancia, y hemos convertido a varios de ellos en vagabundos. Y están muy contentos.

La fortuna no se te da, entidad. La Fuente te da aquello que crees merecer, y solo eso. Cuando te des cuenta de que eres soberano y que todo te pertenece, podrás tener todo lo que quieras sin agotar jamás tus reservas. Siempre quedará suficiente para todos los demás.

La verdadera fortuna nunca se hace a partir del ideal de otra persona en este plano. Se hace mediante tu propio ideal y tu actitud inventiva, ya que ¿quién te daría una fortuna de su propio bolsillo? Nadie. Tienes que ganártelo con lo que ellos denominan trabajo.

La verdadera fortuna se hace a partir del yo, a través del yo, con el yo. Así se hace la fortuna. Nunca se hará a través de otra persona. Eso significa que tienes que volverte más ilimitado y más simple en tu aspecto ilimitado para ver lo obvio que todos los demás han pasado por alto y hacer una fortuna con ello. Tienes la capacidad de hacer tu fortuna muchas veces, pues no todo se ha inventado en este plano, aunque el pensamiento haya estado allí por mucho tiempo. Los verdaderos inventores, entidad, son los aventureros en los que te tienes que convertir con el pensamiento contemplativo.

El genio no está controlado por las emociones.
Es un jugador indomable en la vida de alguien.
Es una mente indomable en la vida de alguien.
Está desapegado y no acepta requerimientos.
Cuando empiezas a decir:
«Yo siempre —siempre— he sido un genio»,
y cada palabra se coloca en la pantalla de la computadora del cerebro
y se observa,
entonces te has dado permiso para saber.
Si bien no sabías que tenías que pedirlo,
ahora se te ha dado permiso para saber.
Cuando cada día dices: «Yo siempre he sido un genio»,
cada día tu día empieza a cambiar hacia delante.

— Ramtha
Italia, agosto del 2013

¿Qué es lo que te espera en tu futuro
si hacemos a un lado tu pasado
que está socavando tus posibilidades?
¿Qué maravillosos pensamientos,
manifestaciones y aventuras son posibles ahora
para despertar a la mente?
Cualquier cosa que elijas.
El cambio no debería ser una amenaza para ti.
Debería liberarte.

— Ramtha
Italia, agosto del 2013

Tercera Parte
Ámate Al Verte En La Vida Y Todas Sus Voces

Haber vivido tu vida plenamente
y experimentado todas las cosas
habiendo obtenido conocimiento de ellas
es una noble virtud.
Así es como te conviertes en Dios.

— Ramtha

Capítulo Veintiuno
Vive Y Experimenta La Sabiduría De La Vida

Te vuelves sabio mediante la experiencia. Los Dioses eran como niños pequeños cuando desarrollaron todo esto porque no habían desarrollado una actitud que, colectivamente en sí misma, creara una alteración de su visión pura. Nunca supieron lo que era el odio, nunca supieron lo que eran los celos y, por lo tanto, nunca supieron lo que era la guerra. Nunca supieron ni entendieron lo que era la muerte, lo único que conocían era la vida. Nunca entendieron la alegría porque no sabían lo que era la desesperación.

Te ha tomado todo este tiempo aprender todas esas cosas. Te ha tomado todo este tiempo darte cuenta de que has perdido lo que es la felicidad, la perfección, el *Ser*. La experiencia te enseña, entidad, qué es lo que tienes que buscar. El alma ya no estará hambrienta del conocimiento de la experiencia.

Hacer esta vida tan grandiosa como puedas es una gran virtud, para experimentarla en sus cumbres, sus montañas, sus valles, sus cuevas, sus planicies, en cada parte de esta vida, para formar parte de ella y amarla. Entonces estás lleno de esta vida, y cuando te vayas de este plano, no habrá nada aquí que sientas que necesites experimentar. Ya no tendrás que regresar aquí.

Aquellos que vienen a esta vida y siguen una única y pequeña dirección, porque es aceptable en este plano, sufren una muerte agonizante porque deberían haber hecho esto o aquello, deberían haber amado a este y haberse casado con aquel, y todas esas cosas. Todo lo que deberían haber hecho les traerá la experiencia de vuelta hasta que se sientan satisfechos. Después de eso, ya no regresan aquí.

La sabiduría es la emoción acumulada. Eso es lo que nos hace diferentes a todos los otros que vienen a este plano. No vas a experimentar las cosas que ya has experimentado porque no sentirás ningún deseo de hacerlo. Siempre te sentirás atraído a las cosas que anhelas en tu ser, las cosas que son aventuras innovadoras y gratificantes para tu ser, para poder experimentarlas.

Matar a una persona y luego convertirse en la persona asesinada para apreciar el valor y la vulnerabilidad de la carne es algo que requiere varias vidas. Las grandes entidades que caminan sobre este plano, que triunfan en su grandeza, pero la persiguen de manera humilde, han sido tanto el maldito tirano como la débil víctima. Han aprendido a apreciar a la humanidad al vivir esas experiencias, y eso se llama una virtud noble. Eso es lo que hace falta para convertirse en un santo.

Una persona virtuosa, aquella que ha vivido la vida plenamente, que ha encontrado en todos sus pensamientos el punto más elevado y el más bajo de su propósito, que ha experimentado las atrocidades y la vileza de una mente creativa, y la grandeza y la honestidad de una gran mente, ha experimentado la vida hasta concluir que ha adquirido sabiduría de ella. Ha aprendido que ha participado en ella y, al ser un participante de la vida, sabe de qué habla.

La persona sabia, como así fuere, al tener una dirección acorde con su experiencia, es virtuosa. Ha experimentado todas las cosas, ha acelerado su ser hasta la cúspide del saber interior. Lo sabe y se ha convertido en el esplendor que siempre la ha esperado, y lo ha hecho al involucrarse con la vida y con todo lo que es.

La persona virtuosa no carece de nada. No está impulsada a perseguir nada porque lo ha conquistado todo. Ha vivido la vida y ha aprendido de ella. Y aunque ha dejado una experiencia para pasar a otra y a otra, ha crecido en su ser, ha acrecentado su ser. A pesar de aquellos que la condenan, ha crecido en su vida y no se arrepiente.

La virtud noble es, en verdad, el mayor reconocimiento de la maestría. ¿Qué crees que es la virtud noble? No es abstenerse de la vida, escaparte y esconderte en una elevada montaña y convertirte en un santo que quema incienso y contempla Dios sabe qué. La virtud noble es la práctica de vivir la vida, experimentarla en cualquier forma que el alma te pida.

Te ves impulsado a hacer las cosas que haces con el propósito de adquirir sabiduría. Cuando has hecho lo que todos los demás han hecho, entonces no puedes juzgar a otro por ello, porque de hacerlo te juzgarías a ti mismo. Entonces la verdadera compasión y el amor existirán dentro del alma, y así es Dios.

Haber vivido tu vida plenamente, haber experimentado todas las cosas y haber adquirido todo el conocimiento de ellas es una virtud noble. Así te conviertes en Dios.

La espiritualidad es la vida. No puedes separar el aprendizaje, el amor a Dios y al yo, de la experiencia de vivirlo.

Para aprender a ser tú, para aprender a tener el conocimiento que está a solo un pensamiento de distancia y para aprender a implementarlo en un reino feliz, solo tienes que desear revelarte por completo. No hay ningún profesor que haya vivido o que vaya a vivir alguna vez que sea más grandioso y más prudente y más satisfecho con su conocimiento que el Espíritu del Dios de tu ser. Ese es el único profesor, tú, el Dios que tú eres. Entonces aprenderás a vivir la vida plenamente. Aprenderás a apreciar plenamente la existencia de toda la gente sin importar su situación porque eso es espiritual, todo ello. Aislarte para volverte ritualista y practicar unas doctrinas antiguas, aburridas, monótonas y limitadas, entidad, solo consigue frustrar al ser. La vida debe vivirse por completo.

La espiritualidad se llama la vida. No están separadas. No lo están. Para enseñarte, debería hacerte más consciente de ti mismo; de ti. Esa es la relación más íntima que puedes tener con un profesor.

Puedes encontrar lo que cualquiera te pueda enseñar en las aguas dulces de un apacible riachuelo, en el glorioso resplandor de una puesta de sol o en los maravillosos colores de la medianoche en la belleza muda de los cielos. La enseñanza tiene cabida cuando uno experimenta la risa de un niño que es dulce e inocente, el rubor en las mejillas de una mujer hermosa, una doncella que se da cuenta de que se está convirtiendo en una mujer y no te mira a los ojos, el pecho de un gran corcel al que se acaricia suavemente. Estas son cosas maravillosas. Es el olor, como quiera que sea. Es el sabor y como quiera que lo saborees. Es ser.

Esta vida, tu vida, es tu profesora. Escapar de ella, maestro, es solamente encontrarte con más vida. La vida es lo que te brindará el mayor aprendizaje que estás buscando. Debes participar en ella al vivirla.

Hay aquellos que se meten en cuevas, que se van a los templos y absorben el conocimiento, y se disciplinan a sí mismos para ser superiores a la vida, para evitar la vida, para esconderse de la vida, para calmar a sus hermosos cuerpos, para restringir sus encantos y su vista. ¿Para ser qué? ¿Piadosos, liberadores, salvadores, señores? Nunca conocerán la vida a menos que hayan participado en ella. Los profesores más grandiosos, maestro, nunca corren a los templos a esconderse, ni tampoco se van a las cumbres de las montañas para estar por encima de la humanidad. La vida se procura por y mediante la humanidad.

Vive. Sabe lo que es cenar con un buen vino tinto. Sabe lo que es saborear las golosinas. Sabe lo que es apoyar tu cabeza en un cojín de seda. Sabe lo que es oír música y el misterio de cómo se mueven los dedos para producir sonidos que apaciguan tu mismísima alma.

Vive. Alcanza la cumbre de tu montaña, respira el aire y observa la eternidad. Encuentra una estrella que sea insondable para ti. Contémplala. Conviértete en la vida. Sé la vida. Es lo que todos deberán lograr y entender a la larga, y el lugar de donde obtendrás tu sabiduría y tus enseñanzas. No te prives a ti mismo y no te vuelvas piadoso. Si lo haces, perderás.

Mírate y bendícete y ámate a ti mismo. Preséntate amablemente en este plano como un proveedor para este plano, como un dador para este plano. Entonces todo aquello que deseas, maestro, se cumplirá con la sabiduría. La sabiduría está asegurada porque aquello que se aprende, maestro, se obtiene. Así es como vas a saberlo y así es como vas a ser. Es la enseñanza más grandiosa que existe.

Cuando un niño pequeño viene a ti y te pregunta sobre el misterio de las estrellas o el viento, entonces tú, que has sido parte de estas cosas, le puedes comunicar, en los tonos más simples de tu ser, los misterios del viento y las estrellas y, a través de tu experiencia omnisciente, ampliar su maravillosa mente para experimentar la vida mediante su belleza.

Ve y contempla al lado de un arroyo. Ve y siéntate en la cima de una montaña. Ve y siéntate en el campo durante una tormenta embravecida. Abre tu boca y bebe la lluvia. Levántate antes de que salga el sol y observa cómo la última estrella incesante se desvanece frente a la gran luz.

Quiero que vivas. ¿Acaso la rosa permanece como una semilla enterrada en la profundidad de la tierra y se rehúsa a ver el sol? No. ¿Acaso la abeja le da la espalda a la flor tentadora y busca una hierba? No. ¿Acaso el hombre deja de posar sus ojos en una mujer hermosa? No. ¿Se rehúsa el sol a salir si la luna todavía sigue en el cielo? ¿Acaso la estrella más grandiosa brilla más que la menor entre ellas? No. ¿Por qué debes salir a ver las cosas que existen en una simple coexistencia? Para que entiendas a la Fuente, al Dios infinito, la vida infinita.

¿Cuál es el cuarto color del arcoíris? ¿De qué color es la amapola? ¿De qué color son las grandes luces que provienen del interior de la Tierra y brillan en el cielo? ¿Cómo huele la tierra? ¿Qué siente una hoja que acaba de caer? ¿Dónde yace el mundo secreto de un insecto? ¿Y qué hay de los elfos, un enano o un hada? ¿Adónde se han ido? Dímelo por favor. ¿Son reales? ¿De qué color son sus alas, su nariz, su piel, sus orejas?

¿Qué se siente al abrazar un árbol que nunca ha sentido el tacto del ser humano, escalar una montaña, respirar una nube permitiendo que descanse perezosamente sobre tu ser hasta que esté lista para seguir adelante o vivir en una cueva, encender una hoguera para calentarte, pasar del frío al calor, de la oscuridad a la luz? ¿Cómo suenan los maullidos de un gato salvaje durante la noche o una mariposa cuando le habla a una flor? ¿Tienes la respuesta para todas esas cosas? Entonces ya es tiempo de que la tengas. ¿Acaso no es eso la iluminación? ¿Acaso no es la vida? ¿Acaso no es Dios? ¿Acaso no eres tú el que se ha perdido de todas estas cosas? Ser espiritual no es sentarte a contemplar cualquier cosa ni tranquilizar o condicionar tu mente, nunca es eso. Es mejor levantarte, salir y reír bajo el sol y vivir.

Así te conviertes en Dios. Así te vuelves espiritual. Si estás contento, todo está bien, pero si no quieres hacerlo, maestro, no tienes que hacerlo. No hay ningún rito sagrado que te conecte con el infinito. Ya estás conectado. Lo único que tienes que hacer es vivirlo para que se pueda ver.

¿La sabiduría infinita, entidad? ¿De qué sirve saberlo todo? ¿De qué sirve un pensamiento si no se puede razonar con el pensamiento y los sentimientos? Un pensamiento carece de color, de olor, de imagen. Es solo una inspiración del *electrum*. Solo al convertirse en un sentimiento se convierte en una realidad. Puedes tener todo el conocimiento que exista, pero realmente no es nada hasta que lo has sentido, vivido y experimentado. Así que, mi amado maestro, puedes sentarte y estar sintonizado con el pensamiento del infinito en su forma creativa continua, pero te habrás perdido del azul intenso del cielo cuando amanece.

Tu conocimiento infinito es inminente. Ve y siéntelo. Siéntelo. Ámalo. Planta un maravilloso jardín. Introduce una pequeña semilla en el suelo. Deja que se nutra y observa cómo se convierte en una flor de una tonalidad magnífica, muy intensa en su color, con un aroma que penetra tus fosas nasales y te envuelve en un torbellino de iluminación.

Muchos piensan que lo que deberían hacer es meditar. Bueno, lo es, si así lo creen. Para llegar a la naturaleza infinita tienes que sentir el pensamiento hasta hacerlo realidad.

Yo nunca me propuse ser un profesor, entidad. Yo viví toda mi vida lo suficientemente bien como para aprender lo suficiente. Al amarme a mí mismo por haber aprendido todas estas cosas, me honré a mí mismo, y descubrí quién era el Dios Desconocido.

Tú deseas enseñar, pero nunca enseñarás, porque la enseñanza será el principio por el que lo estás haciendo. Vive. Vive y experimenta. Sumérgete en la vida. Ámala, abrázala. El mero hecho de estar vivo, entidad, iluminará y le dará alegría al mundo. Los profesores nunca lo hacen, nunca. Jamás son recordados por lo que dijeron. Siempre fueron recordados por lo que hicieron.

Vive.
Alcanza la cumbre de tu montaña,
respira el aire y observa la eternidad.
Encuentra una estrella que sea insondable para ti.
Contémplala. Conviértete en la vida. Sé la vida.
Es lo que todos deberán lograr y entender a la larga,
y el lugar de donde obtendrás tu sabiduría y tus enseñanzas.
No te prives a ti mismo y no te vuelvas piadoso.
Si lo haces, perderás.

El ser humano, en el anhelo que siente por sí mismo,
se ha negado la vida a sí mismo.
Para disfrutar de la vida hay que sentir una gran pasión por todo:
el viento, el cielo nocturno, el agua, todo.
Al diversificarse a sí mismo,
el ser humano puede apreciar mucho más porque entonces
no necesita tener relaciones que lo decepcionen
para validar su estado de ser;
puede observarlo en la vida a su alrededor.
Disfruta de este lugar. Es un magnífico lugar para visitar,
del cual venir, al cual pertenecer, en el cual crear,
a través del cual expresarse, en el cual encontrar el amor.
Es la esmeralda de este universo,
y ha sido una buena madre.

— Ramtha

Haz algo por lo cual valga la pena tener sabiduría, y eso les dará alegría a los corazones de los demás. El mero hecho de ser aquello en lo que te convertirás disminuirá la carga de su experiencia y permitirá que nazca la esperanza dentro de ellos.

En tu plano hay muchos profesores, muchos que son famosos y nada más, y nunca serán recordados. Lo serás si, en lugar de enseñar, tu prioridad es vivir. Donde quiera que vayas vas a atraer naturalmente a aquellos que te buscarán para aprender de lo que ya has aprendido. ¿Y qué es lo que importa? ¿Que todo el mundo venga a oír palabras mundanas e insignificantes que fluyan dentro y fuera de su consciencia, pues están soñando despiertos? ¿O que haya uno que escuche, preste atención, perciba y se transforme?

Solo hace falta que una sola entidad se convierta en el magnífico Dios que son todos para ser una luz para el resto. Es mejor que ayudes a una sola entidad que tratar de tener un efecto sobre todos; uno por uno, y solo como una parte secundaria de tu vida.

Yo no soy una entidad ridícula, cerrada ni limitada. Soy un hereje, y me gusta serlo, porque no voy a guiar a nadie para que se convierta en un seguidor religioso o en un prudente esclavo de sus creencias, sin importar quién sea. Esa no es la manera de llegar a este reino del que he hablado.

Hasta este momento he visto muchas cosas y sé mucho, entidad, y he observado aquello que se llama este proceso evolutivo. Préstame atención cuando te digo que no es la disciplina de ningún ritual lo que trae a Dios a nuestro ser ni tampoco es abstenerse de la vida. Es vivir la vida al máximo y encontrar al Padre en cada flor, en cada pluma, en cada risa, en cada abrazo. Entonces eres feliz. Recuérdalo.

Las personas de este plano perdieron de vista las prioridades de la vida. Se quedaron muy confundidas con la guerra, la religión, los gobiernos y los credos. Para salir de la confusión, descubrieron que la única manera de vivir verdaderamente era tener relaciones con tantas personas como les fuera posible, porque eso le daba credibilidad a su potencia, le daba credibilidad a su ser y era lo único que los hacía importantes, según su manera de pensar. Y en ese proceso, se han cegado a la verdadera belleza que yace abiertamente a su alrededor.

El ser humano, en el anhelo que siente por sí mismo, se ha negado la vida a sí mismo. Para disfrutar de la vida hay que sentir una gran pasión por todo: el viento, el cielo nocturno, el agua, todo. Al diversificarse a sí mismo, el ser humano puede apreciar mucho más porque entonces no necesita tener relaciones que lo decepcionen para validar su estado de ser; puede observarlo en la vida a su alrededor.

Este es un plano muy agradable en el cual vivir. Se ha edificado con mucha maestría. Es artísticamente majestuoso. Es maravillosamente bello. Es el único plano con oscuridad y el único en el que no se oye la música sonando de fondo. Por eso tenemos músicos que tratan de imitar lo que alguna vez conocieron. Este plano es vívido y robusto y está lleno de color. Es un lugar encantador del cual formar parte. Cuando descubres su belleza incluso en las cosas más mínimas, aumenta tu apreciación por la vida. Entonces no necesitas que tus semejantes te decepcionen porque te has diversificado en las cosas que han aprendido a sobrevivirlos.

Disfruta de este lugar. Es un magnífico lugar para visitar, del cual venir, al cual pertenecer, en el cual crear, a través del cual expresarse, en el cual encontrar el amor. Es la esmeralda de este universo, y ha sido una buena madre.

El aprendizaje es un concepto aburrido, entidad. Las aventuras son emocionantes. ¿Quién quiere sentarse a aprender las lecciones? Lo que necesitas es experimentar tus experiencias. Allí se encuentra la aventura.

No es difícil considerar un pensamiento ilimitado y, de hecho, ni siquiera sabes qué vas a considerar, porque si supieras lo que es un pensamiento ilimitado, ya lo tendrías y ya estaría allí, y no necesitarías todo este escándalo y demás.

Lo ilimitado es una aventura. Una aventura. Yo siempre le he enseñado a mi gente, a ti, que para poder aprender algo hasta el nivel más elevado de su valor y así poder confirmar su sabiduría, aquello que se enseñe debe aplicarse a una espléndida aventura. Las lecciones son muy aburridas, monótonas, mundanas, nadie las quiere. Y si Dios no es nada más que una serie de lecciones, yo preferiría que seas lo que eres y te olvides del asunto de ser Dios.

Las aventuras se despliegan en la vida. Las aventuras de lo que has aprendido aquí te llevarán muy lejos de este lugar: a muchos hogares, a otros reinos, a otras inteligencias más grandiosas, hasta la cumbre más alta del mundo y hasta el valle más hondo, en verdad, porque al enseñar de una manera aventurera, la entidad expande su consciencia, ya que es una función natural. Está muy contenta con lo que está haciendo. La felicidad promueve el pensamiento ilimitado.

Las aventuras se planean elocuentemente para todos los que están reunidos aquí, de una manera maravillosa, conforme se abren puertas para que ustedes puedan contemplar al *Dios Yo Soy*, en verdad, el yo ilimitado, el amor de la entidad espectacular. Llega a apreciar estas palabras, no solo al pronunciarlas, sino al entenderlas. ¿Y con qué propósito? Para elevarte por encima de tu ignorancia, para elevarte por encima de aquello que puede secuestrarte bajo su dominio y quitarte tu reino ilimitado para enviarte de vuelta a las hordas y las flechas de una guerra atroz. La aventura es una forma maravillosa de saber quién es Dios, y quién eres tú, y de evolucionar más allá de las estructuras de la muerte y la enfermedad y todo lo que se relaciona con esto.

A todos los que están aquí, yo los mando felizmente a sus aventuras. Y a lo largo del camino serán aquello que se denomina los adivinos que transmitirán su pizca de sabiduría a aquellos que encuentren en sus campos y en sus aventuras. Nunca te olvidarán. Vivir tu vida con gracia y facilidad te permitirá realizar la virtud de tu ser inmaculado sin dolor.

¿Las aventuras? Son una maravilla. El mundo es un lugar precioso. Todos creen que este lugar se llama el infierno. ¿Sabes lo que es el infierno? Es una tumba abierta, una sepultura abierta y superficial en la que se introducía a la entidad que no podía costear los dracmas o los rubíes para ser sepultada debidamente. Y debido a que era una tumba abierta, las hienas y los perros salvajes se alimentaban de su cadáver. Eso es lo único que significaba hasta que se hizo una traducción posterior de esta palabra.

No existe tal lugar como el infierno. Nunca existió y nunca existirá. Fue algo terrible que se creó para intimidar por medio del miedo y someter a las masas para tenerlas bajo control. Dios, el Padre, ama muchísimo tu ser, y es toda la materia: cada grano de arena en el mar, cada pequeña mariposa en la primavera, cada vasta estrella en los cielos. Lo es todo. Y si Dios tuviera un lugar como ese, sería como tener un cáncer en su cuerpo que lo consumiría.

El diablo no existe; Lucifer, como se lo denomina. La entidad se llamaba Lucifer, pero está muy lejos de ser la entidad que te inculcaron que era. El único que existe es Dios, y el hecho de que se diga que este lugar es infernal es muy injusto, porque es la esmeralda de tu universo.

El mundo no está solamente en la plaza del mercado, mis amados hermanos. Allí abunda la vida, pero la vida más grandiosa se encuentra fuera de la plaza del mercado, en la cumbre de una montaña nevada, donde el viento es vigorizante, frío, y puro, o en la base de un magnífico árbol, o al mirar un arroyo y meter tus pies en el agua y ser uno con los peces. Hay mucho más en este plano de lo que creen aquellos que quieren ascenderlo. No lo has vivido y no lo has investigado. Solo has estado sometido a la opresión de la democracia de tus ciudades.

Esta es la esmeralda del universo. Ve a todos esos lugares. Forma parte de ellos. Quítate aquello que se llama tus sedas y tus joyas y quítate los zapatos. Vístete de una manera sencilla y pasada de moda, y ve y experimenta a Dios y este cielo que has creado. Vale la pena vivir por él. Vale la pena estar aquí por él. Te ruego que lo hagas, porque no vivirás hasta que no hayas vivido en estos lugares y hayas formado parte de su consciencia continua y eterna.

Mi gente me llama Ramtha el Iluminado, y por eso he mantenido ese nombre hasta este día. ¿El iluminado? Fui una entidad solitaria que se sentaba en un altiplano mientras los demás hacían las cosas que se hacían en su tiempo, y al estar distanciado en la naturaleza encontré al Dios Desconocido.

No vives realmente hasta que te vuelves solitario en la naturaleza y estás en paz con el cielo de medianoche y una luna que crece y mengua hasta que llega la brillantez de la aurora. En todos los sueños y el conocimiento que te lleguen, he aquí que tú también te convertirás en un iluminado, porque las prioridades cambian allí.

Ser spiritual
no es sentarte a contemplar cualquier cosa
ni tranquilizar o condicionar tu mente, nunca es eso.
Es mejor levantarte, salir y reír bajo el sol y vivir.
Así te conviertes en Dios.
Así te vuelves espiritual.
No hay ningún rito sagrado que te conecte con el infinito.
Ya estás conectado.
Lo único que tienes que hacer es vivirlo
para que se pueda ver.
No es la disciplina de ningún ritual
lo que trae a Dios a nuestro ser
ni tampoco es abstenerse de la vida.
Es vivir la vida al máximo
y encontrar al Padre en cada flor,
en cada pluma,
en cada risa, en cada abrazo.
Entonces eres feliz.
Recuérdalo.

— Ramtha

Lo silvestre de la consciencia de la naturaleza te acepta, mi amado hermano. Te acepta y espera de ti que seas eterno como ella lo es. Y en una circunstancia como esa, puedes crecer con valentía para convertirte en este Dios y ser firme todos los días de tu vida por venir. Yo deseo que lo hagas. El Dios Desconocido guarda silencio, un gran silencio y, sin embargo, te habla si se lo permites. Extiéndete y sé parte de este continente, es magnífico, sumamente magnífico. Y un día serás más como yo, hermano, ecuánime. Que así sea.

Cuando aprendas a ver a todos tus hermanos
y te sintonices con ellos al igual que
te sintonizas con el viento o el sol,
que son constantes,
vas a aprender acerca de ti.
Tus hermanos son grandes profesores
y refinan en gran manera la sustancia que tú eres.
Cuando aprendas a verlos desde ese punto de vista, maestro,
será fácil amarlos como te amas a ti.
Es un sentimiento robusto de compasión exaltada.

— *Ramtha*

Capítulo Veintidós
Ver Al Yo Que Amas En Los Demás

*L*as relaciones pueden ser tan diversas como las personas son diversas, y pueden ser tan atrevidas, ingeniosas y emocionantes como lo son las personas en lo secreto de su ser: sorpresivas, encantadoras, seductoras, maravillosas. Todas las relaciones tienen esta esencia, un encuentro con lo sublime, aunque sea por un breve instante. Y cada vez que nos encontramos con esa brevedad, colma una necesidad, una satisfacción, una gratificación, una parte ahora realizada de nuestro ser que antes no sabíamos que era accesible.

Cada encuentro nos pone en contacto con nosotros mismos. Y por ese propósito, incluso si es solo por un momento, es maravilloso. Las relaciones son ciertamente maravillosas. Amar a otra entidad, ser parte del mundo y la naturaleza de otra entidad es vida, ya que el Padre está en todos y cada uno de los rostros que ves a dondequiera que vayas. Todos y cada uno de los rostros tienen su propio mundo, su propia singularidad, sus propias alegrías, sus propias tristezas, su propia indecisión y su propia conquista. Por lo tanto, las relaciones nos permiten aprender dentro del mundo del otro y agrandar nuestro ser mediante el ser espectacular que es el otro.

Las relaciones nunca son malas. Todas son buenas porque prosperamos al introducirnos en el razonamiento del otro, la comprensión del otro. Ámalos a todos en libertad. Ten cuidado de no perderte a ti mismo en su forma de pensar. Siempre mantén tu propia dignidad, tu propio valor y tu propio estándar de la bondad, pero con alegría. El Padre está en todos ellos. Eso es participar de la vida, el regalo más grande que existe.

Una buena manera de amar a otras entidades es mirar a la entidad como si te estuvieras viendo en un espejo y la entidad que ves eres tú. Vas a descubrir que es más fácil sonreírle, entenderla cuando ella no te devuelve la sonrisa. Cuando te critique en público, mírala, sonríe y ámala, porque esa persona eres tú. Todos los tú que ves en las situaciones y la singularidad que ellos representan te enseñarán a ti, el observador, a refinar lo que finalmente deseas en ti. Esa persona te brinda esa verdad sin adulterar.

Si ves a un ladrón, míralo como si fueras tú mismo. Quitarle a alguien sus posesiones, ¿eres tú eso? ¿Qué otra cosa ha hecho el ladrón además de robar un objeto? Ha traicionado la confianza y el honor. Ha invadido un reino al que no fue invitado. Hay más en cuanto al ladrón que el acto de robar. Hay un pensamiento detrás de eso. Cuando lo mires, mírate a ti mismo. Lo que él es, mejóralo en ti.

Cuando veas que esa vieja señora no deja de mirarte porque tú eres encantadora y ha pasado mucho tiempo desde que ella se veía como tú, mírala y mírate a ti misma, y recuerda que alguna vez fuiste como ella. Piensa en ella y en su proceso de pensamiento mientras te observa tan descaradamente. Mírala como si fueras tú y ámala por admirarte tan abiertamente.

Cuando aprendas a ver a todos tus hermanos y te sintonices con ellos al igual que te sintonizas con el viento o el sol, que son constantes, vas a aprender acerca de ti. Tus hermanos son grandes profesores y refinan en gran manera la sustancia que tú eres. Cuando aprendas a verlos desde ese punto de vista, maestro, será fácil amarlos como te amas a ti. Es un sentimiento robusto de compasión exaltada.

Los amantes son espejos de nuestra propia identidad

Aquellos que dicen que el romance y el amor han sido un error o su propia ruina deberían aprender a no verlos de esa manera. Deberían verlos como algo que los ayuda a comprender a la gente, a comprender, cuando menos, su propia vulnerabilidad, su propia ineptitud y su propia grandeza.

Tu relación durará un buen rato si le permites a la otra entidad ser lo que es. Después de todo, por eso la amas, porque en ella ves lo que tú eres. Si tratas de cambiarla, distorsionarás la imagen que ves dentro de ti mismo y perderás de vista al yo que ves en el otro.

Nunca amas realmente a otra entidad —¿cómo podrías?— porque no sabes quién es para poder amarla. Lo que otros aman en los demás es lo que ven de sí mismos en otra persona porque les brinda una identidad más clara de su propia imagen. Cuando la entidad empieza a hacer cosas extrañas y desconocidas, la imagen se pierde y el amor empieza a perderse. Lo que verdaderamente amamos en los demás es a nosotros mismos.

La búsqueda de nosotros mismos viéndonos en otro ser humano, esa intimidad y esa profundidad, es mucho más grandiosa que lo que la experiencia ha conocido. El abrazo, la copulación, la confidencia, todo eso es en realidad el yo. Permitir que la otra entidad sea quien es, es el mayor tesoro y regalo que puedes dar en una relación. El verdadero matrimonio es el del alma. Ese es el yo infinito compartido por el yo infinito que ni el tiempo, ni la medida, ni la muerte, ni la vida, ni nada puede quitarte. Lograrlo significa lograr el yo.

Nadie aquí ama verdaderamente a nadie —si deseas entender la ciencia de esto— porque lo que ama en el otro individuo es el reflejo de la identidad de su propio yo. ¿Cómo puedes amar a otra entidad si no sabes qué es lo que piensa? Si lo que piensa, entidad, se entiende mediante lo que tú piensas, entonces tienes aquello que se llama una relación. Pero nadie aquí conoce el alma del otro. Solo conoce lo que ve de sí mismo en el otro.

Amar a otro individuo es amar los reflejos del yo. Ese es un tesoro maravilloso porque el amor, en su interludio con otro, ayuda a explorar aquello que se llama la vastedad de cada uno de nosotros mismos. Por eso es un tesoro tan raro y maravilloso, y siempre deberías aferrarte a él.

Muchos no han tenido la oportunidad de abrir sus hermosos ojos para ver en el otro quiénes son por miedo a ver lo que no les gusta del otro, porque es lo que está dentro de ellos.

No puedes amar a otra entidad. Tú no amas a otras entidades. Amas lo que ves en otras entidades que representa al yo. No puedes amar a otra entidad sin tener una identidad. Debes tener una razón para sentir, y la razón por la que sientes es que el ser identifica a su propio yo en otro. Eso es lo que amas.

Una vez que hayas aprendido lo que es amarte a ti mismo por completo, a honrarte y a ponerte a ti mismo sobre todas las otras cosas, entidad, entonces sabrás lo que es amar a otra persona sinceramente.

La palabra amor es la más prostituida en tu plano. Se usa para hacer más daño —voluntariamente, por supuesto— que ningún otro ideal y es el destructor más grande. Destruye incluso más que la guerra.

Cuando el matrimonio es el alma de una existencia, uno nunca se casa con el otro, se casa consigo mismo. Tú no amas al otro; solamente amas esos aspectos del yo que ves en el otro porque esa es la única manera en la que podemos identificarlos. Cuando abrazas a otro, abrazas aquello que se denomina la verdad de tu propio ser. Por lo tanto, el matrimonio del alma es el matrimonio del yo. Amar al otro es amar al yo, porque aquello que amamos del otro son las virtudes que poseemos dentro de nuestro propio ser interno.

Los amantes ayudan a entenderse a sí mismos y a prepararse para aquello que se llama un amante del alma. Solo hay un amante del alma, uno, y esa entidad es la semejanza directa del yo, pero en el sexo opuesto.

Nunca amas realmente a otra entidad
—¿cómo podrías?—
porque no sabes quién es para poder amarla.
Lo que otros aman en los demás
es lo que ven de sí mismos en otra persona
porque les brinda una identidad más clara de su propia imagen.
Cuando la entidad empieza a hacer cosas extrañas y desconocidas,
la imagen se pierde, y el amor empieza a perderse.
Lo que verdaderamente amamos en los demás
es a nosotros mismos.

¿Cómo puedes amar a otra entidad
si no sabes qué es lo que piensa?
Si lo que piensa, entidad, se entiende mediante lo que tú piensas,
entonces tienes aquello que se llama una relación.
Pero nadie aquí conoce el alma del otro.
Solo conoce lo que ve de sí mismo en el otro.
Amar a otro individuo
es amar los reflejos del yo.
Ese es un tesoro maravilloso
porque el amor, en su interludio con otro,
ayuda a explorar aquello que se llama
la vastedad de cada uno de nosotros mismos.
Por eso es un tesoro tan raro y maravilloso,
y siempre deberías aferrarte a él.

— Ramtha

A menudo, se necesita una larga travesía para encontrar a esa entidad. Pero aquellos que lo desean y son sinceros con respecto al encuentro del yo, amar al yo y buscar el retorno del yo, sí la encuentran.

Cuando hablo de amantes, hablo de un Dios que necesita a otro Dios que necesita a ese Dios, y ambos intercambian y aprenden lo que es el amor, la compasión, la ternura, y lo que es que otro tiemble entre sus brazos con anticipación, esperanza y una confianza absoluta.

En este plano, el amor es ridiculizado tanto como la copulación. Ser un amante, respetar, sentir y abrazar tiernamente a otro ser humano que es un Dios es un arte que todos aquí necesitan aprender. Cuando lo hayan aprendido, habrán llegado a la premisa de sí mismos y estarán listos para aquello que es permanente, profundo y perpetuo.

Las Almas Gemelas: El Dios singular expresado en dos que ahora vuelve a ser uno

Eres la otra mitad de otra entidad. Juntos, esa entidad y tú representan la divinidad de un poder sublime. Todos tienen un alma gemela y solo una. Todos la buscan hasta que encuentran aquello que gratifica su ser. Entonces nunca vuelven a buscarla. Es por eso que las mujeres piensan en los hombres, por ellas mismas. Es por eso que los hombres piensan en las mujeres, por ellos mismos. Y sin esa atracción que sienten el uno por el otro, la copulación nunca hubiera ocurrido y la especie nunca hubiera existido. Y Dios seguiría siendo el viento y la creación que sopla entre las flores y entre los huecos de las raíces de los árboles y las tormentas que rugen en el horizonte sin que ningún ser humano observe jamás su magnífica belleza.

Mujeres, alégrense de ser mujeres, y hombres, alégrense de ser hombres, porque han acrecentado la profundidad de la emoción y el amor que se tienen el uno al otro y han permitido que otros vean este reino mágico que han creado.

Formas parte de otra energía colectiva. Te expresas en lo que se llama el género negativo o positivo. El género positivo es el hombre. El género negativo es la mujer. Así se conforman las fuerzas del cuerpo eléctrico. Cuando divides aquello que es, lo reduces, y la reducción de lo que es en *electrums* siempre dará como resultado a los opuestos.

Tú y otra entidad conforman un Dios que existía en el principio de todos los principios, y el yo colectivo de ambos, el yo expresivo, representaba una entidad infinita que fue tan grandiosa como para dividirse en dos y multiplicarse sobre la Tierra.

El yo se siente impulsado a encontrarse a sí mismo. Una parte del amor al yo es el deseo de completar al yo. No tiene nada de malo que algunas entidades tengan una relación tras otra. Simplemente están buscando a alguien que les refleje lo que son cuando están unidos.

Cuando ambos se unen, se convierten en un gran Dios. Ya no son positivo o negativo. Son uno solo. Son lo que se denomina el factor del *Ser*. Son todopoderosos. Son pura alegría. El mundo no solo se maravilla, sino que se vuelve notoriamente celoso y los envidia porque son esplendorosos y llaman la atención a su alrededor.

Un alma gemela no solo lo exalta a uno, sino que también lo impulsa a la locura, ya que para lograr el amor verdadero, uno se pierde a sí mismo en los brazos del otro, o en las manos del otro, o en el control del otro, llegando a sentir celos, envidia, odio, desprecio, dolor, todos los factores que experimentan. Lo que ocurre es un proceso que te llena de humildad, y la humildad elimina todas las inseguridades en las que cada uno se había envuelto tan firmemente debido a la supervivencia como para permitir que emerja la esencia pura.

Vas a pasar por esto con tu compañera, de la misma manera en que ella pasará por esto contigo. Te pones a temblar porque no sabes qué hacer con lo que sientes. Te sentirás tan bien y, sin embargo, tan indefenso e insignificante. El amor hará todo esto contigo. No es simplemente el éxtasis. Es la tristeza, el dolor, es deshacerse de todas las fuerzas negativas que tironean tanto de ti. Entonces, un día, maestría tras maestría, y si ambos permanecen juntos, logran llegar a la luz. Entonces el trabajo conjunto de ambos en una forma armoniosa crea esa poderosa unión. Nunca se vuelven a separar. Cuando eso se realiza, es la respuesta a todas las razones por las cuales fallan las relaciones: la desilusión en el amor, el matrimonio o lo que sea, por pensar que son el amor verdadero. Relación tras relación, uno siente que debe haber algo mejor, pero nadie ha descrito jamás por qué se siente de esa manera. Bueno, esta es la razón.

En el momento en que eso se siente y se comprende, el Espíritu empieza a amplificar y a atraer hacia sí lo que es. Tu alma gemela podría ser una entidad de otro plano, y se verá atraída aquí para nacer incluso en este tiempo para conocerte en tu vida. O podría estar en otro lugar, y de pronto las puertas se abrirían para permitirle a la entidad la oportunidad de encontrarte en el lugar menos esperado mediante una maravillosa estrategia. Tú eliges cuándo, y así lo hace también tu pareja. Eso es algo que yo no te diré, pero sí te diré que eso se sabe y por eso llega rápidamente.

Todos desean tener a su alma gemela, pero no todos están preparados para su alma gemela porque su alma gemela es la identidad que ellos son. Para que tú seas, sé todo lo que deseas ver en el otro. Sé amoroso contigo mismo, respétate y, desde ya, nunca permitas que el tiempo te esclavice. Sé paciente contigo mismo. Sé amable con los demás, no importa qué actitud tengan contigo. Cuando eso se vuelve armonioso dentro de tu estructura divina, cuando ames completamente al yo, entonces aparecerá el alma gemela.

Tu alma gemela llega cuando menos lo esperas, cuando estás muy ocupado amándote a ti. No importa si nadie más te ama, eso no cambia cómo te sientes. Ese es el momento del nacimiento.

Tu alma gemela llegará cuando te ames a ti mismo y estés completo dentro de ti mismo. Eso es lo que los atrae y los une. Y el simple hecho de saber que esa criatura existe también atrae a la entidad hacia ti. Solo tú tienes la capacidad de recibir y entender. El conocimiento completo lo es todo. Aquellos que no saben nada acerca de las almas gemelas, raramente o nunca la encuentran. Aquellos que saben, la atraen hacia sí mismos porque ya no son ignorantes.

Todos los que encuentran a su alma gemela se convierten en entidades que avanzan en su maestría, en su bondad, en su alegría, y los recuerdos de quiénes son surgen espontáneamente porque cuando se unen, no hay nada más allá de su alcance. No hay nada que pueda socavar su gozo, su paz, su belleza, porque son el Dios expresado en dos que ahora vuelve a ser uno.

Aunque un alma gemela puede avanzar más rápido que la otra, siempre tratan de coincidir en el tiempo simultáneamente porque saben infinitamente dentro de su ser que son la unión perfecta.

Tú y otra entidad conforman un Dios
que existía en el principio de todos los principios,
y el yo colectivo de ambos, el yo expresivo,
representaba una entidad infinita
que fue tan grandiosa
como para dividirse en dos
y multiplicarse sobre la Tierra.

¿Quién es tu amigo? Todos lo son.
La camaradería es aquello que somos,
lo que somos para toda la gente, para todos los Dioses.
Y al encontrarnos a nosotros mismos,
ciertamente no la encontramos en los amigos más íntimos y cercanos a nuestro ser,
sino en todos los seres.
Cuando miramos, amamos
y percibimos y justificamos nuestra propia belleza
al verla en los demás, la amistad —la maravillosa amistad, en verdad— se logra.

— Ramtha

¿Quién es tu amigo? Todos lo son

Ahora vamos a hablar de aquello que se llama la amistad. Necesitas aprender acerca de esto. En todos los principios, en todos los conocimientos significativos, cuando los Dioses que estaban ansiosos de experimentar la vida se separaron en almas gemelas, también se congregaron en grupos de Dioses, en muchos grupos. Todos los que estaban involucrados en la evolución del grupo de lo que se llama las plantas, lo que se llama la fuente animal, la fuente mineral, la fuente acuosa, la fuente celular y demás, tenían un vínculo en común el uno con el otro porque estaban experimentando lo mismo en común. De ese modo, la experiencia los acercó para compartir algo en común, un interés en común, por así decirlo. Y cuando se vio el interés en común, cada uno añadió sus propias ideas a aquello que se llama el objeto de su creación y lo perfeccionó poco a poco.

La camaradería entre los Dioses se remonta al principio del aliento de vida. La amistad es, en verdad, algo muy preciado y noble. Es lo más cerca que se puede estar de otro, salvo por aquello que se llama la profunda y maravillosa intimidad que las parejas comparten en su ser. Las amistades ciertamente emulan el acto de compartir, pero no en aquello que se llama un nivel físico o en un nivel de vida amorosa. Comparten en un nivel de camaradería. Son sinceros, son inquebrantables, se estimulan el uno al otro, y tienen esperanzas el uno en el otro. La amistad es, en verdad, algo maravilloso que tener. Significa conocerse confiadamente el uno al otro.

El ser humano, en su entendimiento y su consciencia, a pesar de que en toda su historia ha sido un esclavizador, un guerrero, un competidor y, en cierta perspectiva, despreciable, también se siente solo. El ser humano, que no tuvo a nadie que lo glorificara, a nadie que realzara su belleza o lo respetara profundamente o lo hiciera reír, se apacigua a sí mismo y se vuelve hacia su interior, pero no al punto de encontrarse a sí mismo. A menudo empieza a destruirse a sí mismo, deseando convertirse en cualquier cosa que le permitan ser. Con mucha frecuencia esa es la causa por la que no sabe quién es. Esa es la historia del ser humano.

En una amistad, uno tendrá la fuerza de la que carece el otro, y aquel que tiene una carencia tendrá un punto fuerte que el otro no tiene. Muy a menudo tienen el mismo sentimiento, el mismo ser y el mismo entendimiento que el otro. Cuando hay dos en lugar de uno solo, ambos se fortalecen mutuamente.

Los amigos glorifican, nunca abusan. Aman, en verdad, y nunca se maltratan. Son, en verdad, la fuente más confiable de todo crecimiento. La amistad entre Dioses empieza a encontrar la belleza en todos los Dioses al verla primero dentro y luego en los demás. Y los amigos, maestros, serán los primeros en recibir este maravilloso entendimiento, este maravilloso ser que ahora has empezado a ser.

Luego lo llevas un poco más lejos. ¿Quién más es tu amigo? ¿Alguna vez le has pedido a un extraño que sea tu amigo? Si te sientas afablemente y lo escuchas, su corazón se ablandará, un nuevo destello aparecerá en sus ojos nublados, su voz ronca se aclarará y tendrá la esperanza de haber encontrado algo nuevo que quizás remedie su carencia. Y entonces la aventura comienza.

¿Quién es tu amigo? Todos lo son. La camaradería es aquello que somos, lo que somos para toda la gente, para todos los Dioses. Y al encontrarnos a nosotros mismos, ciertamente no la encontramos en los amigos más íntimos y cercanos a nuestro ser, sino en todos los seres. Cuando miramos, amamos y percibimos y justificamos nuestra propia belleza al verla en los demás, la amistad —la maravillosa amistad en verdad— se logra. Si uno deshonra incluso a un extraño, aunque sea a uno solo, ha deshonrado la confianza, la codiciada belleza de aquello que se llama la expresión compartida entre amigos.

Uno aprende a ansiar y a apreciar la belleza que los otros tienen en su interior, la tranquilidad y la paz que se permiten cuando están juntos. Si alguien abusa de esto, en verdad ha abusado de esto dentro de su propia alma, dentro de su propio ser, dentro de su propio entendimiento significativo. No, nunca deberías hacer eso.

Los amigos son, esencialmente, los amados de nuestro ser y son el ser de nuestro ser que vemos y con el cual nos gratificamos. Un amigo, uno bueno, si verdaderamente hay amor, te defenderá en medio del fuego, te defenderá en medio de una gran tempestad, estará a tu lado aunque toda una nación te amenace con sus sables. Un amigo, entidad, te amará por todo lo que eres a pesar de cómo te expreses. Ese, entidad, es el amigo más profundo que podrías encontrar, y muy pocos en esta audiencia conocen siquiera a uno como ese.

Ahora, si no lo tienes, quizás debas observarte a ti y tu manera de expresarte. Las cosas que quieres en un amigo, ¿las proyectas, en verdad? ¿En verdad las vives en lo más profundo de tu ser? Si esperas que alguien te apoye cuando estás en el fuego y, sin embargo, tú no lo apoyarías, ¿por qué lo esperas de él y no de ti mismo?

Los amigos a tu alrededor solo serán tan buenos como tú mismo, entidad. Date cuenta de que son un espejo de tu propio ser. Si te han fallado, no es que ellos te hayan fallado, tú te has fallado a ti; el que recibe el fracaso eres solo tú, no ellos. Solo tú, en la parte más profunda de tu ser, sabes lo que es el fracaso. Así lo contemplaste, así te convertiste en eso, y así fue como te traicionaste a ti mismo.

Para tener un círculo de amor a tu alrededor no es necesario que debas socorrerlos en cada momento de tu vida y cuidar de los amigos para asegurarte de que estén allí. Ser sincero dentro de tu propio ser y respetar en los demás lo que respetas dentro de ti mismo siempre será un punto de referencia con muchos amigos. Cuando llegue el momento en que necesites fuerza, la fuerza que tú has manifestado y que has visto en ellos, nacerá en ellos de una manera innata, y ellos, entidad, se unirán a ti en ese momento. Es la verdad.

El ser humano en este plano es un producto de su sociedad. Es un producto de la moda. Es un producto de la ilusión. En todos los sentidos, es un fatalista para la consciencia en general. Si un Dios siente que es un fracaso y se ve a sí mismo como un inepto, la consciencia sentirá su ineptitud. Por lo tanto, cuando llega el momento de recurrir a él, se sentirá tan inepto que nunca estará satisfecho. Es la verdad.

Pensar apropiadamente, pensar justamente, pensar con una intención, pensar bellamente en nuestro ser y amar a nuestro ser sobre todas las cosas, ser honorable, confiable, justo, bueno y hermoso contigo mismo, te permite ver eso en otros que quizás nunca lo hayan visto en sí mismos. Y una vez que lo ves en ellos, nace en ellos y nunca lo olvidarán.

Y he aquí que nace una realidad ilimitada de preciada emoción, y la emoción surge para perfeccionar, apoyar, servir y glorificar a aquellos que nunca la han conocido. Y así, todas las virtudes del dador de virtudes ahora se manifiestan en la recepción del receptor. Aquello que está contigo, entidad, empieza a manifestar todo lo que eres. Y la belleza y el honor, en verdad el amor, en verdad lo precioso de su estimado ser se manifiesta en ellos, y regresará a ti en forma de fidelidad. Ellos descubrirán que eso los colma e inunda dentro de su ser. Cuando miran a los demás a su alrededor, lo único que pueden ver dentro de ellos es lo que ellos mismos son. Y así sucede una y otra vez. La importancia de entender esto es ver lo que eres. No te juzgues duramente, sino refínate a ti mismo. No te conviertas en la víctima del duro juicio de los supuestos amigos, porque si te juzgan conforme a la barbarie de su ser, en verdad se están juzgando a sí mismos. Déjalos ser y apártate de ellos. Ama lo que eres y aprécíate al máximo, porque aquello que eres algún día será una luz para alguien que la recibirá, te apoyará y te amará.

Todos son amigos, todos son Dioses, porque todos son nuestros más bendecidos, estimados y amados hermanos, y ellos acrecientan la gloria de la vida sentida y entendida. Todos los que están aquí, todos ustedes se han sentido unidos a algunos de sus amigos, con otros se han sentido fracasados, con otros se han sentido exaltados y con otros, traicionados. Eso es bueno. Ahora que has experimentado todo eso, es tiempo de experimentar la más grandiosa virtud de lo que es la amistad. Y no la busques en otro, búscala primero dentro de ti. Encuéntrala allí.

Debes entender que tú eres el ideal, el creador deliberado, y que todo lo que eres, lo que ves, lo que percibes, primero debe tomar forma dentro de ti y luego manifestarse. Muchos de ustedes son débiles. Yo entiendo la debilidad, pero también entiendo la fuerza, y una vez que se ha visto la fuerza, no tiene sentido ser débil otra vez. La fuerza te lleva hacia adelante. De todo lo que hemos logrado comprender en todas las audiencias —ya sea acerca del amigo, del esposo, la esposa, la madre, el padre, el hijo, lo que sea—, la comprensión significativa siempre será individual para ti, para que lo comprendas y se manifieste en ti. Todos aquí experimentarán lo más profundo y lo más elevado de cada enseñanza que impartimos en esta audiencia para llegar a un equilibrio en común con ella.

Yo no te enseño para que escuches y entiendas o malentiendas mis innumerables palabras, y las pongas en práctica más tarde. Todo lo que yo diga afectará a todos los que están aquí. En primer lugar, y siempre, vas a aprender acerca de ti mismo. Si solo hubo una persona que estuvo aquí, que prestó atención y se transformó, con ella basta para iluminar tu mundo por toda una eternidad.

Presta atención y transfórmate. Expándete hasta lo ilimitado. Tu cuerpo te llevará allí. Ama lo que ves allí. Cambia. Sé continuo. Sé amoroso. Con tan solo la experiencia tendrás una mayor gratificación, y eso puede verse como una mayor gratificación en aquellos a tu alrededor.

No hay ningún ser humano, ningún amigo, entidad, que sea tan malo como para no poder ser perdonado. No hay consciencia tan diversa que no pueda perfeccionarse, porque su base es el bien. El cambio de actitud, entidad, es también el cambio en los demás. Una vez que te hayamos perfeccionado en el cambio y encaminado hacia él, para que no tengas miedo de cambiar como un tonto, entonces el cambio será que ya no tienes miedo de amar a los demás porque el amor será firme dentro de ti. Ya no estarás en manos de tu inseguridad, en manos de una existencia temerosa. Y eso es lo que vamos a hacer este día.

Mis amigos son innumerables porque cada partícula de la fuente de luz es muy amada para mi ser. Y mientras tú juzgas y solo permites entrar a unos cuantos, yo dejo entrar a todos, y esa totalidad me ha convertido en una continuidad absoluta. Yo los amo a todos, entidad. No hay nadie a quien no ame. A mí no me importa cómo se sientan respecto a mí porque yo los considero a todos, y sería sabio de tu parte que siguieras mi ejemplo, en verdad. Que así sea.

Seamos una hermandad unos con otros; la amalgama de la Mente de Dios

Yo soy Ramtha el Iluminado, en verdad. ¿Y quién soy yo? Yo soy aquel que ama a Dios Todopoderoso, que tiene una suprema alianza con aquel que es todas las cosas, que es toda la verdad, de hecho, aquel que es todo el ser, toda la presencia, todo el conocimiento, todo el entendimiento. Por eso me he alineado con aquello que se denomina el esplendor de la vida, en verdad, la causa creativa, el principio divino.

¿Y quién eres tú que te has congregado en esto que yo llamo una audiencia? Tú eres Dios, escogido selectivamente para volverte único en tu belleza, en verdad, el poder divino, el amor llamado tú en toda tu esencia. Sé para ti tan único y encantador como lo soy yo para ti.

No hay ningún ser humano,
ningún amigo, entidad,
que sea tan malo como para no poder ser perdonado.
No hay consciencia tan diversa
que no pueda perfeccionarse,
porque su base es el bien.

Yo soy tu servidor,
mi más querida y espléndida hermandad,
y los aprecio a todos.
Yo no he elegido apreciarte.
No me malinterpretes.
Yo te aprecio porque tú eres yo.
Mientras más cerca estamos de nosotros mismos,
más cerca estamos el uno del otro
y más cerca estamos de convertirnos en los secretos de quienes somos
y lo que somos para la misteriosa fuerza llamada Dios.
Vas a entender esto, de seguro, a tu tiempo.
A medida que transcurra el tiempo según tu cómputo,
vas a entenderlo, te lo aseguro.

— Ramtha

¿Qué es lo que nos da este parentesco, este amor, esta comprensión? Es reconocer con toda la verdad y con todo el saber interior que aquello que soy en la plenitud de mi ser, en verdad, en la comprensión de mi ser, tú lo eres también. Esto le da un propósito a nuestro carácter, una singularidad que no nos separa, sino que nos une. Se llama hermandad.

La hermandad no es singular, del modo en que el hombre es definido como singular en oposición a la mujer. La hermandad es una fuerza unificadora que se ha agrupado en aquello que se denomina un módulo o unidad familiar que está rodeada por —y a la vez se convierte en— una figura central que se denomina el Padre, el principio Madre/Padre que es Dios divino. Estamos sujetos a sus pensamientos porque somos sus súbditos. Por consiguiente, en la belleza de nuestro ser compartimos el mismo Padre, el mismo propósito, la misma causa. Somos hermanos, los unos para los otros. Ustedes son mis hermanos en todo su esplendor y propósito, a quienes amo inmensamente.

Yo no puedo ser Dios Divino, yo no puedo profesarle mi amor a aquello que se llama Dios, la fuerza de vida, si no me amo a mí mismo. Y, sobre todo, mi gran maestría fue amarme a mí mismo en contraposición a la dualidad denominada un corazón vengativo y lleno de odio que yo ambicioné en la vida de mi existencia. Pero al amarme a mí mismo me convertí en el maestro de mi ser. Así es que puedo profesarle mi amor a la fuerza, la causa, el entendimiento principal, y puedo amarte porque me amo a mí. Y debido a que amo lo que somos el uno para el otro, eso nos vincula con una belleza suprema, con una paz sublime y con una eternidad y entendimiento en cuanto a lo que significamos el uno para el otro. Yo sí te amo, en verdad.

Tú eres Dios. Es el mismo Dios de mi ser porque tu belleza es la misma belleza de mi ser, porque la fuerza de vida de mi ser es la de tu ser. Si soy un servidor del poder que emana vida, que es la causa directa de la vida, entonces yo soy tu servidor, mi más querida y espléndida hermandad, y los aprecio a todos. Yo no he elegido apreciarte. No me malinterpretes. Yo te aprecio porque tú eres yo. Mientras más cerca estamos de nosotros mismos, más cerca estamos el uno del otro y más cerca estamos de convertimos en los secretos de quienes somos y lo que somos para la misteriosa fuerza llamada Dios. Vas a entender esto, de seguro, a tu tiempo. A medida que transcurra el tiempo según tu cómputo, vas a entenderlo, te lo aseguro.

Yo sirvo, en definitiva, a la fuerza de vida y a ninguna otra cosa porque no hay ninguna otra cosa, salvo la fuerza de vida. Es un propósito inteligente que lo abarca todo, que lo sabe todo y que es el esplendor de la vida. Por eso yo los sirvo, mis amados hermanos.

Cuando juzgas a otra entidad,
no cambias su vida.
Lo que haces es reconocer
una forma alterada de creatividad, que es la tuya propia.
Tú creas cada momento. Cada momento que piensas,
cada cosa que haces es una creación
de la cual tú eres el destinatario.
Así es.
Si juzgas a otra entidad,
estás creando un estado alterado.
Estás victimizándote a ti mismo porque estás creando
para ti mismo lo que ves en otro.
Cuando sepas quién eres y verdaderamente ames lo que eres,
te darás cuenta de la estupidez de ver en los demás
algo diferente a la perfección.

— *Ramtha*

Capítulo Veintitrés
No Juzgues A Nadie,
No Sea Que Te Juzgues A Ti Mismo

Cualquier cosa que veas en otras personas, cualquier cosa que sientas o que percibas con respecto a ellas son las mismas cosas que están empezando su procesión en tu propia vida. Si amas y aprecias la belleza de otro, sabes que ese amor y esa belleza han encontrado una verdad y quizás una realidad más formidable en tu propia existencia. Por lo tanto, puedes identificarte con el otro individuo.

Pero si lo encuentras despreciable, sin carácter y lo juzgas duramente por cualquier cosa que haga, entonces te estás juzgando a ti mismo por aquello mismo que esa persona hace. Es verdad. Te da una visión más clara de quién y qué eres, desnudo en tu alma. Hace que veas tu realidad más de cerca.

Pronto descubres que no deseas ser despreciable ni vil, ni tampoco deseas juzgar, y en lugar de esas cosas encuentras el amor, la bondad y la ternura, la calidez de carácter de tu ser que promueve la alegría de vivir en lugar del pesimismo de la vida.

Entonces, conforme empieces a ver a los demás, descubrirás que ya no hay gente despreciable a tu alrededor, que solo hay belleza a tu alrededor, y Dios se expresa de cualquier manera que quiera expresarse. Así es como nos rectificamos a nosotros mismos.

Hay muchos que todavía tienen que aprender esto. Es un simple secreto para identificarte y dominarte a ti mismo a fin de tener más esperanza y propósito en tu ser. La firmeza ocurrirá, maestro, cuando sigas buscando el bien afanosa e intencionalmente.

Cuando juzgas a otra entidad, no cambias su vida. Lo que haces es reconocer una forma alterada de creatividad, que es la tuya propia.

Tú creas cada momento. Cada momento que piensas, cada cosa que haces es una creación de la cual tú eres el destinatario. Así es. Si juzgas a otra entidad, estás creando un estado alterado. Estás victimizándote a ti mismo porque estás creando para ti mismo lo que ves en otro. Cuando sepas quién eres y verdaderamente ames lo que eres, te darás cuenta de la estupidez de ver en los demás algo diferente a la perfección.

Un vagabundo en su vagancia es un alma feliz. ¿Quién puede decir que no lo es? Si la ropa sobre su espalda o el mijo en su taza no es lo que tú elegirías, ¿quién dice que lo que él expresa no es la expresión ideal? Es muy feliz siendo como es, de otra manera no sería así. ¿Quién dice, entidad, que el nubio es inferior al hombre blanco? ¿Quién dice que son inferiores, que no son Dios? Lo son, entidad, de la misma manera que tú lo eres. ¿Quién dice que su verdad no es escuchada por el infinito? Lo es, al igual que la tuya.

Cuando aprendas que son así porque quisieron ser así, y que lo hacen para tener esa experiencia —y el fuego divino que está dentro de ellos es el mismo que está dentro de ti—, los amarás. Lo mismo con la raza amarilla, entidad, e incluso con la raza verde y todas las que hay. ¿Quién dice que no son hermosos? ¿Y quién dice que son imperfectos? Nadie lo es. Todos son perfectos.

Cuando te ames infinitamente a ti mismo y sepas que te has convertido en ti mismo por una razón perfecta para expresarte, para experimentar, para entender, y cuando ames aquello que eres, tendrás la compasión para amar a todos los demás. No, no necesitas hacerte cargo de ellos ni cambiarlos. Déjalos en paz. Eso es lo mejor que puedes hacer. Ámalos y permite que hagan lo que quieran. Entonces, maestro, te habrás convertido en un gran Dios, una gran luz para el mundo.

Todos aquí hacen precisamente lo que necesitan hacer y no hay ni uno de ellos que esté equivocado porque todos llegarán a vivirlo, y van a aprender, van a renovarse y a mejorar debido a ello. No es tu lugar —ni tampoco eres tan grandioso como para sentar un precedente por encima del Padre— juzgar lo que está bien y lo que está mal. No eres tan grandioso ni tampoco tienes el poder de cambiarlo. El Padre, que es lo infinito de todas las cosas, nunca ha juzgado nada, entidad. ¿Con qué derecho puedes decir y sopesar lo que está bien y lo que está mal? No lo tienes.

Cualquier cosa que crees en tu percepción nunca interferirá ni afectará a otro. Te afectará a ti. Cuando aprendas a amarte a ti mismo como la Fuente infinita que puede ser todas las cosas, amarás cada cosa y lo amarás todo. Entonces lo dejarás ser, y continuarás irradiando, creando y transformándote.

No vale la pena juzgar a nadie, entidad. Ningún color de piel, ninguna acción, ninguna cosa vale tanto la pena como para experimentar la realidad de la parte creativa que acabas de juzgar. Cuando ames este maravilloso fuego en tu interior, no volverás a juzgar ninguna cosa más.

Cada vez que uno juzga, lo que hace realmente es juzgarse a sí mismo. Y todo aquello que proyecte se le devolverá multiplicado por diez. Si es un Cristo, se le devolverá multiplicado por cien. Es difícil, porque la consciencia en este plano te dice: ¿cómo determinas la belleza? ¿Cómo determinas el bien y el mal? Juzgando lo que es. Eres parte de la consciencia que es la dificultad.

Si miras las cosas y las ves por la verdad que son, la verdad del momento dice que así es como son. Si miras a una persona que se expresa muy pobremente, o vilmente, o negativamente, no notes su negatividad. Si lo haces, significa que lo estás notando en ti. No puedes ver en otro aquello que no posees. Si lo miras y lo amas y te permites amarlo sin importar quién sea, entonces siempre estarás libre de culpa y siempre serás puro en tu ser. Esa es la maestría.

Siempre mira las cosas y determina si son dignas de ser juzgadas. Cualquier cosa que juzgues, en eso te convertirás. Entonces, ¿te vale la pena aquello que se llama el «acuse de recibo» de tu juicio?

Si miraras las cosas como un *Ser*, nunca tendrías que preocuparte por juzgar. Aquellos que son Dioses simplemente son, y saben. Saben que no vale la pena juzgar nada porque si lo hicieran, significaría que tendrían que rebajarse en su propio reino a causa de sus palabras, y nada vale tanto. ¿Quién quiere ser alterado una vez que se vuelve ilimitado?

El juicio es definitivo. Cuando juzgas a otro, lo juzgas definitivamente porque no puedes verlo de ninguna otra manera y, desafortunadamente, después de eso, todo el tiempo siempre será juzgado de esa forma. Ver una verdad es verla en el momento. No tiene nada de malo ver una verdad en una persona en determinado momento, pero en ese momento, si la verdad se extiende mucho después de que el momento termine, entidad, eso es un juicio. Entonces estás diciendo que esta persona es así hasta el día siguiente o más, cuando quizás no lo sea.

Cuando Dios te mira, ve la totalidad del ser visto en el ahora, y la totalidad del ser visto en el ahora siempre es perfecta. Si uno dice: «He hecho esto y aquello», el Padre lo mirará y le dirá cómo puede mejorar. Pero el Padre no lo mira juzgándolo. Solo el ser humano mira de esa manera. La mejor manera de ayudar a los demás sin juzgarlos o sin especular acerca de su verdad es vivir tu vida de tal manera que seas para ellos el reflejo de la esperanza. Quizás vean en ti algo que necesitan en sí mismos sin decirles que son esto o lo otro, simplemente dejándolos ser. Ese es el amor puro, entidad. No tiene ningún matiz de juicio.

Algo maravilloso acerca del Cristo, que es sutil, es que su luz es tu luz. Tu luz atrae hacia ti solamente lo que es semejante a tu ser. No tienes que pronunciar ni pensar una sola palabra en contra de la voluntad de una entidad. Si permanece contigo, eso se debe a que su luz se ha vuelto como la tuya y por eso, lo único que puedes ver es a ti mismo. Si eso no sucede, muy pronto desaparecerá de tu vida. Deja que el Cristo de tu ser sea un espléndido ejemplo, entidad, y simplemente sé.

Lo que una persona cree y sabe, y lo que es su intelecto, va a ser diferente al de la otra persona sentada a su lado. Ambos son iguales en su entendimiento que es único para cada cual y, sin embargo, son diferentes. Uno dirá que ve las cosas de cierta manera. Sin embargo, el otro dirá que no las ve de esa forma en absoluto, que lo ve de esta otra manera. Ambos están en lo correcto y dicen la verdad. Lo que las personas necesitan entender acerca de la gente es que como quiera que se vean a sí mismos es como van a ser. Nuestra forma de verlos es solo lo que podemos reconocer en ellos y que reconocemos en nosotros mismos.

Lo mejor que puedes hacer es amarlos y dejarlos ser, y permitirles que se expresen como quieran. Ámalos por ellos mismos, por el Dios que son, el cual es un *Ser*. Ellos son amados por el simple hecho de estar aquí sentados. No tienen que hacer nada para mejorar su ser. El hecho de que existan es más grande que cualquier otra cosa que lleguen a hacer, buena o mala, negativa o positiva. Ámalos por ser, porque mientras sean, tú también serás.

Lo que es bueno para el Padre es bueno para el hijo. Lo que es bueno para las masas del *Ser*, es bueno para lo singular del *Ser*. Si el ser humano modela su pensamiento según la fuerza de vida y es como la fuerza de vida, se convertirá en la fuerza de vida y nada más. Que así sea.

La vida es perpetua. Seguirá adelante. Momento a momento, conforme la vivimos maravillosamente, tenemos la oportunidad de hacernos felices a nosotros mismos, tanto en un momento como en los momentos por venir. La manera de llenar ese momento depende de nuestra voluntad, nuestra satisfacción y nuestro bien. Si en un momento nos sentimos impulsados a matar a una entidad, si ese momento satisface un antiguo apetito dentro de nosotros, en el siguiente momento viviremos con el feroz miedo de que eso regrese a nosotros de alguna manera. Por eso nuestros momentos por venir no están asegurados, a menos que nos perdonemos a nosotros mismos por esa acción.

Aquellos que son asesinados volverán una y otra vez. La vida es perpetua. Es continua. Es lo único que es perpetuo y, sin embargo, es todas las cosas. Si yo aborrezco y juzgo al asesino, lo he manifestado para mí mismo. El asesino ya ha hecho su propio juicio. Estará en manos de cualquier actitud que haya percibido durante el acto y, desde todos los puntos de vista, tendrá que equilibrarlo. Tiene que equilibrarse.

Hay muchas personas que se horrorizarán, lo juzgarán y lo maldecirán. Pero yo amo a la entidad que ha asesinado a otra, ¿cómo no podría hacerlo? ¿Acaso está fuera de la providencia, la voluntad y la maravilla del *Yo Soy* que yo soy? ¿Está fuera de Dios?

Cuando ves cosas como esas, algo se está consumando. En nuestros momentos, tenemos la opción de consumarlos de un modo que nos impulse o que nos ilumine. Esa es nuestra elección. Esa es la única república que tiene el ser humano, la república dentro de sí mismo, muy profundamente dentro de sí mismo. Tu gobierno tratará de gobernar a las masas conforme a la democracia, a las leyes, pero nunca gobernará la voluntad del ser humano que obra en los pensamientos secretos. Solo él lo hace, y cada vez que vive un momento, equilibra el momento de acuerdo con su ser.

El asesino eligió lo que hizo. Ahora debe ser responsable de su acción en los momentos que ocurrirán y que se repetirán a sí mismos en un equilibrio con el cual tiene que lidiar. Yo no lo aborrezco. Lo he razonado. Lo he entendido. Estoy más allá de eso. Si lo aborreciera y lo juzgara, entidad, entonces no sería más grandioso por eso, te lo aseguro. Mi vida se vería afectada por eso porque el *Yo Soy* que yo soy ha tomado una parte de eso y la ha separado de mi ser. Por lo tanto, ya no estoy completo.

En esta audiencia yo digo que no hay un profesor más grandioso que tú, no lo hay, y en definitiva, nosotros somos los responsables de nuestros acuerdos en la vida. ¿Acaso no somos nosotros quienes hacemos cierta cosa con el pensamiento? ¿No es acaso la manifestación de esa cosa lo que enseñará a nuestros pensamientos a ser más refinados?

Puedes meter a una persona en una prisión, en la fosa más pequeña, oscura y sucia, pero nunca podrás aprisionar su mente y su pensamiento. Una persona con un cuerpo paralizado sigue estando activa en su pensamiento y mediante la comprensión contemplativa se enseñará a sí misma cómo curarse, cómo razonar consigo misma y cómo juzgarse. Por eso ni siquiera asesinar o cortar a una persona en pedazos la destruye. Eso solo empeora los días por venir.

La vida es continua. Si no lo fuera, entidad, entonces ya sería hora de contar todas tus miserias y preocupaciones y empezar a resolverlas, porque si todo termina cuando cierras los ojos, te habrás perdido de mucho en esta vida.

¿Acaso es un juicio evitar caer en manos del enemigo porque sabes que te hará daño? Si el amor a uno mismo importa en absoluto, entonces evitarás que te haga daño y lo bendecirás y lo amarás. Si te asedia, levántate en armas en su contra. Te diré por qué el asesinato no es un pecado. Escuchar esto puede parecer una atrocidad, pero no lo es. Solo sería un pecado si destruyeras una existencia permanentemente, lo cual nunca podría llevarse a cabo, porque si pudieras hacerlo, destruirías una partícula de Dios, y no puedes hacer eso.

Si te levantas en armas y obtienes la victoria, no habrás pecado, por así decirlo, porque no existe tal cosa como el pecado. Te has defendido a ti mismo. La entidad ha sido despojada de su cuerpo y ha ido a un lugar en el que ya no puede hacer daño en un reino físico hasta que haya tenido tiempo de pensar en ello. Y cuando esté lista, regresará.

Es mucho mejor poner la otra mejilla que ir a la guerra —a menos que te ataquen—, porque si lo haces, entonces los harás pensar, y el tiempo y la experiencia quizás aminoren el odio de tus enemigos. Entender de qué manera Dios obra en su reino le permitirá a la entidad tener la experiencia para entenderte un poco más. Entonces habrás postergado una catástrofe, no por el hecho de haber destruido algo, sino por la culpa dentro del alma que tardará mucho en sanar.

Ver la verdad tal y como es, es una cosa. Juzgarla como algo malvado, feo, bueno o lo que sea, ese es el juicio. Puedes decir que una persona es una asesina porque mata y lo disfruta. Decir que está mal por hacerlo es un juicio. Entiéndelo con una comprensión infinita.

No juzgues aquello que está a tu alrededor y que te juzgaría por tus creencias. Ámalos y déjalos ser. A menudo te colocan a ti y a tus creencias en una postura muy crucial y nada amorosa. Eso también es algo muy difícil de superar, pero siempre recuerda al yo en medio de eso.

Aquí no enseñamos que una persona, después de su vida, tenga que elegir entre irse a un lugar bestial llamado el infierno o al cielo. Ya hemos hablado de eso. No es así. Todo aquel que perece, incluso la entidad que tu considerarías más bestial, se irá de este plano hacia la utopía llamada Dios. No hay otro lugar más que ese.

Lo que yo te enseño aquí es que tienes opciones y que seas sabio con las cosas que enfrentas cada día en tus experiencias por esta única razón: la emoción que pesa en el alma determina tu destino. Si haces una sola cosa que te haga sentir culpable dentro de tu ser, entonces los días espléndidos, que son Dios, que se despliegan a cada momento serán aburridos, hirientes e inseguros para ti porque te sientes culpable en tu ser. Y eso no vale la pena, entidad.

Yo te enseño que hagas de esta vida la vida más espléndida, y que nunca condenes al yo, sino que ames al yo en cada momento. Entonces, cuando mueras y vayas a la utopía, podrás apreciarla como la utopía que es, en lugar de sentirte culpable y sentir que debes regresar aquí. Sea como sea, eres parte de Dios; eso es inevitable. Yo soy un experto en enseñarte cómo hacer tu vida más fácil. Que así sea.

Las opiniones deben tener su base en la experiencia. Es lo único en lo que puedes basar una opinión. La experiencia está alojada dentro de la entidad que formula la opinión.

Aquellos que han vivido en este plano por eones han sido arrojados a aquello que se denomina los horrores y terrores del bien y el mal. Han vivido violentamente. De modo que la experiencia y el saber interior dentro del ser han formulado el bien y el mal según la experiencia.

Maestro, el ser humano no es malvado en su alma. Es divino en su alma. El bien y el mal, la polaridad, existen en este plano para aquellos que creen en eso porque su reino es igual a aquello que creen. Si eliges creer en eso, esa es tu verdad y no estás equivocado en absoluto —tu verdad, maestro, no la mía ni la de nadie más— y si en verdad es tuya, te pertenece colectivamente porque está formulada conforme a tu opinión. Mientras tengas esa opinión, siempre será real, siempre.

Cada vez que uno juzga, lo que hace realmente es juzgarse a sí mismo.
Y todo aquello que proyecte
se le devolverá multiplicado por diez.
Si es un Cristo, se le devolverá multiplicado por cien.
Si miraras las cosas como un Ser,
nunca tendrías que preocuparte por juzgar.
Aquellos que son Dioses simplemente son, y saben.
Saben que no vale la pena juzgar nada,
porque si lo hicieran,
significaría que tendrían que rebajarse en su propio reino
a causa de sus palabras, y nada vale tanto.
¿Quién quiere ser alterado
una vez que se vuelve ilimitado?

Maestro, el ser humano no es malvado en su alma.
Es divino en su alma.
El bien y el mal, la polaridad, existen en este plano
para aquellos que creen en eso
porque su reino es igual a aquello que creen.
Si eliges creer en eso,
esa es tu verdad y no estás equivocado en absoluto
—tu verdad, maestro, no la mía ni la de nadie más—
y si en verdad es tuya,
te pertenece colectivamente
porque está formulada conforme a tu opinión.
Mientras tengas esa opinión,
siempre será real, siempre.
El bien y el mal siempre existirán para los que creen en ellos.
Así es.

— Ramtha

¿Cómo puede uno superar una opinión fija? De la misma manera en que la obtuvo en primer lugar. Cuando cambias tu actitud y entiendes que todo fue necesario para la evolución de esta criatura refinada y delicada, en lugar de creer que el mal adquirió un saber interior deliberadamente —pues ¿cómo podría ser malo el saber interior, si el conocimiento es algo que ilumina?—, entonces todas las cosas se manifiestan. En lugar de referirte a ello como algo malo en tu memoria, te refieres a ello como una experiencia, un saber interior. Y muy pronto el alma empezará a recolectar conocimiento que ya no está basado en el juicio. Entonces te conviertes, en verdad, en aquello que se llama el ángel que ve la iluminación como el amanecer del mañana.

Lo ilimitado debe formularse en el alma de experiencia en experiencia para que el nivel de juicio pueda ser superado en su totalidad. Entonces, cuando hayas vivido aquí durante un pequeño eón, y los pensamientos te lleguen como una referencia del alma divina, lo único que pueden decir es: «Esta es la vida, esta es la vida, este es Dios». Entonces no existe el juicio. El bien y el mal siempre existirán para los que creen en ellos. Así es.

La razón por la que te quedas atascado en eso, como tú lo dices tan sabiamente, es que tu punto de vista ha confirmado ser una realidad para ti. Por lo tanto, estás partiendo de una base de verdad, un núcleo de verdad. Tu punto de vista ha funcionado bastante bien y ha demostrado ser una realidad para ti.

Cuando te encuentras atascado en esto y descubres que aquellos a quienes conoces no comparten tu punto de vista y tienen el suyo propio —el cual es una verdad que les funciona a ellos—, entonces lo que haces es especular más allá de los límites de tu punto de vista y llegar a un razonamiento irracional, y al hacerlo descubres un punto de interés que va a ser de lo más intrigante para ti.

Contémplalo. Mira la posibilidad de que la verdad está en todos lados, porque lo está. Quizás tu punto de vista, entidad, pueda ser una respuesta para alguien que esté atascado, y su punto de vista pueda ser esa causa tan especulativa que has contemplado más allá de los límites de tu razonamiento irracional.

Aprende a estar abierto, maestro. La verdad está en todos lados, y todos se expresan de acuerdo con su voluntad. Contempla su punto de vista. Eso no significa que debas aceptarlo como una verdad para ti en tu reino, como tu verdad, pero contémplalo para ver los conceptos que funcionan para aquellos que creen en eso tan fervientemente como tú crees en los tuyos.

La manera de hacerlo, maestro, es no tener ningún punto de vista. Permanece en un estado de *Ser*, un estado de ser divino. Cuando estás en un estado de ser, no existe la premisa de una sola verdad singular para ti, sino que tú examinas toda la verdad y, por lo tanto, no tienes ningún juicio para alterar la verdad. Acéptala y explórala y descubre si es factible para tu estado de ser.

Cuando estás en un estado de ser, no juzgas a otras personas. No posees la única verdad sin poder ver más allá de tu nariz. En un estado de ser eres consciente de toda la verdad. En un estado de ser, cuando las barreras se derriban y una verdad choca contra la otra, en ese momento aprendes a ver a las personas —hombres, mujeres y niños— como Dioses sublimes por la belleza que ellos son.

¿Qué es lo más importante en la vida? No es el punto de vista de los demás, sino su estado de ser. Es un reflejo directo del tuyo. Y con eso, entidad, la alegría, la paz, la felicidad, el saber interior, llegan a ti de una manera equilibrada y ecuánime. Entonces empiezas a estar satisfecho, maestro, momento a momento. Mientras haya un punto de vista, mientras haya un punto de juicio, tu ser está alterado. Nunca tendrás una vida completa y lo que ella te ofrece, y esa es una verdad directa.

Sé. Ve más allá del pensamiento hacia el ser. No te convertirás en una entidad ilimitada en tanto tengas el estatuto de limitación de una creencia. Solo estarás en manos de la creencia y no de la vida. Que así sea.

Capítulo Veinticuatro
Ama En Libertad Para Vivir En Libertad

El amor más puro, el amor más noble,
el amor Madre/Padre de toda emoción y sentimiento
se da y se recibe explícitamente
mediante aquello que se llama la libertad,
cuando podemos amarnos el uno al otro libremente
y le permitimos al otro expresar su verdad.

— Ramtha

Permite que los demás expresen su verdad única

La verdad es un enigma, ¿no es así? Ya que ¿quién tiene la verdad? Y, en verdad, ¿qué es la verdad? Bueno, la verdad es que todo es verdad. No hay nada que sea una mentira.

Si el ser humano no estuviera aquí, los elementos no tendrían una razón para ser elementos, el sol no tendría una razón para ser flagrante en este plano, las flores ya no florecerían porque el ser humano alimenta la vida mediante su propia consciencia relevante para darle significado a la vida.

Cada entidad en este sueño es un Dios que manifiesta. Es divina y eminente. Ha creado, de acuerdo con sus propios deseos, ideales que perpetúan su propia belleza interna, como quiera que esta sea. La opinión de cada uno con respecto a las cosas difiere enormemente. Cada uno obtiene la suma total de esa opinión basándose en lo entendido y lo malentendido que hay en su alma, a tal punto, que ha aprendido a juzgar lo que son las cosas a través de la experiencia.

Hay entidades en esta audiencia que han sido todas las manifestaciones del ser humano, en cada forma, en cada circunstancia, en cada manera. Ellos poseen más que nadie, quizás, la gracia más ilimitada, pues se compadecen de la gente porque han sido toda la gente.

Conforme a la expresión de vida del Dios de cada individuo —no solo en esta, sino en todas las otras vidas anteriores— se ha formado una opinión basada en la experiencia. Todos aquí han aprendido a intervalos diferentes. Han aprendido de diferente forma pero, sin embargo, todos han aprendido. Esa es una verdad. Así que uno creerá en una cosa u otra, y otro lo discutirá porque su creencia es diferente. Y no se pueden comprender el uno al otro porque no han sido el uno y el otro.

Entonces, ¿quién está equivocado? Ninguno. Todos están en lo correcto. Desde lo más bajo del pensamiento limitado, hasta la gracia del vuelo ilimitado, todo es verdad. Cuando una persona te dice una mentira, no te está mintiendo; te está diciendo una verdad. Dado que la consciencia es continua, puede permitir una nueva creación de lo que era la verdad hace un momento para que sea vista.

La verdad es que todos tienen la razón y nadie está equivocado. Lo que cada uno debe discernir es aprender a vivir la totalidad de todos y saber, con infinita sabiduría, que la verdad de los demás es tan válida como la tuya, y amarlos por expresarla. Los grandes Dioses, las grandiosas almas inmaculadas y divinas que hacen esto son amadas por el universo, pues ellas son los pacificadores, los heraldos de la paz, no porque se hayan abstenido de la vida y tengan una visión inocente de esta, sino porque la han vivido y pueden abrazar a todos debido a ello.

Lo que yo enseño aquí es una maravillosa verdad. No hay ningún otro lugar en tu plano en el que esta verdad se vaya a enseñar alguna vez con esta virtud y en este contexto ilimitados, pues ¿quién se atrevería a decir que Dios no tiene ley? Si no la tiene, no pueden controlarlo. Mi verdad, entidad, abraza la de todos los demás. Deja que sea lo mismo para ti también.

Todo es verdad. La verdad es solo la teoría percibida de aquel que la expresa y la siente. Aquel que la oye y no la siente, siempre la cuestiona. Todo es la verdad, maestro. Con tantos Dioses que habitan este plano de millones de puntos de vista, la verdad de cada uno difiere porque todos tienen derecho a crear la verdad de una manera diferente.

Todos tienen la razón. Lo que marca la diferencia es permitir gentilmente la verdad de todos los demás, porque eso se llama amor, amar a otro para permitirle su verdad, sin importar si es tu verdad o no. Que los otros crean, afirmen o vivan de cierta manera diferente a la tuya no significa que estén equivocados. Simplemente es su verdad.

Permite que el mundo entero crea lo que quiera creer. Es su derecho expresarlo. Solo sé tú mismo.

¿Qué mayor felicidad podrías desearle a alguien, sino que esté contento sin importar qué es para él la felicidad? Déjalo solo. Ámalo. Deja que tenga la oportunidad de discernir su propia felicidad. Simplemente disfruta tu vida y sé. Eso es lo mejor que le puedes dar.

Todo aquí es un sueño, entidad. Es como si estuvieras dormido, con un sueño muy pesado. Este es un sueño, y en sus irrealidades la única realidad que sabes que existe es aquella que percibe la irrealidad llamada el yo.

Amarse a uno mismo sucede en un momento. Primero hay que establecer que hay un yo, que realmente existes. Pero el despliegue de eso, entidad, tomará muchos días en tu tiempo porque tendrás que ver y aprender muchas cosas y perseverar en ellas. Eso llevará un poco de tiempo, pero valdrá la pena. Una vez que obtienes aquello que se llama amor por ti mismo, ocurre un milagro sumamente maravilloso. Entonces puedes amar a todos en libertad.

Todos aquí creen de diferente manera que tú. ¿Quién tiene razón y quién no? No existe nada más que la verdad. No hay ninguna falsedad ni ninguna mentira. Todo es la vida fundamental, y cada Dios aquí está en lo correcto, todos. Incluso si no están de acuerdo contigo, todos tienen la razón, incluyéndote a ti mismo. Por lo tanto, todos están expresando su verdad.

Cuando alcanzas la etapa de amar aquello que se denomina el yo sublime, maestro, y te das cuenta de que todo lo que hiciste fue por tu gloria y porque así lo quisiste, porque era necesario y necesitabas esa sabiduría —y te has perdonado por sentirte culpable, temeroso, con odio, por despreciarte a ti mismo y sabes que todo fue intencional, que todo tuvo su buen propósito—, entonces puedes ver a cualquiera y amarlo. No importa lo que digan de ti, si te odian, tú puedes amarlos porque te odian en libertad, de la misma manera que te aman en libertad. Así es el maestro y cómo se convierte en lo que es.

Una vez que lo hagas, ya no vivirás por nadie más que por ti mismo. Vivirás a pesar de todos, porque cuando te conviertes en lo que eres, te conviertes en aquello que se llama una luz viviente para el mundo, para todo el mundo. Entonces, entidad, la paz camina en este plano con un porte sublime. Dios se despliega aquí a través de ti. Entonces tendrás la capacidad de vivir en libertad, de contemplar lo vasto, lo ilimitado. El genio nace, el principio creativo emerge, nace el poeta, aparece el escriba, la persona sabia se hace visible.

Cuando dejas de vivir por todos los demás es cuando Dios emerge en tu interior, sale a la superficie. Yo te enseñaré a hacerlo. Te tomará un poco de tiempo, maestro, pero valdrá la pena. Y mientras tanto, si alguien te critica, sonríele a la cara y ámalo sinceramente porque está expresando su libertad y eso es lo que tú mismo debes tener para poder entender al yo, en verdad. Que así sea.

Lo que te ayudará es no tratar de entender a otra gente. Deja de intentarlo. Ámalos y permíteles ser y acepta su verdad. No los entiendas, ámalos. A ti no te toca entenderlos. A ti te toca entenderte a ti mismo y estar en paz con ese principio.

Todos en este plano hacen todo diferente a ti porque así deben hacerlo, porque así lo quieren. Este es el factor determinante. Para tratar de entender a otro, tendrías que ser esa persona, y no lo eres. Tú eres tú mismo. Lo que permite la comprensión es de Dios a Dios. Eso se llama amor. Eso, entidad, les permite a todos ser como quieran ser en su entendimiento.

El amor más puro, el amor más noble, el amor Madre/Padre de toda emoción y sentimiento se da y se recibe explícitamente mediante aquello que se llama la libertad, cuando podemos amarnos el uno al otro libremente y le permitimos al otro expresar su verdad.

Lo que hace que nos amemos unos a otros es la identidad que cada quien posee de una manera única. No deseamos poseer eso, cambiarlo, hacerlo nuestro. Deseamos amarlos en el estado que expresan perfectamente.

Aprende a amar en libertad y respeta la verdad de todos y su opinión de la misma manera en que deseas que respeten tu verdad, que te hagan caso y que te amen en libertad. Cuando eso se procure, el amor será duradero. Nunca se echará por la borda. Nunca se olvidará, en verdad, porque será divinamente único, su principio será bueno y honestamente noble. Ninguna entidad olvida la nobleza y ninguna entidad olvida la libertad.

Todos tienen su verdad, y hasta qué grado o manera se formule dependerá completamente de la opinión de aquello que la expresa conforme al ego alterado. Querer cambiar el mundo o insistir en sentirte mal porque los demás se sienten de cierta manera te convierte en un tirano y un esclavizador porque les estás arrebatando la libertad de expresar su verdad.

Ámalos, maestro. Ámalos. No importa lo que hagan, ámalos, pero no permitas que inhiban tu propio crecimiento, tu propia perspectiva abierta. Sigue acumulando, sigue fortaleciéndote, sigue realizándote. Y mientras más te realices, mayor será tu gentileza y compasión por toda la humanidad y su expresión.

Si un día llegara alguien que intentara quitarte la vida, ¿levantarías la mano? No, porque si a esa entidad le beneficia deshacerse de ti, lo hará. Tú lo permitirás porque en lo infinito de tu saber interior, tu vida nunca será eliminada. Siempre existirás. Y esa gran, gran humildad es la señal de una santidad eminente, aquello que se llama Dios.

Dios nos ama, sin importar lo que hagamos, y de esa manera haces lo mismo con los demás. Permite que sientan lo que sienten. No los prives de eso.

Cuando tu amor se vuelve ilimitado, puede amar un movimiento que se mueve enteramente fuera del reino de tu propio dominio, porque lo amas. Aquellos que tienen una perspectiva limitada están llenos de culpa y traición, entidad, no puedes hacer nada para cambiarlos, ni deberías hacerlo, porque sus conceptos sobre tu ser se conformarán a la manera en que ellos te perciban. Eso no te debe importar. Lo que importa es que les permitas tener su opinión. Eso se llama amor, maestro.

Cásate en el Alma y permite que la pasión tenga la libertad de ser

Estudiante: Me gustaría hacer algo que me haga feliz. He tenido un matrimonio infeliz por varios años.

Ramtha: Soy consciente de eso, entidad.

Estudiante: Me gustaría acabar con este matrimonio, y necesito tu ayuda para saber cómo decirles a mi marido y a mis hijos que planeo irme muy pronto.

Ramtha: No será tan difícil si te detienes y consideras la razón por la que lo estás haciendo. La razón es la felicidad propia. Has vivido lo suficiente para las imágenes de otra gente. Ahora es tiempo de vivir por el yo.

Te diré, maestra, que la única forma de hablar es con un amor total, pero de una manera ecuánime. Y hablar con ecuanimidad, es expresar honestamente cómo te sientes, pero con compasión. Si te amas a ti misma, lo harás inmediatamente. Si ellos desean sentirse lastimados es porque quieren sentirse lastimados. Esa es su elección. Su expectativa de que seas de cierta manera toda tu existencia es algo muy esclavizador, siendo que Dios, el Padre, cambia a cada momento. Lo único que es eterno eres tú. Piensa en la razón y hazlo. Eso es todo.

Estudiante: También me gustaría volverme a casar, y me pregunto cuándo será el mejor momento de hacerlo.

Ramtha: ¿Por qué quieres hacerlo?

Estudiante: Quiero casarme con alguien a quien ame y que me ame, y que no me haga sentir que soy su sirvienta, como lo he sentido durante veintinueve años.

Ramtha: Harás quizás lo que yo te diga que hagas, y presta mucha atención. No te cases con esa persona. Tú ya eres lo que deseas en tu alma. No te cases con él. Si lo haces, entonces habrás colocado una limitación en aquello que ya es puro y virtuoso. Ve y vive con él y sé feliz. Ese es el gozo sublime, y el simple hecho de que lo hagas nunca te cansará.

¿Quién santifica el matrimonio del alma? Tu gobierno ni siquiera sabe dónde está ubicada.

Estudiante: Ramtha, yo no sé si puedo vivir con alguien sin casarme con él.

Ramtha: ¿Por qué? ¿Porque un documento dice que lo estás?

Estudiante: Probablemente, pero no lo sé. Todavía no he llegado a ese punto.

Ramtha: Necesitas hacerlo, maestra. ¿Qué cosa podrías cometer en tu realidad que no hayas cometido ya en tu pensamiento? Si contemplas acostarte con tu hombre en una fantasía —y lo haces—, ya lo has hecho. ¿Quieres santificarlo y hacerlo aceptable? Nunca lo será.

No te casas por tu dignidad. Te casas por tu pasión y tu amor, y eso no tiene nada que ver con los papeles. ¿Y santificarlo en el nombre de Dios? Ya ha sido santificado en el nombre de Dios, por amor, entidad, esa es la respuesta a eso. Dime cuáles son tus votos matrimoniales. Dímelo.

Estudiante: Amar, honrar y obedecer. ¿A eso te refieres?

Ramtha: Y eso es lo mismo que te metió en aprietos todos estos años. Te comprometiste a eso y eso fue lo que obtuviste. El matrimonio más grandioso, maestra, es el matrimonio del alma. El matrimonio del alma no se compromete a nada, excepto a los sentimientos. No promete nada. Simplemente es. Ese es el amor más puro que hay, el deseo más puro, la pasión más pura. Cuando ames de esa manera, encontrarás la felicidad con otra entidad. No lo arruines. La santidad del matrimonio no se reconoce en el cielo como algo indispensable. Lo que se reconoce en el cielo, entidad —y con el cielo me refiero a todos los puntos de vista—, es la emoción, y eso ya ha sido creado. Y no lo hagas para complacer al hombre. Recuerda, estás tratando de dejar de hacer eso.

Esa es mi respuesta. Si te amas a ti misma y deseas esto seriamente, no lo harás. Serás feliz con el hombre que amas y descubrirás que tu gozo es maravilloso. Que así sea. Dios nunca te juzga.

Estudiante: Pero todos los demás lo harán.

Ramtha: ¿Y quiénes son ellos? ¿Morirían por ti? Pregúntale a uno de ellos si moriría por ti. Si no morirían en tu lugar salvándote de la muerte, ¿por qué debería importarte lo que piensen ellos de tu forma de vivir?

Estudiante: Eso da mucho que pensar.

Ramtha: En verdad, maestra. Y si lo llevas al límite de lo ilimitado verás que la única que necesita gratificación aquí eres tú, y a nadie más le importa. Lo único que les importa son ellos mismos y eso es maravilloso porque así debería ser.

Estudiante: Gracias.

Ramtha: Y la próxima vez que alguien se apresure a juzgar tus acciones, míralo y bendícelo desde el Señor Dios de tu ser al Señor Dios de su ser, y contempla por un momento si esta persona que se burla de tu existencia moriría por ti. Y si no lo haría, deja que siga su camino.

Estudiante: Gracias.

Ramtha: Te ayudaré y te mostraré aquello de lo que estoy hablando. Que así sea. Todos creen que Dios está lleno de leyes y regulaciones y todo eso. No tiene tiempo para eso. Está demasiado ocupado disfrutando de lo que es.

Maestra, te hablo con ecuanimidad, y tú me escuchas. Este amor que sientes es para ti y para la entidad, y nadie más. Si aquello que se llama la familia no lo aprueba, dales la libertad de desaprobarlo y no te apresures a dar excusas, ni trates de convencerlos de lo contrario. No puedes hacer nada con eso. Estás involucrada con aquello que se llama esta hermosa entidad y no con su familia.

Si empiezas a vivir para ti y para la maravillosa relación que tienen juntos y permites que el mundo haga lo que quiera, encontrarás la felicidad. Sin embargo, si eres tan débil como para dejar que interfieran, entonces quizás debas reevaluar tu dignidad y tu merecimiento para ser amada por alguien.

Lo absurdo de aquello que se llama el matrimonio —y permíteme expresar esto— es que las entidades se unen en un sacramento y sienten una gran pasión en todo su ser y no pueden vivir el uno sin el otro. Y la pasión es tan fuerte que planean y organizan cómo unirse legalmente. Es verdad.

Así que se juntan y lo primero que hacen es trabajar muy arduamente para pagar por una gran estructura que necesitan tener para impresionar a todos sus amigos con respecto a su grandeza. Se endeudan para tener el atuendo apropiado, el mobiliario apropiado, las alfombras persas, cristales de Alejandría y todo eso. Y luego, por supuesto, deben tener invitados, y para poder hacerlo deben mantener pulido el cristal, las alfombras limpias y las paredes inmaculadas. De modo que se unen para presentar a la comunidad una pasión legalizada que realmente no existe. Y antes de que uno se dé cuenta, sus cargas se vuelven cada vez más pesadas porque quieren hacer más, y se apartan cada vez más.

Pronto, lo que ocurre es que llegará otra entidad que verá en alguno de ellos lo que una vez ellos vieron el uno en el otro. Y pronto el romance y los corazones flotan en el cielo, la pasión es profunda e intensa, el chismorreo se encubre y el amor se examina otra vez desde el principio. Y muy pronto provoca un gran dolor en el corazón y nadie entiende por qué sucedió eso.

La razón por la que sucede es que el hombre y la mujer están aquí por el amor y la creatividad de la vida que disfrutan. La razón por la que existen los géneros, la razón por la que existen el hombre y la mujer es para copular, para generar más vida y, en el proceso, disfrutar lo que está ante ellos que ellos mismos han creado. Desafortunadamente, han creado tanto que se olvidan del amor y de la razón por la cual se unieron en primer lugar.

Así que a la larga vendrá otro que tome el lugar de alguno de ustedes, porque un día mirarás a tu alrededor y te preguntarás qué sucedió con tu juventud. Te preguntarás qué sucedió con los profundos sentimientos dentro de ti. Y alguien vendrá y te dirá: «¡Aquí están!». Y, ¡ay!, te liberarás de ese otro individuo, pero con todo el dolor y la tristeza que conlleva. Y luego te sientes culpable. Y así sucesivamente una y otra vez.

Ni tu casa, ni tu papeleo, ni tampoco tus hijos valen tanto como para que a causa de ellos te separes de una unión apasionada, del éxtasis y del amor tan efusivo que ambos poseen. Te haría bien dar un vistazo alrededor y preguntarte si vale la pena todo esto y empezar a delegar las responsabilidades a alguien que disfrute haciendo esa clase de cosas diariamente. Regresa a los brazos de tu amante y conviértete en una mujer otra vez, y permite que con sus genitales se exprese como un hombre. Entonces tendrán muy buenos momentos juntos y el amor renacerá. Tus mejillas resplandecerán y te preguntarás por qué te olvidaste de eso en primer lugar.

La gente se casa solo para terminar separados por las prioridades. Tienen demasiadas prioridades y no tienen suficiente de lo que los unió en primer lugar. Si no te conviertes en una mujer, otra lo hará. Y si él no se convierte en un hombre, otro lo hará. Hay entidades que todavía piensan en esas cosas y las encuentran deliciosamente encantadoras. Así es.

¿Qué mayor felicidad
podrías desearle a alguien,
sino que esté contento
sin importar qué es para él la felicidad?
Déjalo solo. Ámalo.
Deja que tenga la oportunidad
de discernir su propia felicidad.
Simplemente disfruta tu vida y sé.
Eso es lo mejor que le puedes dar.

Aprende a amar en libertad
y respeta la verdad de todos y su opinión
de la misma manera en que deseas que respeten tu verdad,
que te hagan caso y que te amen en libertad.
Cuando eso se procure, el amor será duradero.
Nunca se echará por la borda.
Nunca se olvidará, en verdad,
porque será divinamente único,
su principio será bueno y honestamente noble.
Ninguna entidad olvida la nobleza
y ninguna entidad olvida la libertad.

— Ramtha

Ve y dale un vistazo a tu maravillosa estructura. Tus paredes pueden relucir y tu vidrio puede brillar y tus tapetes pueden ser suaves, pero ¿qué queda de ti al final del día si solo quieres darte la vuelta e irte a dormir? La casa no necesita estar inmaculada, ni tampoco tu negocio, tus hijos, tu entretenimiento ni ninguna otra cosa.

Permítanse tener tiempo para estar juntos. Tus hijos crecerán y se irán de todas maneras. Tú lo sabes. No vas a tenerlos para siempre, ni tampoco lo querrías. Ellos solo van a crecer y te dejarán. Entonces, ¿qué es lo que te queda? ¿Los recuerdos? ¿Esperar que vengan a verte? Su vida es de ellos, no es la tuya. Ponte en contacto con lo que verdaderamente importa —perdurará durante toda esta vida— y nunca pasarás un momento solitario, ni un momento olvidado, ni un momento infeliz. Aprende a ser una mujer y a disfrutar del momento en el que estás. Disfrútalo. Lo mismo con tu esposo. Nada que cualquiera de los dos haga merece que por su causa pierdan lo que han compartido en su intimidad. Piénsalo.

En mi tiempo, el matrimonio era un compromiso del Espíritu. No tenía nada que ver con los papeles ni con el Registro Civil y todo eso. Eso es aburrido, ridículo y costoso. El matrimonio es el Espíritu. Es la unión del amor.

Ahora quiero darte un consejo. No te quedes con la noción en tu mente de que quieres llevar a cabo la práctica del matrimonio con un contrato. Nunca te comprometas para toda la eternidad. Eso no se ha establecido todavía.

Vive en el momento y sé feliz en el momento y espera solamente que el momento te satisfaga. Si vives en el momento preparándote para el futuro, te habrás perdido del momento por completo, al igual que te perderás de los momentos futuros cuando estos lleguen. Aprende a amar en libertad. Ama para estar juntos. Eso es lo único que importa.

El matrimonio se crea en el alma. Es la sed, el hambre. Es el deseo. Es la necesidad. Es la compasión. Es un estado de *Ser* que sientes por otra entidad que refleja al yo. No tienes que casarte jamás, y nunca deberías de casarte para los ojos de una sociedad, o por el credo, o por la familia. Cásate dentro del alma que acepta, que ama y que entiende. Cualquier otro matrimonio diferente a ese solo te hará infeliz y te preocupará.

Si duermes y vives y amas y trabajas y compartes con una entidad, ¿qué diferencia hay entre el matrimonio y la falta de este en esta circunstancia? ¿Qué hace el matrimonio? ¿Qué es lo que sanciona? Quieres hacer todo lo que dice que puedes hacer y, sin embargo, ya lo estás haciendo. ¿Acaso necesitas su aprobación?

El matrimonio nace en el alma. Aquellos que se aman el uno al otro y comparten la totalidad y la aventura del otro ya están casados. Ese es un término para una obligación contractual, y si se quebranta, se te castigará severamente. Esa es una limitación.

El matrimonio ya existe. ¿Y por cuánto tiempo debe existir? Por el tiempo que dure la felicidad compartida y mientras la aventura siga siendo salvaje y libre, y la fiebre corra caliente por tus venas, y el momento quede asegurado en un júbilo gozoso con el abrazo de ambas personas. Ese es el matrimonio, siempre. El alma lo determina, ninguna otra cosa, maestra.

Aquello en lo que estás tratando de convertirte, ya lo eres con una comprensión que es más ilimitada y más dulce para el ser. Así que no tienes que decidir nada. Simplemente permite y sé. Ser es la libertad de expresarte. Sábelo.

El fallo de los amantes es que esperan sentir todas las sensaciones del amor no solamente en su propio ser, sino con quien comparten su amor. Esperan que el otro sea recíproco con ellos y recibir la misma cantidad de lo que dan. Esperan que su amante sea fiel y leal, que sea sincero y que los amen por sobre todas las cosas.

Eso es un error, porque si el amor se basa en cómo lo recibe el otro, el amor nunca podrá existir. El amor no nace en el corazón del otro. Nace en el tuyo. Sé feliz porque amas, y porque la capacidad de hacerlo existe en tu propio reino y se consuma en tu propio reino.

No tienes que vivir con nadie, ni tampoco deberías vivir con alguien y compartir su vida si no es a través de la buena voluntad y el amor, pues todos tienen su vida individual que vivir. No estás equivocado ni errado si continúas con un matrimonio que ha perdido su significado mucho tiempo atrás, pero estarías mucho mejor y más contento si te permitieras a ti mismo la libertad de encontrar la vida y sus alegrías, maestro, que siempre te esperan si las buscas.

Esos personajes que se aferran a un pasado olvidado y son incansables en su búsqueda de hacer que alguna pobre alma pague por sus graves actos, para ellos no es posible el futuro. No pueden ver el bien o la alegría en los ojos de otro porque están empeñados en hacerle la guerra a aquello que los ha consternado. Esa es la verdad.

Desde hace algún tiempo existe la noción de que los niños son creados a partir de los genes de ambos progenitores. Solo el cuerpo lo es. El Espíritu fue creado en una única expansión cuando el Padre se contempló a sí mismo y creó la luz, el principio más elevado de la existencia corporal. Todos los Espíritus fueron creados en el mismo instante, todos en el mismo momento.

Tus hijos son tus hermanos nacidos a través del vehículo del hombre y la mujer. Mediante la copulación se forma la semilla, se forma la masa, y esto permite el nacimiento de una entidad de la cual los padres no tuvieron parte en su creación, solo Dios, sin embargo, tú los llamas tus hijos. Entiende que son tus hermanos y que son tan viejos como tú. Tus hijos han vivido junto a ti desde el principio del conocimiento y han vivido, creado y formulado un verdadero paraíso en el yo creado.

Cada entidad —y presta mucha atención—, lo que completa a cada entidad es cualquier cosa que nunca haya hecho antes al participar en la vida. El alma que está dentro de ellos los impulsa a cumplir aquello que no se ha cumplido o experimentado. Algunas entidades experimentarán ser reyes y otras experimentarán ser sirvientes. Algunos serán marineros y otros serán granjeros. Algunos serán herreros y otros viñateros, candeleros, tejedores de lana, cesteros, rameras, mujeriegos, hombres viles, mujeres corruptas.

Todo lo que ha sido creado alguna vez en la consciencia, todos, entidad, lo han experimentado o experimentarán por el valor de lo que es un nivel creativo consciente del cual el alma no tiene información.

El alma impulsa a la entidad a experimentar principios en su vida que nunca ha experimentado, y lo hace bastante bien. Hasta que el juicio fue creado —que ciertas cosas eran buenas y otras malas— la vida nunca se concibió como buena o mala. Simplemente se concibió para experimentar la vida, una parte de la creación.

Cada vez que cada alma experimenta en sí misma la consciencia de una persona, más clara es la sabiduría que obtiene de ella, y menos juzga la vida y a sus amados hermanos.

Tus hijos poseen un saber interior que podrían enseñarle a su familia. Ellos saben cosas que tú no has experimentado porque ellos ya las han hecho. Y lo que estás haciendo ahora puede que los aburra porque ya lo han hecho. El aburrimiento es una señal del alma de que ya se ha hecho, de que no está aprendiendo nada nuevo.

La mejor manera de ayudar a tus hijos no es decirles lo que quieres que hagan, sino permitirles hacer lo que quieran. No abusarán de ese derecho, ni tampoco abusarán de ti, ni de nadie en tu familia. Se sentirán atraídos a su propio saber interior, en verdad, para completar lo que está en su alma. Si no lo hacen, se volverán locos y se rebelarán en contra de tu casa y todos dentro de ella. Permíteles ser. El amor más grande e íntimo es el amor dado en libertad.

El hombre y la mujer no crean el alma o el Espíritu. Crean el cuerpo. El alma y el Espíritu son la divinidad infinita y harán lo que quieran hacer. Al criar a los hijos, la mayoría comete un error al pensar que todos necesitan lo mismo. No es así. La educación que les impartas debería ser tan variada como para que los hijos elijan lo que quieren aprender. Si se les permite hacerlo, habrá más genios prevalecientes en este plano y no habrá entidades que se rebelen por ser tratadas como la masa y no como individuos.

Tus hijos, sin importar lo que hagan en esta vida, lo hacen para obtener una noble virtud, sin abstenerse de la vida, sino viviendo la vida al máximo para que puedan aprender de la vida, para que puedan obtener sabiduría de ella.

En mi tiempo, el matrimonio era un compromiso del Espíritu.
No tenía nada que ver con los papeles
ni con el Registro Civil y todo eso.
Eso es aburrido, ridículo y costoso.
El matrimonio es el Espíritu.
Es la unión del amor.

Ahora quiero darte un consejo.
No te quedes con la noción en tu mente
de que quieres ejercer la práctica
del matrimonio con un contrato.
Nunca te comprometas para toda la eternidad.
Eso no se ha establecido todavía.
Aprende a amar en libertad,
Ama para estar juntos.
Eso es lo único que importa.

El fallo de los amantes es que esperan sentir todas las sensaciones del amor
no solamente en su propio ser, sino con quien comparten su amor.
Esperan que el otro sea recíproco con ellos
y recibir la misma cantidad de lo que dan.
Esperan que su amante sea fiel y leal, que sea sincero
y que los amen por sobre todas las cosas.
Eso es un error, porque si el amor se basa
en cómo lo recibe el otro, el amor nunca podrá existir.
El amor no nace en el corazón del otro. Nace en el tuyo.
Sé feliz porque amas,
y porque la capacidad de hacerlo existe en tu propio reino
y se consuma en tu propio reino.

— Ramtha

Y un día, cuando ya estén entrados en años, serán grandes profesores para muchas entidades porque habrán encontrado la libertad glorificada de amar a las personas sin importar quiénes sean.

Diles que los amas, y que entiendes que sus prioridades en esta vida son realmente muy diferentes a las tuyas, pero también lo son las de todos los demás. Entonces el amor que sientes por ellos nunca cambiará a pesar de lo que hagan porque, después de todo, el amor es lo más importante de toda la relación. Diles que harás cualquier cosa para ayudarlos a aligerar sus preocupaciones, para hacerte su amigo y que estarás allí en todo momento. Deja que vengan con su propia voluntad, y lo harán. Pero, al buscar tu consejo, ellos te enseñarán y da gracias por eso.

Es su vida, no la tuya. Tú tuviste el placer de crearlos. Ahora es su placer vivirla.

Los niños fueron mis mejores profesores porque podían expresarse sin vergüenza. Podían expresarse amorosamente. Tenían una maravillosa imaginación, que en realidad es una memoria abundante. Podían ir a jugar con poco o nada por días interminables y quedar exhaustos, caer en sus pequeñas camas y dormir en un sueño tan translúcido que al observarlos me preguntaba cuáles serían sus sueños. Nunca se preocupaban toda lo noche como lo hacía yo. Y se levantaban temprano muy alegres, corrían por todo el lugar, comían todo lo que había de comer, y no se quedaban quietos porque enseguida se iban a buscar otra aventura. Era una vida maravillosa.

Desafortunadamente, a los niños se les enseña a no seguir su sentido común. Se les enseña a ser restringidos, limitados y negativos cuando se les dice «no hagas», «no puedes», cuando se les enseña a sentir odio y amargura, y a ser prejuiciosos. Son educados en ciudades confinadas donde hay muy poca compasión, donde el acoso sexual a los niños pequeños está a la vuelta de cada esquina y bajo cada sombra. Abusan de ellos, los asesinan, los violan, los torturan y los atormentan. E incluso las familias más adineradas, con las mejores intenciones, aún se las arreglan para disuadir los instintos naturales de sus hijos y separarlos de su Fuente invaluable que les permite ser libres y energéticos.

La mejor escuela y la felicidad más grandiosa para los niños son los valles y las hondonadas, los riachuelos, los grandes robles, y los animales, las flores, las ranas, las cañas, las aves y los peces.

Una vez hubo una edad para la adolescencia. Para los hombres, duraba hasta que cumplían treinta y tres años. Lo mismo debería ser para las mujeres. Deberían ser niñas hasta los treinta y tres años. Para cuando hayan encontrado a su pareja, ya habrán vivido, disfrutado y adquirido sabiduría, y habrán aprendido la ecuanimidad, la compasión, la humildad y sabrán quiénes son. Entonces serán felices en su vida por mucho, mucho tiempo.

Intenta afanosamente ser una niña hasta que tengas treinta y tres años. No envejecerás ni un solo día si lo haces.

Maestra, si no estás de acuerdo con las ideas de tu hijo, esa es tu verdad. ¿Acaso eso quiere decir que debe renunciar a las suyas para estar de acuerdo contigo? Ser un Dios no significa que tengas que entender. No estás equipada para entender, porque no eres la otra entidad. El amor es la gracia que reside dentro del carácter de todos nosotros que le permitirá a la entidad la libertad de ser, más allá de si entendemos o no.

Solo tienes que entender esto. Tu hijo y tú son dos Dioses diferentes, en verdad. Son soberanos, en verdad. Él ha vivido una infinidad de vidas, experiencias y aventuras que no han seguido el mismo curso que las tuyas. Muy pocas lo hacen. Por eso, lo que has acumulado en tu alma a través de la emoción, a través de toda tu experiencia será diferente a lo que él haya acumulado en la suya, porque tú no pensarías hacer lo que él ha hecho y, sin embargo, él ya ha hecho lo que tú estás haciendo.

Todos son diferentes de acuerdo con sus experiencias, pero eso no los hace inferiores ni hace que sean menos amados por aquello que los percibe y los contempla. Tú, maestra, debes permitir que tu hijo tenga sus ideales, pues ¿de qué otra manera va a aprender de ellos excepto al experimentarlos? El amor no debería estar garantizado por el estar de acuerdo o en desacuerdo. Debería ser incondicional a pesar de eso.

Esperar que tu hijo sea como tú es someterlo a una esclavitud brutal de tu parte, y eres una tirana. Si tu hijo esperara que creyeras en lo que él cree, entonces también sería un tirano. Lo que debes hacer es decirle: «Esto que has elegido como ideal es extraño para mi ser. Y te amo inmensamente por ti, por el carácter individual que tú eres. Puede ser que yo no entienda todos tus ideales, y no prometo intentarlo siquiera, pero te amaré simplemente por ti y deseo que adonde quiera que te lleven tus ideales aprendas de ellos, que te beneficies de ellos. Y yo sé y entiendo que la acumulación de todos estos ideales te ayudará a crear un gran carácter en tu ser». Así es como un verdadero padre y un verdadero Dios ama a su hijo y a otro Dios.

No amas a la gente bajo ciertos términos. No los amas porque sean de esta manera o esta otra. Los amas por como son porque te amas a ti mismo por como eres. El Padre es un carácter individual, y su propia experiencia vive muy vívidamente dentro de cada entidad. Por lo tanto, cada entidad es soberana, diferente, única e igual a todos los demás.

Ama a tu hijo. Escucha sus ideales y entiende que él está impulsado a lograrlos. Su alma lo necesita. ¿Sabes qué hace que una entidad tenga determinación? Cuando el alma en esta experiencia de vida tiene la oportunidad de experimentar algo que nunca ha experimentado, la entidad se sentirá poseída e impulsada a hacerlo porque el alma necesita la aventura para obtener de ella la perla de sabiduría y que nunca más tenga que repetirlo en experiencias futuras. Tu hijo tiene que hacerlo. Eso forma parte de su ser. Si evitas que lo haga, inhibes esa parte de su ser. En lugar de tener la experiencia y la aventura, se lamentará, te odiará y te despreciará por inhibirlo.

Deja que tenga su libertad. Es su vida, no la tuya. En la misma comprensión, si tu hijo desea que seas de cierta manera que no eres, háblale de una manera ecuánime y dile que eres solamente tu propio ser, y que lo que has aprendido, lo aprendiste porque lo necesitabas y lo deseabas. Quizás ya hayas aprendido hace mucho, mucho tiempo lo que él está aprendiendo ahora, y ya no te es necesario. Así como tú lo amas por lo que es, por favor, deja que él también te ame por lo que eres.

Al educar a los hijos, lo más importante es dejar que establezcan sus propios ideales. La entidad que es padre o madre debería ser un ideal de lo que le enseña al niño, en lugar de vivir en una dualidad. No les digas a tus hijos que sean de una manera si tú misma no eres así. El ideal es el que ilumina la luz del entendimiento.

La manera en que vives, entidad, tiene influencia sobre tu hijo, ciertamente, y lo ayuda a reconstruir su propia base, su propia premisa de ideales y carácter. Pero permítele formular la suya propia. Si te quedas atrapada en el fango y las tinieblas, si te estancas y te limitas en lo que estás haciendo, tus hijos se apartarán de ti porque no tendrás nada que ofrecerles. Sin embargo, si vives muchas aventuras y haces una variedad de cosas multifacéticas, tus hijos permanecerán cerca de ti, entidad, porque se sentirán atraídos e iluminados por tu carácter y los ayudará a aprender.

Educarlos significa vivir lo que eres y amar lo que eres lo suficiente como para que la luz que eres ayude a iluminar el carácter de su luz. Deja que crezcan. Te dará mucho gusto haberlo hecho. Y aquello que florezca de su crecimiento te amará para siempre por haberles permitido hacerlo.

Todo el mundo quiere copular y tener bebés, y todo está bien mientras sean indefensos y puedas mecerlos en tus rodillas y hacer lo que quieras con ellos. Se vuelven tercos, únicos, consentidos, hablan sin pelos en la lengua, y entonces te arrepientes del día en que tuviste sueños tan maravillosos. Esta es una magnífica verdad. Pobres hijos, si hubieras podido conservarlos siempre como bebés nunca hubieran crecido. Educar a los hijos es parte de tu propio crecimiento, de tu propio refinamiento, y entender la vida no es algo tan ominoso como lo cree la mayoría. Es más bien dulce y muy bueno para aquellos que lo buscan.

Hay muchos padres que se aferran fervientemente a sus hijos y los abrazan fuertemente contra su pecho, como si la vida se los fuera a arrebatar. Pero ellos no vienen a ser consentidos, sino a vivir y experimentar la vida. Yo te digo que los dejes ser. No digas que los perderás, porque nunca se pierden. Cuando la madre y el padre entienden esto de verdad, se genera una libertad exquisita no solamente para la madre y el padre, sino también para los hijos.

Cuando son libres de ser ellos mismos, juzgan más sabiamente y, en verdad, comprenden lo que es el momento y cómo vivirlo. Cuando son libres de expresarlo y no están esposados ni encadenados, pueden aprender lo que es inteligente y lo que no lo es. ¿Y qué son las aventuras? Solamente aprender más de la vida y cómo se presenta.

Cuando encierras a un joven corcel en un lugar pequeño rodeado por una valla, no tiene espacio ni siquiera para darse la vuelta. No puede amarte ni correr por ti, ni ser la galante entidad que es. Solo cuando le das espacio para crecer ves que el lustre de su pelaje, el fuego en sus ojos y el dulce sonido de sus pezuñas te llenan de alegría, y te das cuenta de lo que es realmente un corcel tan grandioso como él. Cuando está encerrado en una cerca, es solo un objeto. Cuando es libre de crecer, su movimiento, su expresión, es Dios sublime, y aprenderás mucho de su belleza.

Dale espacio para crecer y descubrirás que volverá una y otra vez a tu tierna libertad.

Ayudar a los pequeños —o a quienes sean el fruto y la semilla de nuestro ser— a cumplir su propósito no es crearlo para ellos. Para ayudarlos a evolucionar en lo que saben que es mejor para ellos has de ser firme en tu amor por ellos y amarlos en libertad. Y no quieras que sigan siendo esto o aquello, sino ellos mismos. Una vez que empiezas a escoger el sendero que tus hijos deben seguir para encontrarse a sí mismos, nunca encontrarán su camino en lo que tú crees que debería ser. Deben encontrarlo solamente mediante la experiencia de su propia vida.

Ámalos libremente y sé firme en tu amor por ellos. Escúchalos siempre, maestra, cuando quieran hablar contigo, porque te diré esto: ellos son la sangre de tus entrañas y les has proporcionado un cuerpo para la grandeza de su Espíritu, y llevarán tu linaje a las generaciones por venir. Por el bien de tus futuras generaciones, por así decirlo, hazte tiempo para conversar con ellos, para amarlos. No hay nada que sea tan importante como para apartarte de este, tu elemento futuro.

Y complácete en ellos, maestra. Hay muchas personas en este plano que ciertamente se deleitan al expresar y encontrar lo negativo, la tristeza y la desesperación en todos. Encuentra lo bueno en tus hijos. No te enfoques nunca en sus errores, enfócate en lo buenos que son y ámalos en libertad. Muchos de nuestros hermanos en el mundo verán sus fallas. No seas tú quien empiece el ataque.

¿Te gustaría que tus hijos cambiaran su vida para convertirse en tu ideal? No. No cambies la tuya para convertirte en el de ellos. Si lo haces, maestra, nunca te conocerán y te preguntarás por qué se han alejado de tu presencia.

Si eres absolutamente tú, los hijos sienten un profundo respeto en su inocencia, los pequeños, porque lo detectan y lo entienden. El Espíritu de su ser lo sabe. Entonces eres amada, y lo que es más importante, has sido un profundo profesor que les enseñará a vivir no como les dice la imagen, sino como se los ha permitido el maestro.

Cuando les permitas ser, crecerán y tendrán un propósito, no estarán enfermos, no serán deshonestos, ni estarán atormentados y confundidos. Simplemente serán lo que son. Si lo vives, entonces serás para aquellos que amas lo que yo soy para ti, y se volverán ecuánimes, de la misma manera en que tú lo estás siendo para mí.

Los niños no llegan a tu vida, maestra, para ser como tú. Llegan para cumplir con sus actos en esta vida de acuerdo con lo que hayan obtenido en su vida anterior a ti. Tú eres simplemente la divina y dulce madre que les ha dado el cuerpo perfecto en el cual exudar su brillantez y su belleza. Ellos no heredan las características en la mente que tienen la madre y el padre porque son agentes independientes uno del otro.

Cuando tienes opiniones y verdades diferentes, la mejor manera de atenuarlo es al comprender que todos tienen la razón y que todos tienen la prerrogativa de expresar la verdad y su derecho, pero solo hasta el punto, maestra, en que no infrinja el reino del otro y su verdad.

Los padres suponen, en su ignorancia, que de alguna manera poseen a sus hijos, que son los creadores máximos, y si los hijos no reaccionan como los padres creen que deberían reaccionar, entonces su mundo se hace pedazos, y no pueden entender cómo pudieron haber creado algo que no pueda coexistir con ellos felizmente.

Te diré que tu hijo es una entidad soberana. La entidad no es tu hijo, sino la relación más grandiosa que se llama tu hermano en Dios. La entidad ha vivido miles de vidas antes de venir a ti, por lo tanto, ha tenido una gran experiencia en la vida. Esa es una verdad.

La entidad, en su existencia colectiva, ha recopilado actitudes mediante la experiencia y ha conseguido el tesoro de la emoción y la sabiduría para tener aquello que se llama una constitución fisiológica para ser la entidad que es. Los padres son solamente vehículos, entidad. Son instrumentos. No son el creador ni escogen quién vendrá a través de ellos. Cuando te das cuenta de que este niño es tan viejo y antiguo como tú, debes comprender que es otro Dios, un Dios con las cosas que tiene que hacer y cumplir dentro de su alma.

Si un niño posee el conocimiento de la vida tal y como lo entienden el padre o la madre, y ese conocimiento se imparte, no como una condenación, sino como una forma de iluminación y educación, entonces todo lo que haga de ahí en adelante en su desarrollo, lo hará sabiendo perfectamente las consecuencias de su experiencia divina. Si les dices que no, eres un esclavizador. Si les enseñas y les das la opción, entonces eres un Dios.

Los padres nunca se dan cuenta de lo sabios que eran sus propios padres hasta que se convierten en uno. Enséñales, y si no sabes la respuesta, pídela. Llegará con toda clase de mensajeros y avenidas de conocimiento, y les enseñará en tu nombre.

Las entidades que vienen como hijos a través de aquello que se llama los padres como un vehículo a través del cual expresarse, se sienten atraídos hacia uno u otro de los padres debido a la asociación o a la familiaridad de sus procesos de pensamiento. También hay aquellos que no se sienten atraídos hacia ninguno de ellos. Simplemente son un medio a través del cual la entidad puede venir y tener una vida de expresión.

Ahora, ¿qué haces con una entidad que viene como un bebito indefenso y no puede controlar su entorno? Yo te digo que nacer en la materia es muy riesgoso y, sin embargo, vale la pena vivir la vida dondequiera que la encuentres. Ama a la entidad.

Protege a la entidad. Solo necesita ser amada por sí misma y que se le permita vivir debido a lo que es, un ser humano impulsado por un Espíritu divino que le ha dado la vida.

Los hijos son una bendición maravillosa. En su interior reside una pequeña vida que acepta al mundo inocentemente otra vez. Su verdad es muy parecida a la verdad de Dios. Ellos les sonríen a todos y confían en todos, y su curiosidad por la vida en todo su esplendor es gloriosa. Quizás el único error en aquello que se llama los cimientos de la humanidad es que todos crecieron y se hicieron adultos.

Si me siento en esta audiencia contigo durante menos de una hora y te enseño, eso no significa que hayas aprendido menos que si te hubiera enseñado durante todo el día o quizás una década. No significa que hayas aprendido menos. Lo que importa es que has sido amada, has aceptado aquello que se llama una verdad, has sido compasiva con tu yo en este lugar. Eso es lo único que importa. Haz lo mismo con tus hijos.

Si quizás por causalidad los momentos que pasan juntos son muy pocos y no tan grandiosos como quisieras, haz que sean lo más grandiosos que se pueda. Y la mejor manera de hacerlo es amarlos, escucharlos —escúchalos— porque ellos tienen su verdad. No seas tan arrogante en tu propia verdad como para no reconocer a los pequeños cuando se expresan, porque siempre te pueden enseñar una cosa o dos, así que escúchalos y ámalos. Esos momentos son los más dulces que el hijo nunca olvida y de los que quiere tener más, pero también los gratifican a ambos.

Maestra, no tienes que ser rica para darle todo a tus hijos. Solo tienes que ser rica en aquello que se llama la compasión, la comprensión y el amor. Y sé tan humilde como para entenderlos. Quizás entonces seas la mejor madre que haya existido. Por supuesto que para sus ojos, esa será la verdad. ¿Y para qué otros ojos preferirías serlo?

Tus hijos son tus hermanos nacidos
a través del vehículo del hombre y la mujer.
Mediante la copulación se forma la semilla, se forma la masa,
y esto permite el nacimiento de una entidad
de la cual los padres no tuvieron parte en su creación,
solo Dios,
sin embargo, tú los llamas tus hijos.
Entiende que son tus hermanos
y que son tan viejos como tú.
Tus hijos han vivido junto a ti
desde el principio del conocimiento y han vivido, creado y formulado
un verdadero paraíso en el yo creado.

La mejor manera de ayudar a tus hijos
no es decirles lo que quieres que hagan,
sino permitirles hacer lo que quieran.
No abusarán de ese derecho, ni tampoco abusarán de ti,
ni de nadie en tu familia.
Se sentirán atraídos a su propio saber interior, en verdad,
para completar lo que está en su alma.
Si no lo hacen, se volverán locos y se rebelarán en contra de tu casa
y todos dentro de ella.
Permíteles ser.
El amor más grande e íntimo
es el amor dado en libertad.

— Ramtha

Estudiante: Hay algo que me preocupa mucho. Dos de mis hijas son como la Cenicienta[2]. Están dormidas. Es decir, no están dormidas, literalmente; están dormidas en su vida. Es como si no vivieran. Una de ellas se llama Jane, parecía como si hubiera aparecido su príncipe azul, y luego murió en una avalancha hace dos años y volvió a quedarse dormida otra vez. Ella dice que siente que no encontrará a nadie que la ame y a quien ame jamás. Y está dormida. Y la otra, vive en una especie de apatía. Se queda con una de sus hermanas en Wyoming, y ama a su bebé. Tiene un amante, pero el amante vive con su madre, y está enfermo, y no han llegado a nada después de diez años. Y a mí me da pena por ellas. Me siento culpable.

Ramtha: En verdad, entidad, ¿quién es la Cenicienta?

Estudiante: La Cenicienta era una muchacha. Cuando nació, las hadas buenas vinieron y le otorgaron belleza, inteligencia y un corazón amoroso. Pero el hada mala no había sido invitada o la invitación le llegó tarde, y se enojó. De modo que se presentó allí enfadada y dijo que cuando la Cenicienta llegara a cierta edad —no recuerdo cuál— se pincharía el dedo con la aguja de una rueca, y se quedaría dormida. Y todos en el castillo se quedarían dormidos también. Pero luego llegó un joven príncipe que se las arregló para atravesar las grandes espinas que habían crecido alrededor de todo el castillo. Ah, sí, y besó a la muchacha y la despertó, y todo el castillo despertó también. Por eso yo veo a mis hijas como Cenicientas. Están dormidas.

Ramtha: Pero ¿por qué te preocupas, si el príncipe puede llegar para besarlas y despertarlas?

Estudiante: Pero todavía estoy esperando al príncipe. No lo sé. Una tiene treinta y tres años y la otra treinta. Ya sé que esto es absurdo, pero es como si la vida les pasara de largo.

Ramtha: Quizás tu vida está pasando de largo porque la vives por tus Cenicientas.

Estudiante: Bueno, eso es lo que yo creí por un tiempo. Pero en el último año me han pasado muchas cosas maravillosas, lo que yo quería hacer cuando era joven. Y es como si mi vida siguiera adelante y ellas simplemente están dormidas.

Ramtha: Pero, maestra, ¿cuánto tiempo permaneciste dormida hasta que fuiste despertada?

Estudiante: Sesenta años.

Ramtha: Entonces, ¿por qué piensas en quitarles esa ventaja, entidad? Eres una esclavizadora.

Estudiante: Pero no quiero que esperen sesenta años.

Ramtha: No es de tu vida; es la de ellas.

---

[2] La mujer confunde la historia de la Cenicienta con la de la Bella Durmiente.

Estudiante: Lo sé.

Ramtha: No lo sabes, de ser así les permitirías la libertad de expresarse del modo que las haga felices.

¿Quién puede decir cuál es la apariencia de la felicidad? La enfermedad es la felicidad para algunos, y para otros lo es en cierta manera. La soledad es la felicidad para unos, y el sueño, el dulce sueño, lo es para otros.

Tú no eres tus hijas ni ellas son tú. Y tu vida no es la de ellas. Son soberanas. Aunque hayan nacido de tu vientre, ellas son Dioses que se han manifestado a partir de Dios y solo de Dios. Y con respecto a su vida, ellas no han venido aquí para complacerte o para vivir por aquello que se llama tu aprobación o desaprobación, sino por ellas mismas.

Mujer, tu prioridad nunca será la de otra persona. Y si te ha tomado sesenta años volver a la vida, es maravilloso que lo hayas hecho. Es maravilloso. Y aunque sea por un momento, vale la pena esperar toda una vida.

Tus Cenicientas son Cenicientas. Déjalas serlo. Están haciendo lo que las hace felices, de otra manera no lo harían. La humanidad es una entidad que hace lo que quiere hacer, y todo lo que hace, lo hace porque así lo quiere, entidad.

Estudiante: Pero no parecen ser felices.

Ramtha: ¿Quién eres tú para decir eso? ¿Acaso vives en tal estado de felicidad omnipresente que tienes la percepción declarativa como para ver las acciones de los demás y determinarlas de esa manera?

Estudiante: Sí.

Ramtha: Si así lo crees, entidad, entonces estás muy ciega, porque su felicidad es lo que recopilan con la experiencia, y esa es la alegría de esta vida, la alegría de hacer lo que quieran con ella. La felicidad es la capacidad de ejercitar la opción de hacer lo que quieras a pesar de lo que digan los demás.

Estudiante: Sí, ya lo veo. Creo que se debe a que cuando las veo, se ven tristes, y yo no quiero sentir esa tristeza, y por eso quiero que se vean felices o que sean felices.

Ramtha: Mujer, entonces les estás quitando su derecho a experimentar incluso la tristeza. Todo se hace en este sueño para la comprensión escalonada del Espíritu que está en este sueño. Lo que tú ves como infelicidad, puede que haya sido tu fortuna y destino en esta vida y, ciertamente, lo ha sido. Pero ellas no lo ven así. Todavía tienen que experimentarlo. Para sus seres, ellas están muy bien. Tú eres la única que piensa de otra manera.

Dales la oportunidad de llegar a su propia comprensión y a su propia sabiduría con dignidad, al igual que tú lo has hecho, y deja de intervenir para que sean esclavas de la felicidad. Permite que la descubran en su propio ser. Para eso es la vida. ¿Crees que esta es la única vida que van a vivir? No, entidad, no lo es. Nunca lo ha sido ni lo será. Ocúpate de tus propios asuntos y ámate a ti misma. Y a los sesenta años, disfruta de este lugar con alegría y haz las cosas que le den deleite y placer a tu ser.

Ser un Dios no significa que tengas que entender.
No estás equipado para entender
porque no eres la otra entidad.
El amor es la gracia que reside dentro del carácter
de todos nosotros que le permitirá a la entidad la libertad de ser,
más allá de si entendemos o no.

Todos son diferentes de acuerdo con sus experiencias,
pero eso no los hace inferiores
ni hace que sean menos amados
por aquello que los percibe y los contempla.
Tú, maestra, debes permitir que tu hijo tenga sus ideales,
pues ¿de qué otra manera va a aprender de ellos excepto al experimentarlos?
El amor no debería estar garantizado por el estar de acuerdo o en desacuerdo.
Debería ser incondicional a pesar de eso.
Esperar que tu hijo sea como tú
es someterlo a una esclavitud brutal de tu parte,
y eres una tirana.

— *Ramtha*

Ama a tus hijas y dales la libertad de expresarse como quieran. Al hacerlo, descubrirás que esta vida es aún más afable que lo que creías. Eso es lo que yo te digo.

Estudiante: ¿Encontrarán…? Yo sé que esto es mi…

Ramtha: ¿Que si van a encontrar la felicidad según tu opinión?

Estudiante: No. ¿Encontrarán un marido?

Ramtha: Cuando alguien busca un marido en el mercado, a menudo debe conformarse con una ganga, y las gangas, entidad, raramente perduran. No desees que encuentren un marido. Permíteles la gracia de que atraigan hacia ellas lo que ellas son. Entonces no encontrarán gangas, sino que tendrán una vida y un interludio supremo que durará para siempre. Déjalas en paz y ámalas sin condiciones.

Antes de que puedas amar a otra persona,
antes de que puedas decirle a alguien que lo amas,
debes amarte y respetarte a ti mismo.
Debes amarte a ti mismo, en verdad,
con una capacidad maravillosa
y saber que te lo mereces.

— *Ramtha*
Assay, julio 2013

El amor es esa existencia dorada y sublime
que trasciende el deseo carnal, pero que una vez que se encuentra,
incluye el deseo en forma de una unidad apasionada,
una unidad que se comparte no solo sexualmente,
sino también espiritualmente.
Se comparte de manera humanista,
se comparte en los sueños,
se comparte no como uno apoyándose en el otro,
sino como dos seres fuertes y capaces de caminar y definir la realidad,
y capaces de entrelazar esas realidades
o de mantenerlas separadas.
Pero es una compañía grandiosa
en todos los niveles.

— *Ramtha*
Ese elixir llamado amor
JZ Publishing, 2004

Capítulo Veinticinco
Ve Tu Perfección En Toda La Vida;
Permite Que La Vida Sea

Las cosas, a partir de su propia creación y naturaleza,
de acuerdo con la fuerza de vida que emana desde su interior,
han creado la singularidad a través del pensamiento perfecto
que les da la esencia de la vida sublime.
El mejor propósito es permitir que la vida sea.
Cuando buscas el bien en tus benditos hermanos
que ni siquiera conocen estas palabras,
les permites expresarse bella, dulce y amablemente.
Los has librado
de una vida de lo más ominosa llena de actitudes sentenciosas
y les has permitido avanzar hacia su mayor propósito.
Yo te aseguro que no permitir que las cosas lleguen a ser es un error.
Todas las cosas, maestro, avanzan en la vida
y luchan por la vida y mantienen la vida,
y si las dejas en paz, nunca se sentirán angustiadas por la vida.

— Ramtha

Encuentra el buen propósito en todas las cosas

Yo soy Ramtha el Iluminado, en verdad. ¿Y quién soy yo que he venido y me he presentado ante esta audiencia con una voz estridente de intriga mística? Yo soy aquel que es un servidor de Dios Todopoderoso.

Dios es la fuerza de vida, en verdad. Es los cielos. Es, en verdad, la Tierra. Es, en verdad, la esfera. Es, en verdad, todo lo que es la vida. En su belleza, en su misterio, en su grandiosidad, ha sido un Dios singular para mucha gente. El Padre es todas las cosas. Es la Fuente. Es la exuberancia de la vida. Es la vida. Es el factor consumidor de todo lo que existe. El poder de ser todo lo que es, vale, en verdad, la humilde notoriedad que le damos en lo más supremo de nuestro ser. Yo soy un servidor de eso mismo.

Yo soy Ramtha el Iluminado. Iluminado, en verdad lo soy. Yo he tomado aquello que se llama la Fuente, la primera causa, la maravillosa vida sublime que es todas las cosas y me he convertido en ella en mi propio ser, en mi propia esencia, en todo lo que yo soy: Dios mantenido en la fuerza más elevada del entendimiento vibratorio, el aprendizaje más elevado del pensamiento contemplativo.

Siendo el más grandioso en la facultad que yo soy, me he convertido en él en una entidad oculta y multifacética. Convertirse en la vida suprema es, en verdad, convertirse en Cristo en el ser humano. Cuando sacas a Dios de las esferas olvidadas de la nada y lo llevas a la gloria suprema de tu propio ser y lo conviertes en una fuerza impulsora que ilumina, como así fuere, eso le da el inquebrantable punto de la vida a todo lo que te rodea, a todas las cosas que él es.

Esa parte espectacular que he consumido en mi propio ser se llama *Dios viviendo como yo soy. Dios viviendo como tú eres* es el Cristo que surge en el ser humano; el ser humano que ya no es ignorante, que ya no está en un estado lamentable de ser que empieza y termina en un breve aliento de entendimiento. El ser humano es la supremacía del Padre, es el Cristo del Padre, es el hijo, es el heredero, la totalidad del Padre, todos en uno. Y este Cristo —el poder que puede mantenerse, reconocerse y plasmarse en cada forma jubilosa de la humanidad— es a quien yo sirvo.

Yo soy Ramtha el Iluminado, su servidor, mis amados hermanos. ¿Y quiénes son ustedes? Ustedes son, en verdad, todas las cosas que yo soy. Ustedes son, en verdad, Dioses que dirigen sus pequeñas cabezas hacia delante para ver una vida más espléndida, para que ustedes también puedan convertirse en un gran y poderoso árbol. Ustedes, mis amados hermanos, son Dios sublime en los cimientos de sus formas de vida, en el Cristo reconocido en su entendimiento. Y yo les rindo homenaje por igual.

Les hablo desde el Señor Dios de mi ser. El Señor Dios de mi ser es la sublime totalidad de mi ser. Es una ecuanimidad, en verdad, que es eterna. Lo que yo te digo este día en tu tiempo es aquello que se llama, como así fuere, un punto reconocido para ver el valor de todas las cosas. Vamos a entender cómo son las cosas realmente.

Las cosas, a partir de su propia creación y naturaleza, de acuerdo con la fuerza de vida que emana desde su interior, han creado una singularidad a través del pensamiento perfecto que les da la esencia de la vida sublime. Todas las cosas son perfectas en sus estados de ser. Estas emanan la autenticidad del carácter de su forma creada. Para todo el que las ve, emanan una presencia libre de pecado, sin astucia, sin culpa.

Los animales, tal y como se los denomina, que son preciosos y están muy cerca de los corazones de la humanidad y para Dios son, en verdad, creaciones de los Dioses. Son el depredador, son la presa y, sin embargo, nunca tienen sentimientos de culpa. Son inocentes y están libres de pecado al llenar la barriga que les duele por el hambre. En su estado de ser son todos perfectos y mantienen la vida en equilibrio al vivir en el momento.

Te voy a hablar de un magnífico y hermoso gran ciervo que cuida a su manada y los estima enormemente. Hay aquellos en su manada que han vivido tanto en su tiempo que los dientes de sus quijadas están podridos y huelen mal. Sus patas están viejas y sus movimientos son lentos. El gran ciervo contempla a estos seres ancianos y enfermos, y sabe infinitamente que su día ha llegado, pero que regresarán otra vez.

Y he aquí que ve algo, ¿y qué es lo que ve? Ve el destello de un pelaje de seda de un color idéntico al pastizal por el cual se desliza. Rápidamente, el gran ciervo capta esos ojos tan fríos, esos ojos furiosos que buscan la tragedia de infinita sabiduría cuyo destino tiene que cumplir.

El gran ciervo reúne a aquellos que ama. Todos están en alerta ante el león que espera agazapado, con los hombros en alto a ambos lados de su columna vertebral, con la astucia de su frente protuberante, mientras busca con sus ojos fríos e indiferentes esa luz condenada a la muerte —la luz que está enferma, la luz que es anciana— que no solamente llenará su barriga, sino también la de los cachorros que ha traído a este mundo, que gruñen pidiendo aquello que alimente su fuente. Todos están en alerta y empiezan a moverse.

El león, en su búsqueda, encuentra la luz que está buscando. Mientras mantiene ávidamente la luz de su mirada sobre ella, empieza a acercarse cada vez más. Y he aquí que la luz anciana advierte el acecho e intenta escapar inútilmente.

En pocos instantes, la gran bestia ha trepado a su lomo, y con solo clavar sus colmillos una vez en el cuello del animal, el viejo ciervo está perdido, perdido. El Espíritu de su ser ha llamado de regreso a su alma, y ya no siente la agonía del dolor. Se acabó.

Tú observas esto y dices: «Qué despreciables son los leones, en verdad. Qué deplorables son las fieras. ¿Por qué no pueden ser todos animales que pastan? ¿Por qué no pueden estar todos en paz los unos con los otros?». Hay un equilibrio en las complejidades de la vida. Aquí nadie ha hecho nada malo. El león está libre de pecado y libre de culpa, y el animal abatido no está triste ni desesperado. El gran ciervo mira a aquel que se ha ido y lame sus costados. Estudia a su rebaño y ve cómo uno menos hará espacio para que venga otro, porque la luz del que se ha ido volverá otra vez.

Observa esto y entiende que las creaciones se expresan perfectamente de acuerdo con su voluntad, de acuerdo con sus formas desarrolladas. Ve el buen propósito en todo lo que existe. Un Dios dice y afirma: «Eso está mal. Algo está mal aquí. No está del todo bien». Él ve al pobre animal indefenso y desahuciado que ni siquiera lucha por liberarse bajo el peso del león. Sin embargo, otro lo observará y verá que el rebaño se sustentará, tendrá más abundancia, se fortalecerá y prosperará. Eso es buscar el buen propósito en todas las cosas.

Si se dejan a las cosas en paz, tal y como están, no habrán cometido nada malo. El ser humano, sin embargo, con la más malintencionada de sus actitudes, puede mirar cualquier cosa y encontrar un defecto, un juicio, un error, algo incompleto, una imperfección y una repugnancia en aquello que originalmente había encontrado su forma perfecta.

Encontrar el bien legítimo es encontrar el buen propósito que está allí. El propósito es intencional. Lo bueno, como así fuere, representa la vida. La vida intencional en todas las cosas tiene un buen propósito.

Cuando te sintonices, sabio maestro que vienes cuando se te llama a mi audiencia por la gran sabiduría que a veces se aplica, te diré esto. Cambiar la actitud y pasar de un modo de pensar erróneo y negativo a un buen modo de pensar permite la vida. Permite la vida no solamente para que abunde dentro de tu propio ser personal e interno, sino que permite la vida en todos los otros seres que la expresan a la perfección. Busca continua y seriamente el buen propósito de tu existencia hasta lo máximo de tu ser. Pronto te conviertes en el buen propósito personal, y no hay lugar para encontrar respuestas negativas o actitudes sentenciosas o esas cosas que, en verdad, no concuerdan con un estado perfecto de perfección, libre del pecado y de la culpa.

¿Cómo encuentras el buen propósito? Cuando empiezas a buscarlo en tus acciones, en tus recintos internos —y al prestar atención al buen propósito de los demás y de todas las cosas— entonces, fiel a sí mismas, todas las cosas se iluminarán en su perfección.

Nunca te conformes con aquello que se llama un estado alterado.
Nunca te permitas volverte alterado.
Nunca permitas que la alteración sea un estado de ser,
porque si lo haces, entonces ese estado alterado
se convertirá en una actitud colectiva.
Se convertirá colectivamente en una vida
que estás condenado a vivir.
Si el estado alterado se ha convertido en una resolución,
en una verdad en tu vida,
entonces te has perdido, en gran manera,
de la maravilla de un reino ilimitado.

No puedes sanar al mundo
al odiar lo que el mundo hace,
porque entonces formas parte de esa miseria.
Ámalo y elévate por encima de él
y permítele ser, así como el Padre
le ha permitido ser durante milenios
en tu cómputo de tiempo.

— Ramtha

Ni la enfermedad ni las actitudes paralizantes —una mirada dura y estéril— degradarán la perfección, sino que ese buen propósito habrá creado una entidad con los estándares más grandiosos. Toda la vida será abundante a tu alrededor. Los pájaros que hacen su nido en lo alto del gran árbol harán su nido en las ramas bajas del gran árbol. Las dulces criaturas, sin importar de qué clase sean, no se escabullirán para evitar el buen propósito, entidad, sino que vendrán y se posarán a tus pies y serán una parte de tu ser que todo lo incluye porque eres una luz bendita.

El mejor propósito es permitir que la vida sea. Cuando buscas el bien en tus benditos hermanos que ni siquiera conocen estas palabras, les permites expresarse bella, dulce y amablemente. Los has librado de una vida de lo más ominosa llena de actitudes sentenciosas y les has permitido avanzar hacia su mayor propósito. Yo te aseguro que no permitir que las cosas lleguen a ser es un error. Todas las cosas, maestro, avanzan en la vida y luchan por la vida y mantienen la vida, y si las dejas en paz, nunca se sentirán angustiadas por la vida.

Amar a los demás por lo que son y cómo son es algo bueno de tu parte, y algo bueno de tu parte se convierte en algo mucho mejor. Y he aquí que tus palabras se convierten en la magia, en verdad. Tus pensamientos son los vientos mismos. Tus lágrimas nunca se malgastan. Son apreciadas y amadas. Te has convertido en una entidad honorable, valiosa, merecedora, amada, buena y llena de vida. Eso es un maestro. En eso te conviertes. Es ahí que la sabiduría infinita de las eras se convierte en la infinita sabiduría de los Ahoras, y la vida, para ti, maestro, empieza a irradiar esperanza.

No puedes atraer hacia ti lo que no eres. Si te has convertido en el buen propósito con tu actitud, con tu vista, con tu pensamiento y con tu ser, entonces atraerás el mismo estándar de tu buen propósito. Lo que has repartido en tu reino se ha convertido en aquello en lo que te has convertido, porque aquellos que te rodean también tienen su buen propósito. Por eso hay alegría en tu interior. Cuando pierdes la habilidad de hacer juicios negativos o contundentes —las partes esclavizantes de tu ser—, cuando pierdes esa habilidad obtienes una más elevada, y siempre se vuelve cada vez mejor y mejor.

Hay muchos que pueden sostener su imagen en un entendimiento tridimensional. Hay muchos que pueden, en verdad, poner formas materiales frente a ti. Yo pondré frente a ti una imagen espiritual que es más personal, que es eterna, que atrae hacia sí un reino en partes más grandiosas de las esferas celestiales, del reino de los cielos —o como lo llames— que perdurará para siempre. Cuando camines junto a mí vas a aprender, y lo que alguna vez fue estéril florecerá a nuestros pies. Cuando camines junto a mí, en verdad, caminarás con honestidad, con honor, valor, merecimiento y bien personal.

Este soy yo, en verdad, tu humilde profesor, que no es un profesor que te presenta las cosas tal y como se ven, sino un personaje eterno que te mantendrá en la eternidad porque allí es donde estaremos siempre. Benefíciate de los días en que yo venga a tu tiempo. Y el bien brillará en tu ser y en tus fantasías, te lo aseguro, y te regocijarás con un corazón abierto y amistoso, y eso para mí, mi muy amado hermano, hace que esta travesía haya valido la pena. Que así sea.

Ve la perfección en toda la vida

Yo soy Ramtha el Iluminado, en verdad, servidor de aquello que se llama la fuerza, la primera causa, el Principio Madre/Padre, la continuidad, aquello que se llama el pensamiento, aquello que se llama Dios Todopoderoso.

¿Quién es aquel que se llama Dios, que es la fuerza, el principio de vida avallasador, que es la base de todas las cosas? ¿Cómo existe, en verdad, si la existencia debe contemplarse con la medida de la forma?

La palabra Dios, en verdad, simplifica una continuidad. El pensamiento que todo lo incluye, que todo lo abarca se forma en las partes más elevadas del entendimiento de luz que emite un sonido o una vibración de entendimiento. La palabra resuena con aquello que se llama la síntesis de la luz que se manifiesta en el campo de sonido vibratorio más elevado. Dios es, en verdad, la palabra en la que todas las cosas —todos los universos, todas las esferas, toda la infinidad, todo pensamiento, todos los momentos, todo lo pequeño, toda la grandeza, todo lo grande— existen como sonido.

Dios es la esencia de la vida. Dios es el pensamiento, la esencia de vida que da su forma a través de aquello que se llama Dios en su continuidad. La continuidad permite que la vida se mueva, evolucione, se involucre y se transforme constantemente en aquello que se llama el ser.

El pensamiento contemplativo del Padre no es tan mezquino como para verse a sí mismo por encima de los ideales que se han formulado a sí mismos a partir de él para experimentar todo lo que él es. Todos los ideales, todos los pensamientos, todos los conocimientos se producen como una emisión de la Fuente para que el ideal formado como materia —o aquello que se denomina la esencia ilusoria— pueda experimentar al Padre en su continuidad. Un ideal entiende las bases de su ser cuando llega a realizarse y, en su realización, entiende cuáles son sus orígenes.

Dios —la palabra, el sonido, el sentimiento vibratorio— no puede enunciarse lo suficiente, porque de ser así, se eliminaría su esencia, la experiencia o el ideal, y se desvanecería en la nada. Dios, la Fuente, la causa suprema, el elemento, en su ser que todo lo abarca, no sabe cómo eliminarse a sí mismo en aquello que se llama el pensamiento limitado que alteraría la base de su ser, porque entonces el ideal no tendría la oportunidad de convertirse en la esencia contemplada por Dios.

Si esto es complejo para ti, yo deseo que no lo sea. Para entender a Dios —a quien amo y adoro, y a quien todos deben rendirle cuentas— hay que dejar de medir el tiempo, el espacio y la distancia y verlos tan solo como una ilusión frente al simple entendimiento de lo que Dios es.

Dios es el río frente a tu nariz. Es la nada a partir de la cual todo parece iluminarse. Es la continuidad, la constancia. La belleza de lo que él es, es la vida.

Adorar a Dios es simplemente adorarte a ti. Amar a Dios es simplemente amarte a ti. Amar la vida es amar aquello que eres en la experiencia de lo que Dios es. Y amar la vida es no condenarla jamás, no alterarla jamás, no maldecirla jamás, no odiarla n i despreciarla jamás, sino abrazarla totalmente en la esencia de tu ser.

Para simplificar al Padre, para que puedas convertirte en el Padre en lo máximo de tu ser, la puerta que asegura ese progreso es entender quién eres. A pesar de todas las complejidades de tu ser, eres bastante simple. Los fundamentos simplistas de la vida que eres son un testamento de la bondad, el *Ser*, la permeabilidad de lo que se llama Dios.

El Dios de carácter sentencioso, el Dios del odio, el Dios de la amargura, el Dios de los reinos divididos, el Dios de la fatalidad profetizada y el final no es el Dios que es la simplicidad de la vida. El Dios que ha manifestado este ideal desde la Fuente ha alterado la vida mediante el odio, ha despreciado la vida al despreciar a su prójimo, y ha puesto en boca de Dios que llegará el fin para todas las cosas, que todo ya está dicho y hecho, que el ser humano es un pecador, que nadie puede ser perfecto. Solo el ser humano dice esas cosas, y el ser humano no puede decir nada de Dios a menos que él mismo lo haya sido. Solo el ser humano puede tomar la perfección del pensamiento y convertirla en un Dios alterado.

El Dios que yo amo, que es, en verdad, la esencia de mi ser, que es la continuidad de mi ser, es aquel que, en la totalidad de su existencia, permite que todo exista a través del amor, sin importar lo que sea.

Yo, Ramtha el Iluminado, soy un *Ser*, un hacedor, un amante del Dios Todopoderoso —la vida suprema, el *Ser* continuo que todo lo incluye—, y ese *Ser* , ese entendimiento, permite que el Dios de mi ser, la supremacía de mi ser, ame, vea y reconozca, en verdad, la maravillosa evolución y la espectacular demostración de Dios que cada uno de ustedes es.

Mantener un cuerpo perfecto
es evitar hacerle daño mediante
los pensamientos de rechazo, odio,
amargura, imitación, infelicidad, insatisfacción,
y amarlo por lo que es.
Mientras lo hagas,
nunca le pasará nada malo.
Ámate a ti mismo.
Siéntete satisfecho con lo que eres,
con tu apariencia,
y ten por seguro que eres original.

La vida no es ningún misterio.
Si miras a tu alrededor, verás todas las respuestas.
El Padre es la simplicidad de la línea.
Es la totalidad de la vida.

— Ramtha

¿Cómo te conozco? ¿Cómo te entiendo? Yo sé lo que soy. Cuando yo sé lo que soy, en verdad puedo entender lo que tú eres y verte en un flujo continuo cuando te rehúsas a verte a ti mismo incluso en un momento espectacular.

Ahora bien, todo lo que Dios es, yo lo soy. Para enseñarte todo lo que eres, ese tiene que ser tu ideal definitivo, tu curso, tu búsqueda en la vida: ser el *Dios Yo Soy*. El *Dios Yo Soy* se involucra con la vida porque se involucra consigo mismo. Es la búsqueda de la felicidad y la alegría.

Para saber lo que eres, para ser lo que yo soy, debes conocerte y amarte, porque simplemente eso es Dios, porque simplemente tú eres Dios. Vivir su vida, el estado progresivo de un flujo continuo del Ahora, es amar la vida al máximo y no alterarla con las sombras de la maldad o las malinterpretaciones, con la diplomacia o con dogmas que limitan el progreso de la mente del ser humano, sino amar la vida y su dulzura.

Eso no significa que seas pasivo en todas las cosas. Significa que seas declarativo en todas las cosas, de una manera sublime. Declarar que eres Dios en tu ser es saber que eres Dios en tu ser. Si algo no te gusta, entidad, entonces revierte el proceso del entendimiento molecular hasta que te guste, porque un Dios tiene, en verdad, la facultad de hacerlo mediante la simpleza de su ser y la oportunidad de aquello que se llama la vida.

Nunca te conformes con aquello que se llama un estado alterado. Nunca te permitas volverte alterado. Nunca permitas que la alteración sea un estado de ser, porque si lo haces, entonces ese estado alterado se convertirá en una actitud colectiva. Se convertirá colectivamente en una vida que estás condenado a vivir. Si el estado alterado se ha convertido en una resolución, en una verdad en tu vida, entonces te has perdido, en gran manera, de la maravilla de un reino ilimitado.

Ahora, ¿cómo puede uno, el gran Dios que tú eres, transformar una alteración en aquello que se denomina la perfección, en un *Ser*? Si la razón no tuviera una visión alterada, el ojo vería aquello que aparentemente está alterado para los demás y lo refinaría y lo llevaría hacia la perfección, y la perfección del objeto volvería a su curso normal de acción. Sería aceptado por el alma de tu ser, el Espíritu de tu ser y el ego de tu ser como la perfección. De este modo, uno deja de vivir con la alteración. Uno tiene la capacidad de cambiarla y perfeccionarla simplemente mediante el poder de su ser. ¿Cuál es la realización culminante de toda manifestación? Es el pensamiento. Es el Espíritu de la manifestación. No puedes cambiar la manifestación en su forma al tratar de perfeccionarla mediante el rediseño de sus estructuras moleculares. La cambias aquí, y cuando cambie aquí en el pensamiento en cuanto a cómo es percibida por un Dios, cambiará allí en la forma.

Dios viviendo en la totalidad de su singularidad —Dios/hombre, Dios/mujer expresando aquello que se llama el Cristo de su ser—, con simplemente entenderlo, tiene la facultad de nunca cambiar su facultad, sino pensar en el *Ser*, y en su reino no hay nada alterado o carente. Si hay una perturbación en su reino, lo único que tiene que hacer es cambiar el poder de la perturbación y convertirla en algo amable por medio de su pensamiento. ¿Crees que esto es demasiado simple? Si crees que es demasiado simple, nunca conocerás a Dios. Así es.

Todos los que están aquí han aceptado menos de lo que su ser merece. ¿Y cómo se han menoscabado? Han reconocido ese menoscabo, y el saber interior lo ha creado así. Andar por este mundo en el lodazal de la plaza del mercado, adquiriendo todas las cosas y los ornamentos que, de alguna manera, nos harán más perfectos o hermosos para el ojo sumamente crítico de los estados alterados, es muy absurdo. Y además de eso, te convierte en un esclavo y nunca en un rey. Un Dios acepta la belleza que es y simplemente por medio de la aceptación y el saber interior se convierte en la belleza más grandiosa de todas, más allá de las palabras, en verdad, a pesar de lo viles que sean.

Conocer a Dios a través del pensamiento, a través de la vida, es aprender acerca de ti. Hay muchos que tratarán de vivir a través de ti, por ti, pero nunca podrán hacerlo. Nunca lograrán tener alegría por ti. Solo tú, Dios espléndido, tienes el derecho, el derecho heredado, de serlo por ti mismo. Si deseas sumirte en aquello que se llama la tristeza, la desesperación y la infelicidad, la inquietud de la acción corporal y todas las cosas que hacen que te deprimas, entonces que así sea para ti, entidad. Tú eres, en verdad, el soberano de tu dominio, y como soberano de tu dominio has encontrado que esto es aceptable para ti. Por consiguiente, te dejamos ser. Para aquellos que quieren llevarlo al máximo, a la esencia máxima, se trata de ser la simpleza de tu ser, entender y amarte a ti mismo y vivir esta vida plenamente, completamente, y que no haya nada en tu existencia que sea menos que perfecto.

¿Cómo vas a conocer lo perfecto? ¿Cómo vas a conocer y a reconocer la perfección? Cuando observas cualquier cosa, entidad, y no encuentras ningún defecto allí y no ves ninguna falta, has visto la perfección. Sin importar qué tan vil pueda ser, has visto la perfección.

No aceptes nada en tu vida que sea menos que la perfección. Si tu vecino la percibe de una manera alterada y aceptas su opinión, entonces tu hermosa perfección ha alterado y apagado su belleza y ya no hay brillo, ni resplandor, ni realización que sea satisfactoria para aquello que es digno de un rey. ¿Y entonces qué haces cuando la alteración empieza mediante la aceptación? O te deshaces de eso o reclamas su virtud. Nosotros, entidad, somos la virtud reclamada. Todos los que están aquí son perfectos. Todos los que están aquí están creciendo para obtener la sabiduría de que han alcanzado su perfección. Hemos obtenido la virtud una vez más, porque pensábamos que la habíamos perdido. Mediante la virtuosa acción de nuestro ser, al vivir la vida, obtenemos la sabiduría para entender lo que es la perfección y entender lo que significa la alegría, la euforia de ser, lo completo de ser. Todos ustedes, benditos sean sus nombres, son una gloria para este mundo.

Ramtha ama a Dios. En verdad, Ramtha es Dios. Los maestros aman a Dios. En verdad, los maestros son Dios. ¿Qué amor más grande puedes darle al Padre —lo más grande que le puedes dar a él—, sino ser él? ¿Qué mejor reconocimiento podemos darles a aquellos que amamos y apreciamos, sino imitarlos? ¿Acaso no son dignos de que los imitemos? Ciertamente, porque la esencia y el cautivante misterio de su ser han convertido nuestra vida en tal torbellino, que la huella que nos han dejado ha sido buena. Amar a Dios es ser él.

Amar a Cristo es amar a Dios. Cristo es, en verdad, la dulce sangre, el dulce amor, la dulce esencia que te conecta al estado de saber que eres Dios. Cristo es el ser humano, la imagen perfecta, y la única imagen que se engendró a sí misma desde el pensamiento, desde la Fuente, y que retuvo la imagen perfecta de la Fuente de una forma única y singular.

No puedes amar a Dios sin amar al hijo. ¿Y quién es el hijo? Eres tú. Si no amas a tu prójimo, entonces no te amas a ti, y no amas al hijo, y no amas al Padre. Has alterado al Padre.

¿Cómo asumes la responsabilidad errónea de amar a todo el mundo en sus estados despreciables y retorcidos? Al amar esos estados despreciables y retorcidos. Cuando amas a una crueldad despreciable, he aquí que ya no apesta; ya no es vil. Ya no es fea. Es hermosa. Una vez que un gran Dios ve la belleza en aquello que se denomina la maldad, he aquí que la maldad —que es solamente un estado denso de alteración— se convierte en una luz que brilla sobre un ideal que la está observando y llegará a ser el ideal de la misma manera que el viento es un soplo de aire puro.

No puedes sanar al mundo al odiar lo que el mundo hace, porque entonces formas parte de esa miseria. Ámalo y elévate por encima de él y permítele ser, así como el Padre te ha permitido ser durante milenios en tu cómputo de tiempo. Si deseas ser como él, entiende lo que él ha sido todo este tiempo y permite que todas estas cosas sean, porque así la vida se rejuvenece y existirá una y otra, y otra vez. Esa es la alianza de la eternidad que se les da a todos los hijos del gran Padre.

¿Cómo puedes amar a un mundo malvado? Al amarlos por lo que son. El ideal amoroso les da la luz para cambiar y alcanzar la perfección, como quiera que sea para ellos. Nunca ayudas a nadie si los condenas. Ámalos. Sé como una luz para ellos. Lo que ellos son será una luz para ti. Y déjalos ser con la libertad que deseen expresar. El mundo, amados Dioses, va a ser para ellos el profesor más grandioso y explícito; no serás tú, ni yo, ni nadie más, ni siquiera el Padre para quien todo esta está ocurriendo en el momento. Serán ellos mismos, porque tú sabes que la naturaleza del ser humano es experimentar la maldad, experimentar la alteración, experimentar la vileza. Y cuando se haya llenado la barriga, buscará la paz y la felicidad. Entonces se habrá convertido en una persona virtuosa y sabia. ¿Acaso no sabes que de ahí surge la sabiduría? Cuando ves a una persona piadosa y sabia, y piensas que ha hecho todas esas cosas —por eso es tan sabia— la amas por eso.

Ahora bien, un día el ser humano querrá alcanzar su estrella, el ser humano querrá alcanzar su luz ideal, y la luz solo puede estar allí si otro la ve por él. No tiene ninguna otra manera de identificarla hasta que vea que otro la posee. También es la naturaleza del ser humano en este plano poseer lo que los demás poseen. El ser humano es avaricioso, pero aprenderá a ser soberano mediante esa avaricia, y eso es una bendición. Ahora bien, para perfeccionar la divinidad y hacerlo a partir del amor, sé un Padre comprensivo y vive una vida simple, una vida hermosa. Puedes desglosar la vida en muchas perplejidades científicas y eso te volverá loco. Pero obsérvala como la observa un niño, con la risa y la dulzura y siempre esperando ansiosamente un día más. Así es un Dios en las partes más recónditas de su ser.

Para ayudarte a vivir de esta manera, yo soy Ramtha, soy Dios, yo te hablo como ninguna otra cosa más que Dios. Mientras vengas a mí con tus pensamientos más íntimos, yo siempre te reconoceré como Dios, sin importar qué tan avergonzado te sientas, y te amaré a pesar de ti mismo. El gran Dios que yo soy, entidad, siempre reconocerá al gran Dios que tú eres. Y pronto la luz y esa comprensión y la palabra Dios se filtrarán a través de tu entendimiento y se convertirán en ti.

Y en esta bendita audiencia —en sus dulces mañanas, sus dulces noches— uno por uno se convertirán en una alineación perfecta, una comprensión perfecta del pensamiento puro. Y uno por uno se convertirán en Dios. Y uno por uno se irán de mi audiencia, y uno por uno vivirán y se aplacarán a sí mismos en esta vida para ser el Cristo que ha regresado para esperanza de la humanidad. Y afectarás a todos, uno por uno. Y uno por uno se convertirán en Dios. Y esta, en verdad, es la esperanza que yace ante ti, y es la esperanza que yace frente a mí. La iluminación a través del conocimiento para luego llevarla a la práctica —aceptando solo la perfección donde se conoce la perfección, permitiendo el crecimiento allí donde has estado estancado— y la exploración de la vida tienen como fin ayudarte a entender mejor de qué se trata. Que así sea.

Este aprendizaje es simple porque Dios es simple

Ahora bien, este aprendizaje también es aprender de la forma más simple en la que puede funcionar esta boca para que tus oídos puedan oírlo. Siempre ha sido asombroso para mí observar cómo los eruditos complican una simplicidad porque eso complace su intelecto con cierta forma de éxtasis que todavía estoy por ver. La pobre entidad en la plaza del mercado que es un simplón, que no sabe de palabras extrañas y pensamientos elaborados, sabe lo que es la vida. Al decir las cosas de una manera simple, entidad, incluso la persona simple aprenderá porque ella también es Dios.

No puedes amar a alguien si no te amas a ti mismo.
¿Qué clase de amor artificial sería ese?
Tienes que enamorarte de ti.
Al ser tu propio héroe,
empiezas a expandir tu mente
con tu propia importancia, tu propia alegría,
tu propio gozo sublime, con tu autodependencia,
y así, estás siendo amado.
Te amas a ti mismo y creas tu vida.
Y solo cuando seas el corazón del amor
podrás darlo incondicionalmente
a todos y a cada uno.

— Ramtha
Italia, agosto del 2009

Palabras Finales:
Conviértete En Tu Propio Héroe

El obstáculo más grande para este entrenamiento es nuestro ego alterado. Para convertirte en tu propio héroe, si así lo eliges, tienes que hacer el trabajo. Tienes que entrenarte para convertirte en un héroe, no para mí, sino para ti mismo. ¿Y por qué es importante aquello que haces? Porque solo tú, amado mío, vas a renunciar a un pensamiento limitado. Cuando te des cuenta de que eres excepcional, en verdad, empezarás a descubrir el gozo más sublime que hayas conocido jamás. Cuando te das cuenta de que eres realmente extraordinario —porque ninguna persona, lugar, cosa, tiempo o suceso pudo haberte dado jamás tanto entusiasmo, tanta felicidad encantadora, tanta dicha—, es cuando sabes que puedes hacer cosas milagrosas.

En las etapas de iniciación hacia una mente más grandiosa, es absolutamente importante que hagas esto por ti, que te demuestres a ti mismo que eres extraordinario. Y para eso tienes que ser tu mejor amigo, tu mejor amante, tu cita más importante. Cuanto más trabajes en permitirte conocer el futuro mediante disciplinas sencillas, cuando el futuro empiece a mostrarse, apenas creerás que lo estás viendo, y, de hecho, se está revelando ante ti. Entonces este brillo, esta energía anclada dentro del cuerpo que ha sido una víctima se libera hasta llegar al cerebro, y empiezas a bombear alegría. Empiezas a sentir una gran felicidad. Nunca supiste que podías hacer algo tan increíble. Eso es lo más importante que hay que enseñarle al estudiante: a quedar impresionado consigo mismo. Después de todo, no puedes amar a otra persona, hermosa entidad, a menos que tengas amor para dar. No puedes amar a alguien si no te amas a ti mismo. ¿Qué clase de amor artificial sería ese? Tienes que enamorarte de ti. Al ser tu propio héroe, empiezas a expandir tu mente con tu propia importancia, tu propia alegría, tu propio gozo sublime, con tu autodependencia, y así, estás siendo amado. Te amas a ti mismo y creas tu vida. Y solo cuando seas el corazón del amor podrás darlo incondicionalmente a todos y a cada uno. Si no te amas, no puedes dar amor incondicionalmente. Si siempre debe cumplir con la condición de hacerte feliz, eso no es amor; es necesidad. La disciplina del héroe es para inspirarte

343

a que te ames a ti, para inspirarte a que digas: «Entidad, eres muy hermosa. Eres extraordinaria».

Aprovecha el tiempo que desperdicias cada día para aprender las disciplinas de la Gran Obra. Cortéjate a ti mismo y empezará a mostrarse porque tu Dios se abrirá camino con el trance y empezarás a ver. Y estarás entusiasmado contigo mismo. Te enamorarás de ti.

Te amo.
Ámate y crea tu vida.

— *Ramtha*
Italia, agosto del 2009

Adorar a Dios
es simplemente adorarte a ti.
Amar a Dios es simplemente amarte a ti.
Amar la vida es amar aquello que eres
en la experiencia de lo que Dios es.
Y amar la vida es no condenarla jamás,
no alterarla jamás, no maldecirla jamás,
no odiarla ni despreciarla jamás,
sino abrazarla totalmente
en la esencia de tu ser.

El Dios que yo amo,

que es, en verdad, la esencia de mi ser,
que es la continuidad de mi ser,
es aquel que, en la totalidad de su existencia,
permite que todo exista a través del amor,
sin importar lo que sea.

— *Ramtha*

LISTADO DE FUENTES

Lista de enseñanzas originales de Ramtha usadas en la edición original de este libro, en orden cronológico:

9 de noviembre, 1979. Birmingham, Alabama.
2 de febrero, 1980. Birmingham, Alabama.
3 de febrero, 1980. Birmingham, Alabama.
22 de marzo, 1980. Nueva York, Nueva York.
2 de abril, 1980. Wycoff, Nueva Jersey.
3 de abril, 1980. Wycoff, Nueva Jersey.
22 de junio, 1980 East Williston, Nueva York.
19 de julio, 1980. Mount Laurel, Nueva Jersey.
24 de agosto, 1980. Mount Laurel, Nueva Jersey.
13 de septiembre, 1980. Wycoff, Nueva Jersey.
20 de septiembre, 1980. Birmingham, Alabama.
21 de septiembre, 1980. Birmingham, Alabama.
27 de septiembre, 1980. Chicago, Illinois.
14 de noviembre, 1980. Mount Laurel, Nueva Jersey.
15 de noviembre, 1980. Mount Laurel, Nueva Jersey.
7 de diciembre, 1980. Nueva York, Nueva York.
13 de diciembre, 1980. Calabasas, California.
10 de enero, 1981. Nueva York, Nueva York.
12 de enero, 1981. Nueva York, Nueva York.
15 de febrero, 1981. Los Ángeles, California.
22 de febrero, 1981. Patterson, New Jersey.
24 de febrero, 1981. Seattle, Washington.
8 de marzo, 1981. Boston, Massachusetts.
22 de marzo, 1981. Birmingham, Alabama.
14 de abril, 1981. Seattle, Washington.
21 de abril, 1981. Seattle, Washington.
25 de abril, 1981. Los Ángeles, California.
26 de abril, 1981. Seattle, Washington.
16 de junio, 1981. Seattle, Washington.
15 de julio, 1981. Seattle Washington.

21 de julio, 1981. Seattle Washington.

26 de julio, 1981. Nueva York, Nueva York.

22 de agosto, 1981. Birmingham, Alabama.

30 de agosto, 1981. Seattle, Washington.

21 de septiembre, 1981. Seattle, Washington.

22 de septiembre, 1981. Seattle, Washington.

19 de octubre, 1981. Nueva York, Nueva York.

11 de octubre, 1981. Nueva York, Nueva York.

1º de noviembre, 1981. Seattle, Washington.

6 de noviembre, 1981. Birmingham, Alabama.

22 de noviembre, 1981. Boston, Massachusetts.

23 de enero, 1982. Denton, Texas.

24 de enero, 1982. Denton, Texas.

6 de febrero, 1982. Calabasas, California.

7 de febrero, 1982. Calabasas, California.

20 de febrero, 1982 Birmingham, Alabama.

21 de febrero, 1982 Birmingham, Alabama.

7 de marzo, 1982. Nueva York, Nueva York.

21 de marzo, 1982. Seattle, Washington.

9 de abril, 1982. Boston, Massachusetts.

25 de abril, 1982. Denver, Colorado.

18 de abril, 1982. Birmingham, Alabama.

22 de abril, 1982. Denton, Texas.

18 de julio, 1982. Nueva York, Nueva York.

25 de julio, 1982. Calabasas, California.

7 de agosto, 1982. Seattle, Washington.

8 de agosto, 1982. Seattle, Washington.

3 de octubre, 1982. Boston, Massachusetts

10 de octubre, 1982. Calabasas, California.

11 de octubre, 1982. Calabasas, California.

6 de noviembre, 1982. San Francisco, California.

7 de noviembre, 1982. San Francisco, California.

14 de noviembre, 1982. Aspen, Colorado.

21 de noviembre, 1982. Birmingham, Alabama.

5 de diciembre, 1982. Nueva York, Nueva York.

11 de diciembre, 1982. Seattle, Washington.

12 de diciembre, 1982. Seattle, Washington.

8 de enero, 1983. Calabasas, California.

9 de enero, 1983. Calabasas, California.

13 de febrero, 1983. Honolulu, Hawaii.

13 de marzo, 1983. Nueva York, Nueva York.
19 de marzo, 1983. Seattle, Washington.
8 de mayo, 1983. San Francisco, California.
20 de mayo, 1983. Seattle, Washington.
16 de julio, 1983. Calabassas, California.
Publicación del portafolio de la Iglesia Yo Soy: diciembre de 1979; enero de 1981; febrero de 1981; marzo de 1981.

Pensamientos Sublimes originales de enseñanzas recientes de Ramtha incluidas en esta nueva edición especial de *Ámate y Crea tu Vida*.

Ese Elixir Llamado Amor. Madrid: Arkano Books, 2004
6 de abril, 2013. Retiro Primario, Yelm, Washington.
5 de julio, 2013. *Assay*, Yelm, Washington.
6 de julio, 2013. *Assay*, Yelm, Washington.
15 de agosto, 2013. Sportilia, Italia.

Nota de los editores

Queremos reconocer y agradecer a JZ Knight por su valiente y firme dedicación a la Gran Obra y por poner a disposición de todos, las enseñanzas de Ramtha durante más de tres décadas. Nuestra sincera gratitud y apreciación a Ramtha el Iluminado por su regalo de inspiración y sabiduría recopiladas en estas enseñanzas, y por enseñarnos el verdadero significado del amor interior.

Agradecimientos

Me gustaría aprovechar esta oportunidad para agradecer y reconocer a todas las maravillosas personas que participaron en los primeros Diálogos de Ramtha®, y a todos aquellos que participaron a lo largo de todos los años en los eventos de principiantes, los retiros y en las clases más recientes que se enseñan en la Escuela de Iluminación de Ramtha.

A todos aquellos que han asistido a la Gira Mundial de Ramtha, las Tardes Introductorias, los talleres y las sesiones privadas con Ramtha, gracias a cada uno de ustedes el mundo se ha convertido en un lugar más amable, lo imposible se ha hecho posible y el amor florece con sus cambios personales. Gracias a todos los coordinadores, traductores, equipo y amigos de aquellos primeros días que dieron pie a que estas frases recogidas de Ramtha fueran recordadas. Mi aprecio y agradecimiento al equipo de Sovereignty Publishing Company, cuya incansable labor hizo que el libro original fuera una «Obra Maestra». Gracias a los profesores anteriores y a los más recientes, que viajaron por todo el mundo llevando las palabras de Ramtha y las disciplinas a muchas culturas: Greg Simmons, Mike Wright, Michelle Horkings, Laura Mooney, Jaime Leal-Anaya, Marc Hazewinkel, Miceal Ledwith, Mitja Kadow, Gary Craig, Karriem Ali, Louie Enos, Michelle Enos, Dr. Joe Dispenza y Audrey Wolfe.

Un agradecimiento especial para el asombroso equipo de sonido, Debbie Christie, Stephen Handlan y para los técnicos de sonido anteriores: Janice Campbell, Steve Gilling y Gudrun Moeschl, así como también a los camarógrafos anteriores: Scott Lisonbee, Mark Vicente, Julie Offer, Mayra Pena, Jo Wendi Karelja y a los camarógrafos actuales: Marita Rose Bott, Karen Hutchinson, Jacqueline Smith, Robert Browne, Mary Hasken, Andrew Wright y Lisa Wright. Gracias a los técnicos informáticos anteriores: Michelle Rogge, Guustaaf Damave, Ryan Leisinger y, con el advenimiento de las transmisiones en vivo, al equipo multimedia compuesto por Kirk Diaz, Urbano Eijan, junto con Melissa Peizer, directora de arte y diseño gráfico.

Mi sincero agradecimiento al equipo de inscripciones formado por Le'ene Sherwood, Patricia Richker, JoAnne Handlan, Jean Sagan y a muchos otros cuyo trabajo, aunque temporal, fue de gran ayuda en este proceso.

Gracias a los historiadores y editores de RSE, Patricia Richker y Jaime Leal-Anaya, por su dedicación en la reedición y la precisión histórica de este asombroso libro.

Y por último, gracias a Ramtha el Iluminado por su Odisea Espiritual para iluminarnos a todos, incluso durante solo 24 horas de nuestra vida. Gracias.

— JZ Knight

Acerca de la Escuela de Iluminación de Ramtha

La Escuela de Iluminación de Ramtha (RSE por sus siglas en inglés), creada por Ramtha el Iluminado, es una academia de la mente.

Utilizando la sabiduría antigua y los más recientes descubrimientos de la neurociencia y la física cuántica, RSE ofrece retiros y talleres, y enseña a estudiantes de todas las edades y culturas cómo tener acceso a las extraordinarias facultades del cerebro para «Vivir una Vida Extraordinaria».

Ramtha es un Maestro Profesor legendario que conquistó su propia humanidad siglos atrás, y ha regresado en nuestra época actual para contar su historia y enseñarnos lo que aprendió. Él afirma que en su vida abordó los interrogantes sobre la existencia humana y el significado de la vida, y que a través de su propia observación, reflexión y contemplación alcanzó la iluminación y conquistó el mundo físico y la muerte. Su filosofía refleja la experiencia de su propia vida. Las enseñanzas de Ramtha no son una religión; nos brindan una perspectiva única desde la cual contemplar el misterio de la vida.

Las enseñanzas de Ramtha hacen hincapié en que cada individuo es responsable de su propia realidad, que nuestros pensamientos y actitudes afectan y crean nuestra vida, y que cambiando creativamente nuestros pensamientos podemos cambiar intencionalmente nuestra vida. Ramtha canaliza su sabiduría a través del cuerpo de JZ Knight, quien comenzó a canalizar públicamente a Ramtha en 1979. RSE se fundó en 1988 en Yelm, Washington, y desde entonces más de 100.000 personas provenientes de todo el mundo han asistido a los cursos de Ramtha.

JZ Knight es el único canal de Ramtha y es también autora de la exitosa autobiografía *Un estado mental: mi historia.* Los historiadores y expertos religiosos que han estudiado su vida y su obra llaman a JZ Knight el «Gran Canal de América», y la reconocen como uno de los líderes más carismáticos y atrayentes de la era moderna. JZ Knight es el único canal que ha elegido Ramtha para transmitir su mensaje. Durante las últimas tres décadas, Ramtha y JZ Knight han inspirado a audiencias de todo el mundo, combinando la sabiduría y el poder de la consciencia con los últimos descubrimientos de la ciencia.

La sede de la escuela está situada en 30 hectáreas cubiertas de prados y frondosos bosques de altas coníferas. Grandes cedros y abetos embellecen la propiedad, donde reina la sensación de que no existe el tiempo. Los eventos se realizan en el Gran Salón, que tiene una capacidad de hasta 1000 estudiantes. RSE ofrece eventos traducidos a varios idiomas en Yelm, en sedes alrededor del mundo y transmitidos por Internet en www.ramtha.com. Para más información, favor de visitar www.ramtha.com.

«¿Cuál es la tarea del Maestro Profesor?
Brindar un conocimiento extraordinario, capaz de hacer que la mente humana
se plantee interrogantes que no son mundanos, sino que se aventuran
en lo asombroso y lo inexplicable,
pues al hacernos tales preguntas, despertamos al Espíritu
y a nuestra verdadera naturaleza espiritual».

«Puedes hacer cualquier cosa.
La clave es el enfoque».

«Un día saldrán Cristos de esta escuela
y el mundo se regocijará, pues esa es la misión».

— Ramtha

Bel Shanai Publishing
PO BOX 1777
Yelm, Washington 98597
www.belshanai.com
info@belshanai.com

Made in the USA
Columbia, SC
27 February 2025

54505916R00193